그리스도인과 함께 나누고 싶은 이야기

김 진 지음

생명의말씀사

ⓒ 생명의말씀사 2006

2006년 3월 15일 1판 1쇄 발행
2025년 8월 12일   9쇄 발행

펴낸이 | 김창영
펴낸곳 | 생명의말씀사

등록 | 1962. 1. 10. No.300-1962-1
주소 | 서울시 종로구 경희궁1길 6 (03176)
전화 | 02)738-6555(본사) · 02)3159-7979(영업)
팩스 | 02)739-3824(본사) · 080-022-8585(영업)

지은이 | 김 진

기획편집 | 김정옥
디자인 | 정혜미
인쇄 | 주손디앤피
제본 | 주손디앤피

ISBN 978-89-04-09039-6 (03180)

저작권자의 허락없이 이 책의 일부 또는 전체를
무단 복제, 전재, 발췌하면 저작권법에 의해 처벌을 받습니다.

그리스도인과 함께 나누고 싶은 이야기

정신과 전문의 **김 진**

생명의말씀사

먼저 모든 존재의 근원이신 주 하나님께

그리고 부족한 사람이 지금까지 살아오도록

영적으로 또 육적으로 보살펴 주신

사랑하는 두 분 할머님과 아버님 어머님께

이 책을 바칩니다.

머리말

·
·
·

    신학을 공부하기 위해 미국에 있던 중 교회들의 요청에 의해 여러 차례 특강을 하는 기회가 있었습니다. 또 몇 명의 교역자 부부들, 신학생들, 그리고 일반 성도들과 함께 밤늦게까지 강의와 질의응답식의 시간을 갖기도 하였습니다. 주로 '그리스도인인 정신과의사가 본 인간이해' 라는 제목을 가지고 시간을 가졌습니다. 그런 만남을 통해 느낀 것이 많았습니다. 그 중 우리 그리스도인들에게, 그리스도인이 인간일진대 인간에 대한 이해가 참으로 부족한 것이 느껴져 무척이나 안타까웠습니다.

    인간은 하나님의 창조를 통하여 그 존재가 열리게 되었습니다. 그런데 인간은 죄로 인해 타락하게 되었고, 그 다음으로 하나님의 구속사가 이어지게 되었습니다. 그렇기 때문에 인간의 구속은 인간의 창조와 떼어놓고 생각할 수가 없습니다. 그렇기 때문에 하나님의 전적인 구원은총으로 말미암은 그리스도인과 '그리스도인' 보다 앞서는 하나님의 창조로 인해 존재하게 된 '인간' 을 함께 생각하여야만 합니다. 창조신학과 구속신학은 불가분의 관계에 있는 것입니다.

그리스도인은 인간입니다. 그리스도인을 그리스도인으로서만 이해하려 한다면 그 이해는 부분적인 이해에 그칠 것입니다. 그리스도인을 인간으로 이해하는 시도가 꼭 덧붙여져야 한다고 생각합니다. 아니, 엄밀히 말하자면 먼저 있어져야 되는 작업이라 하겠습니다. 인간에 대한 이해의 부족은 결국 그리스도인의 이해에 대한 결함으로 이어지게 되어 있기 때문입니다. 인간인 그리스도인을 인간으로서, 그리고 그리스도인으로서 이해하려 할 때 온전한 이해에 가까이 다가설 수 있으리라 믿습니다.

저는 사람들의 적나라한 내면의 세계를 접촉하는 전문인으로서 이 땅을 딛고 살아가는 실제적인 사람들에 대해 많이 배우게 되는 사람입니다. 특히 기독 정신과의사임이 알려져 문제를 안고 찾아오는 많은 그리스도인들을 대하게 되어 있습니다. 그러는 가운데 깨닫게 되는 것은 교회에서 그리스도인의 '실제적 또는 구체적' 모습이 제대로 다루어지지 못하는 측면이 있다는 것입니다. 다른 말로 표현한다면 일반 성도들이 실제적으로 고민하고 갈등하고 괴로워하는 것들이 적절하게 어루만져지지 않는 경우가 적지 않다는 것입니다. 그렇게 되는 데에는 인간에 대한 이해가 충실하지 못한 것이 주요한 원인이 되고 있다고 판단됩니다. 그러한 측면에서 인간인 그리스도인을 온전하게 이해하는 데 저의 전문분야가 조금이라도 보탬이 될 수 있을 것이라는 생각을 하여 왔습니다.

전에도 저의 강의를 듣거나 저와 상담을 하게 된 사람들로부터 그런 내용이 책으로 나오면 좋겠다는 얘기를 간헐적으로 들어왔었습니다. 그렇지만 스스로 생각하기에 아직은 책을 쓰기에는 많이 부족하다고 판단하였기 때문에 전혀 계획이 없었습니다. 그런데 이번에 미국, 캐나다 여행을 하면서 새롭게 느끼게 된 것이 있었습니다. 모든 것이 낯선 이국땅에서 이민생활을 하는 교포들 중에는 마음에 남모르는 깊은 응어리를 가지고 사는 분들이 많았습니다. 그러나 전문적인 상담가가 거의 없었기 때문에 응어리를 치유적으로 다루지 못하고 그저 안고 살아가는 경우가 많았습니다. 그런 사정이기 때문에 성숙한 그리스도인으로서 그런 분들을 돕고자 하는 데 깊은 관심을 가지고 계신 분들이 적지 않았습니다. 그런 분들이 있다는 것이 감사하였습니다.

그러나 그런 분 중 거의 대다수가 전문적인 훈련을 받지 못한 것이 참으로 안타까웠습니다. 저의 강의를 듣거나 개인적인 시간을 나눈 분들 중에는 저와 계속하여 시간을 갖고 상담하기를 원하거나 상담에 대해 가르쳐 주기를 바라는 사람들이 많았습니다. 어려운 사람들을 도와주고자 하나 배운 바가 없고 가르쳐줄 사람이 없어 어찌할 줄을 모르는 그 분들은 제가 그곳에 머무르면서 자기들을 훈련시켜주기를 원하였습니다. 그분들의 간곡함을 전혀 다루어 주지 못하면서 떠나오던 발걸음이 얼마나 무거웠던지요!

미국에서는 학생신분이었기 때문에 더 이상 어떻게 할 수도 없었지만 아직은 남을 훈련시킬 때가 아니다라는 생각을 했었습니다. 그런데, 그런데 말입니다. 이웃을 참으로 사랑하기 때문에 어떻게 해서라도 도와주기를 바라는 분들이, 어떻게 도와야 하는지를 잘 몰라 어쩔 줄 몰라 하며 안타까워하는 모습이 저의 마음에서 떠나지 않는 것이었습니다. 바로 그 모습이 실제적으로 저로 하여금 펜을 들게 하였습니다. 다른 마음은 없습니다. 부족함 투성이지만 그래도 이 책이 그러한 분들의 손에 전해져 조금이라도 도움이 되었으면 하는 마음이 전부입니다.

이 책은 인간인 그리스도인의 바른 이해를 위해, 인간이해에 대해 강의했던 것을 중심으로 몇 가지 필요한 내용을 덧붙여 구성하게 되었습니다.

처음부터 어떠한 주제를 가지고 체계적으로 구성한 것이 아니기 때문에 각 장(chapter)들의 연결이 다소 느슨하게 느껴질 수 있을 것입니다. 가능한 범위 내에서 연결성을 높이려고 애를 써 보았지만 그래도 부족함이 많이 있을 것이니 양해하시고 읽어 주시기를 바랍니다.

아쉬운 점은 이 책은 인간이해를 위해서도 극히 서론적인 부분만 다루고 있는 셈인데 치유적인 접근에 대해서는 거의 언급이 되어 있지 않다는 것입니다. 그것까지 다루려면 상당한 분량이 될 것이고 사실 상당히 깊은 연구가 있어져야 합니다. 이에 대해서는 훗날을 기약할 수밖에 없음이 안타깝습니다.

성경구절이 많이 인용되지 않는 것이 눈에 뜨일 것입니다. 이는 성경을 잘 모르고 인용하면 자칫 저의 생각을 뒷받침하는 것으로만 하나님의 말씀인 성경이 잘못 이용될 수 있음을 염려해서이지 성경을 무시해서가 결코 아닙니다. 제가 성경을 그리고 신학을 더 심도 있게 연구한 뒤 분명한 성경적 바탕 위에서 다시 여러분을 대하게 될 때가 있기를 바랍니다. 이를 위해 기도를 요청합니다. 이 책에 인용되어 있는 참조 성경구절은 꼭 손수 찾아서 읽어 주시기를 바랍니다. 이해에 큰 도움이 될 것입니다.

이 책은 우선 기독상담에 관심이 있는 분들과 교역자들, 특히 이제 신학을 배우고 있는 신학생들을 염두에 두고 쓰여졌습니다. 그 이외에 그리스도인으로서 사람들 앞에 서는 여러 영역의 지도적 위치에 있는 분들과 그러한 위치에 서게 될 대학생들에게 도움이 될 것입니다. 전문적인 내용이 있기도 하지만 어떤 내용들은 '생각하는' 일반 성도들에게 도움이 될 것이라 생각합니다.

이 책을 읽는 방법은 책의 앞뒤 내용이 서로 보충하여 주는 관계가 있으니 우선 전체적으로 한번 통독하시고 그 다음에 정독하시면 내용이 비교적 잘 이해되어 들어올 것입니다. 그러면서 가능하면 자기의 경험과 비교해 보려는 노력이 더해지면 단순히 남의 지식이 아닌 자기의 지식으로 만들 수 있을 것입니다.

 아픔을 같이하는 가운데 많고 깊은 배움을 가능하게 해준 사랑하는 환자분들과 같이 시간을 나누었던 형제자매들께, 무지했던 저를 지도해 주셨던 서울대학교 의과대학 정신과 교실의 은사님들께, 이 책이 나오게 되기까지 수고하신 생명의 말씀사에 그리고 격려하여 준 여러 형제자매들에게 감사드립니다.

 (사례들은 본인들이 알려지지 않도록 수정하여 편집하였으나 그 내용에 있어서는 손상이 되지 않도록 주의하였습니다.)

김진

Contents

머리말 · 7

제1장

닫힌의식에서 자유해가기 · 19

1) 닫힌의식이란 무엇인가? · 19
   - 사례 1   ■ 사례 2   ■ 사례 3   ■ 사례 4

2) 닫힌의식에 대한 이해가 중요한 이유 · 37
   (1) 닫힌의식의 자기도 자기인데 그 자기를 모르고 살아간다 · 37
   (2) 닫힌의식의 의식화는 삶의 왜곡을 풀어 준다 · 38
   (3) 닫힌의식을 여는 만큼 삶에 대한 주체적 자율성을 키워가게 된다 · 39

3) 인간은 역사를 가졌고 그 역사 안에 있으며 (미래의) 역사를 만들어 가는 존재이다 · 40
   (1) 인간은 역사를 가진 존재이다 · 40
   (2) 인간은 자기가 가진 그 역사 안에 있다 · 41
   ■ 사례 5
   (3) 인간은 (미래적) 역사를 만들어 가는 존재이다 · 50

4) 판단중지와 '왜?' · 55

5) 관계 속에서 닫힌의식의 작용 · 65
   (1) 생활 습관의 차이에 인격적인 판단을 하지 않기 · 65
   ■ 사례 6
   (2) 비신앙적인 것에 신앙적인 판단을 가하지 않기 · 68

제 2장

'자기' 형성에 있어서 닫힌의식의 영향 · 70

1) 아이에게는 여과체계가 없다 · 70
- 사례 7

2) 엄마, 그 첫 환경의 중요성 · 75
  (1) 엄마가 좋은 사람이어야 · 76
  (2) 좋은 엄마는 남편의 사랑에서 · 77

3) 하나님께서 바라시는 성품을 아이에게 심어주기 · 78
- 사례 8 ■ 사례 9

제 3장

그리스도인에게 있어서 실제적 인간이해란? · 84

1) 예수님의 인간이해 · 84
  (1) 인간이해는 복음을 복음 되게 해주는 데 긴요하다 · 84
  - 사례 10
  (2) 통찰력에 의한 예수님의 인간이해 · 87
  (3) 인간의 인간이해 · 88

2) 설교와 인간이해 · 89

3) 인간이해의 훈련이 없는 우리의 현실 · 91

4) 경험적 지식에 의해 영향 받는 성경해석 · 95
  (1) 상대적인 형식을 절대화하지 않기 · 95
  (2) 세계관에 영향 받는 성경해석 · 97
  (3) 인간관과 성경해석 · 97
  (4) 바른 성경해석을 위한 인간이해의 노력 · 99

제 4장

성경이 언급하지 않는 구체적 영역에서 부딪치는 문제들 · 102

1) 왜곡된 성경만능주의(?) · 102

2) 성경 기록목적의 우선순위를 분명히 하기 · 104
(1) 성경은 무엇보다도 구속사적 관점에서 기록되었다 · 104
(2) 구체적 영역에서의 그리스도인의 책임 · 105
(3) 성경의 상위 원리에 의한 검증 · 106

3) 그 실제적 긴장 · 108
_ 고백하지 않을 수 없는 그리스도인의 문제점들
(1) 근본되고 최고되는 영적인 진리를 알고 있다는 마음의 경향 · 109
(2) 신론에 비해 열악한 인간론 연구 · 110
(3) 변증적인 태도의 우세 · 113
(4) 구원론적 관점의 우세 · 113

제 5장

도움이 되는 마음의 원리 몇 개 : 방어기제 · 115

1) 투사 Projection · 115
- 사례 11   - 사례 12   - 사례 13   - 사례 14   - 사례 15

2) 억압 Repression · 128
- 사례 16   - 사례 17

3) 합리화 Rationalization · 144
- 사례 18   - 사례 19

4) 전위 또는 전치 Displacement · 149
- 사례 20

제 6장

그리스도인들이 공통적으로 겪는 문제 · 157
— 성경의 지향적 목표에 빨리 노출되는 그리스도인

■ 사례 21

1) 영적으로 거듭남은 성화를 향한 시작 · 160

2) 성화로의 성숙에 있어서 일어날 수 있는 부작용 · 163
   (1) 외식에의 유혹 · 163
   (2) 자기를 기다려 주기가 어렵다 · 164
   (3) 남을 기다려 주지 못하고 판단한다 · 165

3) 기독 인간관에 대한 고찰 · 165
   (1) 그리스도인은 과정적 존재이다 · 166
   (2) 그리스도인은 '지향적(방향성을 갖는) 존재'이다 · 170

제 7장

인간에 대한 전체적 이해의 시도 · 177

1) 인간관 · 177
   (1) 타락한 자연적 인간에게 적용되는 인간관 · 177
   (2) 중생한 그리스도인에게 적용되는 인간관 · 179
   (3) 온전한 인간관을 위한 제안 · 180

   ■ 사례 22

   (4) 타락한 자연적 인간관의 영향 · 185

2) 인간의 (타락한 자연적) 본성에 대한 경험적 접근 · 188
   (1) 악을 행할 때와 선을 행할 때를 통해 · 190
   (2) 내면에서 일어나는 즉각적인 반응을 통해 · 192

   ■ 사례 23

   (3) '자기'의 개입으로 인한 마음의 흐름의 변화를 통해 · 194

   ■ 사례 24

   (4) 평상시의 기억과 관계된 것을 통해 · 197

3) 인간관 연구에 있어서 그리스도인의 자세 · 199
   (1) 배워야 하는 것은 배울 수 있어야 · 199
   (2) 진리 안에 있음을 확신하며 · 201

제 8장 온전한 구원 · 209

1) 타락한 자연적 인간에서의 선함에 대해 · 209

2) 하나님께서 받으실 영광과 관련하여 · 211

3) 하나님의 나라를 생각하며 · 213

4) 성령 하나님의 보호와 인도하심 · 214

제 9장 '문제를 해결하려는 마음'이 제자리 잡기를 바라며 · 225

1) 문제를 직면하지 않으려는 마음의 경향 · 226
   - 사례 25

2) 문제에 직면하기 · 228
   (1) 대화하기 : 마음을 나누기 · 228
   (2) 투명한 사람이 되자 · 228

3) 문제해결을 위한 구체적 접근 · 230
   (1) 정상이고 건강한, 살아 있는 마음을 받아 주고 키워 주자 · 230
   (2) 지향적 목표와 실제적 목표를 분별하자 · 231

제 10장

인간이해의 폭을 넓혀 주는 몇 가지 생각들 · 250

1) 한계적 존재로서의 자기를 인정하자 · 250
   (1) 자기화 된 – 습관적 반응을 보이게 되어 있음을 기억하자 · 250
   (2) 현재적인 의식의 흐름의 횡포를 막아야 한다 · 252
   (3) 사람은 자기 얘기를 한다 · 255
   ■ 사례 26

2) 자기 성찰능력을 키워 가자 · 260
   ■ 사례 27

3) 해석의 틀–해석 체계, 마음의 창, Reference–을 넓혀 가자 · 261
   ■ 사례 28   ■ 사례 29

4) 신앙생활이 자신의 닫힌의식에 의해 영향 받는 것을 최소화하자 · 274
   ■ 사례 30

5) 자기가 바라는 자기를 세워 나가자 · 281
   ■ 사례 31

6) 사랑에 사람을 아는 지식을 그리고 사람을 아는 지식에 사랑을 더하자 · 296
   (1) 사랑에 사람을 아는 지식을 더하자 · 296
   ■ 사례 32
   (2) 사람을 아는 지식에 사랑을 더하자 · 301

후기 · 306

제 **1** 장

닫힌의식에서 자유해가기

1) 닫힌의식이란 무엇인가?

사례 1

한 청년이 있었습니다. 그는 일류대학이라 불리는 모 대학을 다니고 있었는데 일상생활에 지장을 줄 정도의 두통이 있었고 집중력이 약화되어 정신과를 찾게 되었습니다.

(만남의 횟수가 더해지면서 점차 그를 깊이 있게 이해해 들어가게 되었습니다.)

그는 위의 문제만을 알고 찾아왔으나 우리는 그 이외에 그보다 깊은 마음의 문제들이 있었음을 함께 발견할 수 있었습니다. 그의 현재적 주된 관심은 '어떻게 하면 좋은 학점을 받을 수 있을까?' 하는 것이었습니다. 그런데 문제는 그에게 '내가 과연 공부를 잘 할 수 있을까?' 하는, 자기의 능력에 대해 회의하는 마음이 도사리고 있다는 것이었습니다. 자기의 능력에 대해 회의하며 공부하니 집중력이 약화될 수밖에 없었습니다. 그 결과로 공부에 효율이 떨어지게 되었습니다. 특히 암기하는 데 있어서 부작용이 심했습니다. 그리하여 암기가 잘 되지 않아 이를 만회하기 위해 같은 것을 반복 공부하게 되었습니다. 그래서 같은 것을 여러 시간에 걸쳐 붙잡고 있게 되니 당연히 공부가 즐겁지 못하고 지겹게만 되었고, 결국은 머리가 짓누르듯이 아픈 증상이 찾아오게 되었습니다.

저는 그에게 '왜?' 그리고 '어떻게 해서?' 자기의 능력에 대해 회의하는 마음이 찾아 들게 되었을까 하는 점이 궁금하였습니다. 자기 능력에 대해 회의하는 마음으로 인해 힘들어하는 그와 같은 마음을 가지려고 애쓰면서 만남이 진행되었습니다. 한참 후에 그 사람의 개인의 역사를 알아가는 가운데 그 선행 원인을 발견하게 되었습니다. 몇 학년이었는지는 정확히 기억이 나지 않지만 아마도 중학교 1학년 때에 있었던 일로 기억하였습니다. 아주 단순하며 순간적이었으나 그에게는 그 뒤로 엄청난 영향을 준 사건이 일어났던 것입니다.

그는 세 살 위의 형이 있었습니다. 우리나라의 문화적 배경에서는 중학교 1학년에게는 고등학교 1학년의 형이 아주 높이 보일 수 있습니다. 그런데 그 높이 보이는 형에게서

"야, 지능은 머리의 크기에 비례하는데 너는 머리가 작으니 머리가 좋기는 텄다."라는 아주 간단한 농담을 듣게 되었습니다. 그것은 형에게는 농담이었을 것이나 그에게는 농담일 수만은 없었습니다. 형은 농담을 하고 이내 사라졌으나 그는 얼른 거울을 보게 되었습니다. 평소 머리의 크기가 남보다 작은 것은 알았는데, 이제 다시 보니 그 작은 머리가 더욱 작게 보이는 것이었습니다. 전에는 특별한 의미 없이 머리가 작기는 작다고 느껴 왔었습니다. 그런데 이제 지능이 머리의 크기에 비례한다는 의미를 가지고 다시 보니 작게 보이는 그 머리가 더더욱 작게 보이는 것이었습니

다. 그의 머리 속에는 이내 '나는 지능이 낮은 사람'이라는 인식이 찾아들게 되었습니다.

　그런 후 밖에 나가보니, 보이는 것은 사람들의 머리뿐이었습니다. 사람들의 머리 크기가 온 마음을 지배하게 되었습니다. 머리 크기를 비교하면서 '저 사람은 지능이 나보다…… 저 사람은…….'라는 생각이 그를 지배하게 되었습니다. 그는 이후로 머리를 잘 깎지 않는 사람이 되었습니다. 작은 머리가 더욱 작게 보일 것을 염려해서였습니다. 자기의 작은 머리를 보면 다른 사람들이 자기의 지능이 낮은 것을-순전히 잘못된 인식에 기초한 예상이지만-알아챌 것을 염려해서였습니다. 나아가 자기를 무시하고 인정해 주지 않을 것을 걱정하는 불안한 마음도 자라나기 시작하였습니다.

　이것이 신체적인 열등감으로 이어지고 마침 사춘기를 지나는 때인지라, 자기 자신에 대해 신뢰하지 못함으로 인해 정체성 또는 주체성identity이 제대로 자리 잡기가 어려웠습니다. 특히 남성으로서의 자신에 대한 (성적) 정체성masculine identity을 제대로 형성할 수가 없게 됨으로 인해 이성으로부터 관심의 대상이 되지 못할 것이라는 예상을 하게 되었습니다. 이로 인해 자연히 이성을 가까이 하지 못하고 거부당할 것을 미리 피하기 위하여 이성을 멀리 하게 되었습니다. 이러한 경향은 군대를 다녀오고 일류대에 다니는 그때까지도 계속되고 있었던 것이었습니다.

　물론 이러한 일련의 사건들로 인해 그가 그 사건을 당하기까지는 좋았던 학교성적이 상당한 정도로 떨어지게 되었습니다. 본인은 그것을 계속하여 괴로워해왔습니다. 그러나 그럼에도 불구하고 원래 지적인 능력이 뛰어난 사람인지라 소위 일류대라고 불리는 학교에 입학을 할 수 있었습니다. 아마도 그런 사건을 겪지 않고 정상적으로 성장하였다면 그보다 훨씬 나은 성취를 이루었을 것은 자명한 것입니다. 어디 그것뿐이겠습니까? 그가 겪었어야 했던 감정적 아픔은 그리고 상처는 어떻게 보상될 수 있겠습니까? 그의 왜곡된 남성상은, 그로 인한 이성상과 결혼관과 가정관의 왜곡들은, 그리고…… 그리고……? 무엇으로도 바꿀 수 없는 한 사람의 귀중한 인생이 그렇게도 뒤틀리게 되었는데…… 원상회복이 될 수 있겠습니까?

그는 자라 오면서 이 일련의 사건의 처음 원인이 되는 것은 잊게 되었지만, 그 사건의 역작용으로 인해 가지게 된 마음의 경향들로 심한 고통을 당하게 되었습니다. 그러나 그러한 것들이 어떻게 해서 발생하게 되었는지는 전혀 알 수 없었기 때문에 원인적으로 자기의 문제에 대해 치유적인 접근을 할 수가 없었습니다.

(이상의 예는 많은 치유적 만남을 통해 얻게 된 한 사람에 대한 이해의 과정을 아주 간단하게 간추려 본 것입니다. 물론 치유적인 접근 자체에 대해서는 전혀 언급을 하지 않았습니다. 아직은 치유적 영역에 대해서는 다루지 않을 것이니 그러한 측면에서의 기대는 스스로 자제해 주시기를 바랍니다. 앞으로 소개되는 사례들은 더욱더 간단하게 언급이 될 것입니다. 사례 자체를 연구하는 것이 아니라, 어떤 개념들을 설명하기 위한 것으로 사용되는 것이니 그러한 마음으로 읽어 주시기를 바랍니다.)

사례 2

이십 중반의 청년이었습니다. 적응장애를 문제로 저와 만나게 되었습니다. 그와 만나면서 저를 방문하게 된 문제와는 거리가 있는 재미있는 과제를 받게 되었습니다. 그는 정신과의사를 상당히 특별한 사람으로 보았는지 자기에게 이해할 수 없는 현상이 있는데 그 원인을 밝혀 달라는 것이었습니다. "글쎄요, 정신과의사는 용한 점쟁이는 아니니 척 보고 알아낼 수는 없습니다. 그러나 당신이 내놓는 사실들을 잘 모아 연결하여 보면 도움이 될 수도 있을 것입니다."라고 말을 받으면서 얘기를 듣게 되었습니다.

그는 그때까지 이성교제를 제대로 해보지 못하고 살아오게 되었습니다. 그런데 이상한 것은 '가느다란 금테안경을 끼고 조금은 핼쑥하면서 차가운 인상을 주는 여자'를 자기도 모르게 좋아하게 된다는 것입니다. 그런 여자를 길거리에서 만나면 여지없이 눈길을 떼지 못하고 때때로 자기도 모르게 그녀의 뒤를 따라 가고 있는 자기를 발견하곤 한다는 것입니다. 또 선을 보아 그런 사람을 만나면 자기는 거의 예외 없이 O. K라는 반응을 보여 왔다는 것입니다. 거의 저항하지 못하고 포로가 되다시피 하는 자기의 경향이 궁금해 왔던 것입니다.

역시 많은 만남의 시간이 경과된 뒤에 알게 된 것으로

('많은 만남의 시간이 경과된 뒤에 알게 된 것으로' : 다음부터는 이 표현은 생략하겠습니다. 이 말을 덧붙이고자 하는 것은 정신과의사를 어느 정도는 신비하게 생각하는 경향이 있기 때문입니다. 그래서 사람을 척 보면 그 사람의 개인 역사를 척 알아낼 수 있고, 어느 현상에 대한 원인을 얼굴을 보기만 해도 알아낼 수 있는 것으로 아는 분들이 있기 때문입니다. 정신과의사는 철저하게 '사실'에 근거하여 생각하고 예상하는 사람들입니다. 그렇기 때문에 상대방의 역사를 주의 깊게 들으려 하는 것입니다. 그리고 여기에 언급되는 사례들같이 어떤 현상 또는 경향의 원인들을 항상 정확하게 알아맞히는 것은 아닙니다. 여기에 소개되는 사례들은 그 원인들을 알게 되었기 때문에 소개되는 것일 뿐입니다.)

그의 부모님은 지적인 측면의 교육열이 대단한 분들이었습니다. 그래서 어려서부터 한글, 산수 등을 엄한 분위기 속에서 배우게 되었습니다. 초등학교에 들어갈 쯤 되어서는 웬만한 동화책은 상당 분량 읽었고, 더하기 빼기를 넘어 곱하기 나누기까지 할 수 있게 되었습니다. 그러니 자연히 초등학교에 들어가서는 늘 100점만 받았습니다. 공부를 잘하는 아이는 모범적이고 착한 아이로 대접받는 풍토에서 그는 주위 사람들의 칭찬을 독차지하게 되었습니다. 그러던 중 그는 담임선생님을 부모님 이상으로 따르게 되었습니다. 공부를 잘해 칭찬을 받으니 좋기도 하였지만 담임선생님은 부모님, 특히 어머니로부터 받지 못한 정서적인 돌봄을 관심을 가지고 베풀어 주셨기 때문입니다. 그리하여 선생님과의 관계가 아주 밀착되게 되었습니다.

그런데 제가 바로 그 선생님의 인상에 대해 물었을 때였습니다. 그는 "어어, 그 선생님이시네, 그 선생님이시네."를 연발하였습니다. 바로 그 담임선생님이 그 이상하게 좋아하게 되어지는 인상의 주인공이셨던 것이었습니다. 초등학교 일학년 담임선생님이 바로 가느다란 금테안경을 끼고 조금 핼쑥하면서 차가운 인상을 주셨던 분이셨던 것입니다. 그는 그 선생님이 인상은 차갑게 보일 수도 있으나 내면은 그렇지 않은 분이셨다고 회고하였습니다.

사례 3

그녀는 키가 큰 건장한 체구의 20대 후반의 기혼의 직장여성이었습니다. 투포환 선수를 연상케 하는 그녀는 실제로 운동을 잘 하여 직장에서 열리는 체육대회가 있기만 하면 종목에 관계없이 항상 대표선수로 뽑혔습니다. 그러한 사람이 설사, 입맛 없음 그리고 간간이 나타나는 마비 등을 주증상으로 먼저는 소화내과를 찾았습니다. 여러 검사를 실시하였으나 아무런 신체적인 원인을 발견하지 못했습니다. 내과 선생님은 그녀에게 정신과의사를 만나보기를 권하였고 그래서 저와 만나게 되었습니다. 첫인상은 매우 활달할 것이라고 느껴졌습니다. 그런데 예상되는 내면의 활달함과는 전혀 다르게 아주 조심스러운 얌전함을 보였습니다. 그녀로부터 받은 인상과 그녀가 보이는 몸가짐에 상당한 차이가 있어 궁금해 하는 마음을 가지고 만남을 시작하게 되었습니다.

그녀의 신체적 증상의 원인은 신체적인 것이 아니라 정신적인 것이었습니다. 그녀의 마음의 문제는 남편 몰래 상당량의 돈을 친구로부터 빌려 쓴 데서 비롯되었습니다. 자기 생각으로는 아이들에게 좋은 환경을 조성해 주고 싶어서 친구가 좋다고 권하는 곳에 돈을 빌려 투자를 하게 되었습니다. 그런데 불행하게도 대부분의 돈을 잃게 되었던 것입니다. 친구에게 돈을 갚기는 해야 하겠는데 목돈을 마련하기가 만만하지 않았습니다. 그렇다고 남편에게 사정을 얘기하지도 못하겠고…… 그렇게 끙끙대며 혼자 고민하여 오다가 상기의 증상이 나타나기 시작하였던 것입니다.

그녀는 외할머니가 과부시고 어머니도 과부이신, 2대째 과부 집안에서 자라났습니다. 외할머니와 어머니의 아이양육 목표는 똑같았습니다. 그 첫 번째 되는, 그러나 드러나지 않는 목표는 '아빠 없는 자식이라는 소리를 듣지 않게 하는 것'이었습니다. 자연히 두 분은 아이를 키우실 때 우선 외관에 신경을 쓰지 않을 수가 없었습니다. 그 집안의 경제적 사정에 비하면 사치스럽다고 생각되는 옷차림을 해서 입혔습니다. 밖에 나가 다른 사람들로부터 옷차림이 허름하여 '애비 없는 아이라서 저렇구나.'라는 소리를 듣지 않게 하기 위하여서였습니다. 또 먹는 것에도 주의 깊은 그러나 조금은 지나친 신경을 쓰셨습니다. 잘 먹지 못 하여 마른 모습을 보여주지 않으려고…… 그 모든 것보다도 관심을 기울였던 부분은 예의범절이었습니다. 집 안팎에서의 몸가짐에 대해 특별한 강조가 있었습니다.

아이들의 감정과 마음을 잘 읽어 그들에게 적절한 양육을 한 것이 아니었습니다. 어른들의 특별한 사정 – 과부 – 에서부터 나오는, 특별한 마음에서 생기는 특이한 양육목표의 틀에 아이들을 맞추는 양육을 하게 된 것입니다. 그러나 외할머니와 어머니는 자신들이 특별한 마음과 특별한 양육목표를 가지고 있다는 것을 의식하지는 못하였습니다. 그렇게 남의 시선을 의식하게 만드는 양육의 분위기가 지나칠 정도로 강했습니다. 그러하니 아이들은 당연히 자기의 마음을 특히 감정을 있는 그대로 자연스럽게 표현하지 못하고 억누르면서 어른들의 마음에 드는 '어른 아이'로서 자라나게 되었습니다.

그러는 발달과정 속에서 그녀에게도 '이러한 사람-아빠 없는 아이-으로 보이지 않아야 하겠구나.'라는 의식이 강하게 자리 잡게 되었습니다. 거기서부터 결국 자기 자신으로서 자연스럽게, 있는 그대로의 자기로서 다른 사람을 대하지 못하는 경향이 생기게 되었습니다. 어떤 사람으로 '보이려 하는' 인위적인 노력을 자기도 모르게 하게 되는 성격특성이 형성되게 되었던 것입니다. 그래서 그녀는 공식적인formal 영역에는 아주 익숙하게 되었으나 자기의 내면을 드러내야 하는 비공식적인informal 영역에서는 아주 서투르게 되었습니다. 말투, 행동적 태도, 감정표현 등등 모든 곳에서 그러한 특성이 강하게 나타나게 되었습니다.

예를 들어 그러한 특성이 부부관계에서도 그대로 드러나는 것이었습니다. 남편을 대할 때도 긴장을 느끼면서 늘 격식 있게 대하였습니다. '여보'는 간지러워 부를 수가 없었고 늘 '당신께서…… 이십니다.'라는 식이었습니다. 그녀는 그러한 형식을 벗어나기가 어려웠습니다. 남편에게도 자기를 있는 그대로 드러내지 못하고 좋은 아내로 '보이려 하는' 노력을 하였던 것입니다. 그러니 남편 몰래 돈을 빌려 잃게 된 자기를 어떻게 내보일 수가 있었겠습니까? 잘못한 자기를 남편과 같이 나누는 것은 더더욱 불가능한 것이었습니다.

저와의 대화 시에도 마찬가지였습니다. 병원에 오는 사람 같지 않게 불편을 줄 정도의 화려한 옷차림에 말투가 아주 공식적이었습니다. 보통의 평범하게 편한 관계로 발전되기가 아주 어려운 부류의 분이었습니다. 그러나 제가 첫인상에서 언급하면서 암시를 드렸듯이 그녀의 내면에는 지금까지 제대로 발현되지 않은 활발함이 있었습니다. 툭툭 터뜨려 주면 쏟아지듯이 표출될 '그녀 됨'이 있었습니다. '원래 있는 그대로의 그녀'가 드러나도록 만남을 가져갔습니다.

시간이 지나면서 변화가 일어나기 시작하였습니다. 우선 병원에 올 때의 옷차림이 달라지기 시작하였습니다. 나중에는 운동복 차림의 편안한 점퍼를 입고 뾰족구두도 편안한 운동화로 바뀌게 되었습니다. 자기 마음의, 특히 감정의 표현이 튀어 나오면서 아주 자연스럽게 되어 갔습니다. 물론 말투도 달라졌습니다. 여태껏 하지 못했던 농담도 여유 있고 재미나게 하게 되었습니다. 그녀가 그러한 자기를 얼마나 좋아하고 즐거워하며 편안해 했는지요. 가정에서의 변화 역시 일어났습니다. 남편이 부인의 변화를 참으로 기뻐해주었다고 했습니다.

저와의 만남이 깊이 있는 신뢰의 관계로 들어가면서, 남편에게 사실을 정직하게 얘기하기를 권하였습니다. 처음 시작의 의도는 아이들에게 좋은 환경을 조성해 주고자 하였던 것이지, 떼돈을 벌자 하였던 것은 아니었던 자기의 마음을 있는 그대로 내보이기를 격려하였습니다. 남편에게 있는 그대로의 자기로 대한 후, 남편 몰래 행한 자기의 잘못에 대해서는 정중하게 인정하고 용서해 주기를 빌라고 권하였습니다. 남편에 대한 얘기를 충분하게 들어서 이미 저에게는 그녀의 남편은 그러한 아내를 받아 줄 수 있는 수준에 있다는 판단이 있었기 때문입니다. 그대로 하였다고 합니다. 만족할 만한 나눔과 해결이 있었다고 합니다. 그로 인해 오히려 그 두 부부 사이가 더욱 깊어지는 계기가 되었습니다. 물론 원인이었던 마음의 문제가 해결되었으니 신체적 증상들은 빠른 속도로 사라지게 되었습니다.

사례 4

    지금은 더욱 심하지만 그때에도 시부모를 모셔야 하는 부담 때문에 많은 여자들이 장남과 결혼하기를 꺼려하는 분위기가 강했습니다. 그런데도 장남이라는 것을 자기 결혼의 부정적인 요소로 전혀 여기지 않고 결혼한 여자 분이 있었습니다. 더욱이 실제로는 부모님뿐 아니라 시할머님을 모셔야 했고 아래로 두 명의 시동생과 한 명의 시누이가 있는 대가족의 맏며느리가 되는 것이었습니다. 부인은 대가족 집안의 여러 사람들로부터 일어나는 여러 가지 일들을 불평 한마디 없이 다 감당하면서 얼굴에 웃음을 잃지 않았습니다. 키가 아주 작았는데, 저에게는 작은 사람으로 비쳐지지 않고 아주 큰 사람으로 여겨졌습니다. 얼굴에 잔잔하게 피어나는 미소는 보이기 위한 미소가 아니었습니다. 내면의 저 깊은 데서 우러나오는 미소였습니다. 저는 그 분을 보는 것이 즐거움이었습니다. 좋은 삶을 사는 사람들을 곁에서 바라보는 것이란 마음 둘 곳이 많지 않는 이 세상을 사는 우리들에게 참 기쁨을 주는 것이지요. 부인이 궁금해지기 시작했습니다. 어떻게 하여 남들은 꺼리는 것을 선택하여 저렇게 남들이 옆에서 보기에도 기분이 좋을 정도로 삶을 꾸려갈 수 있는 것일까?

    남편을 잘 아는데 그 남편도 참 좋은 사람이었습니다. 우선 기본적으로 부부의 관계가 좋으니까 그 부인은 더 잘 할 수 있었겠지요. 그러나 저의 생각은 거기에서 그치지 않았습니다. 저는 부인의 역사가 궁금했습니다. 부인이 빚어진 환경에 대한 궁금증이었습니다. 부인의 역사를 알게 되면서 궁금증을 풀어갈 수 있었습니다.

    그 부인의 아버님께서는 종가집의 장남이셨습니다. 그래서 그 집안의 많은 행사가 그 집에서 치러졌습니다. 많은 사람들을 대접했어야 했습니다. 그렇게 아주 일이 많은 집안의 종가집 안주인으로 지내시는 어머님이 부인에게는 결정적인 영향을 주셨던 것이었습니다.

어머님은 선이 굵고 대범하신 분이셨습니다. 그 많은 시댁의 일들을 감당하시면서 정말 불평 한마디 없이 살아오셨습니다. 그녀는 싫은 감정이 어머니의 얼굴에 나타나는 것을 한 번도 본 적이 없던 것입니다. 그와는 달리 오히려 즐거운 마음을 늘 지녀 오신 것으로 부인은 어머님을 기억하고 있었습니다. 어려서부터 그러한 어머니의 모습을 보면서 자라온 부인은, 생각해 보니 '나도 커서 엄마같이 되어야 하겠다.'는 소망을 가지고 살아왔던 것 같다고 합니다. 의지적으로도 그러한 소망을 키워왔겠지만, 자기도 모르게 보고 들은 것을 통해 어머니의 심성이 그녀의 마음에 비슷하게 심어지게 되었을 것입니다.

특히 어머님께서 그 모든 일을 즐거움으로 하실 수 있으셨던 중요한 이유가 있었습니다. 그것은 '이 구체적인 세상의 삶의 현장에서 하나님을 섬기는 것은 남을 위하여 사는 것이 되어야 한다.'라는 신앙의 확신이었습니다. 그렇게 가르치셨다고 합니다. 어머님의 그러한 신앙의 확신과 그에 일치하는 삶이 부인에게는 이 세상의 조류가 감히 흔들 수 없는, 자기 삶의 아주 튼튼한 기초가 되었던 것입니다.

앞에 든 사례들을 통하여 어떤 것들을 느끼셨는지요? 저는 인간이해를 위한 첫 출발에서 위의 사례들을 통하여 '닫힌의식'에 대한 설명을 먼저 드릴까 합니다.

사람에게는 각자의 의식세계가 있습니다. 헌데 우리 자신들은 자기의 의식세계에 대해 다 알지 못하고 살아갑니다. 이는 자기를 다 알지 못한 채로 살아간다는 얘기와 똑같은 내용이 됩니다.

첫 번째 사례의 대학생은 자기가 현재 괴로워하는 것들의 첫째 되는 원인이 형의 지나가는 농담인 줄 몰랐습니다. 두 번째 사례의 청년은 자기의 이성에 대한 선호가 과거 초등학교 1학년 담임선생님에 의해 결정되다시피 영향을 받고 있다는 것을 몰랐습니다. 세 번째 사례의 주인공은 직면한 어려움을 제대로 해결하지 못하는 것이 과거 외할머니와 어머니의 양육태도에서 기인하고 있다는 연결성을 알지 못하고 있었습니다. 네 번째 사례에서는, 부인의 그 헌신적인 삶을 살게 한 것은 바로 다름 아닌 어머님의 모범이었습니다. 부인이 어머니와 관계없이 자기를 형성하여 올 수는 없었던 것입니다. 여기서 우리의 현재적 모습들은 과거와 전혀 단절되어 존재하는 것이 아니라 과거와 강한 연결성을 가지고 있다는 것을 알 수 있습니다. 그리고 현재의 많은 부분이 '시간의 경과'를 갖는 과거에 의해 상당히 결정적인 영향을 받는다는 것을 알 수 있습니다.

  우선 쉽게, 그렇게 분명히 자기의 의식세계이긴 하나 잊어버려 지금은 제대로 그 내용을 알 수 없는 의식의 부분(그 내용과 함께 그 안에서 일어나는 작용까지를 포함)을 '닫힌의식'이라 생각하시기 바랍니다. 그와 대조적으로 우리가 알고 있는 의식의 부분을 '열린의식'이라 부르겠습니다. 그러면 우리의 의식은 열린의식과 닫힌의식으로 구성된다 할 수 있습니다. 그러면 다음과 같은 등식이 성립이 됩니다.

  (인간)의식 = 열린의식 + 닫힌의식
  열린의식 : 자기에 대해 자기가 아는 부분
  닫힌의식 : 자기에 대해 자기가 알지 못하는 부분

  열린의식과 닫힌의식의 차이 중 아주 중요한 것 하나를 지적하고 넘어가겠습니다. 그것은 열린의식은 자신이 알고 있기 때문에 그 부분에 대한 자기 통제권의 행사가 가능하다는 것입니다. (가능한 것이지 항상 행사되는 것이 아님에 유의하시기 바랍니다.) 통제권 행사는 그 사람의 성숙의 정도와 비례하게 됩니다. 이는 인간에게 지정의가 있다고 할 때, 그 세 요소가 잘 통합되어 있는 것이 아니라 분열되어 있기 때문입니다. 무엇을 안다고 하여 그대로 다 행하지 못하는 것이 인간입니다. 성숙을 더해감으로 더욱 통합적이 되어 자기에 대한 통제력이 그만큼 확대될 것입니다.

이와 반면 닫힌의식에 대해서는 통제가 전혀 이루어질 수 없습니다. 그 부분의 자기도 분명 자기인데 통제권이 전혀 행사되지 못하는 것입니다. 결국 그만큼의 자기를 잃고 사는 셈이 되는 것입니다. 닫힌의식은 저절로 알게 되기가 거의 불가능합니다. 의지적인 노력이 요청되는 영역입니다. 이 닫힌의식에는 인간이 경험한 것 중 잊어버린 것과 인간의 선험적 보편성(본성)이 해당됩니다.

선험적 보편성이라 하는 것은 자기의 경험과 관계없이 태어날 때부터 인간이기 때문에 갖고 태어나는 것을 의미합니다. 자기의 개인성과 전혀 무관한 내용이지요. 다른 표현을 빌리자면, 인간은 자기의 의지와는 관계없이 태어나기 이전에 어떤 방향성이 설정되어 있다는 것이지요. 인간이 싫다고 해서 거부하지 못하는 것입니다. 이미 우리의 손이 미칠 수 없는 영역에서 인간 이외의 타자에 의한 간섭이 있었다는 것을 말하여 줍니다. 이는 인간의 피조성과 연대성을 나타내 주는 한 증거가 될 수 있습니다.

기억해야 하는 아주 중요한 사실은, 열린의식과 닫힌의식 모두에서 일어나는 것은, 이 둘을 포함하는 '전체적 자기'에게서 일어난다는 것입니다. 닫힌의식의 자기는 모르기 때문에 '책임 없다'라고 하지 못한다는 것입니다. 닫힌의식의 자기도 자기에 속합니다. 이 사실의 중요성은 구체적인 사례들을 통해 깨닫게 될 것입니다. 이 포괄적 자기에 대한 지평이 열려야 합니다. 그러면 새로운 인간이해가 선명해지게 될 것입니다.

여기에 인간 밖의 타자의 – 인간 외적인 – 영향인 하나님의 간섭과 사탄의 간섭을 고려하게 된다면, 인간의 삶은 인간의식과 인간 밖의 타자의 영향간의 상호작용에 의해 빚어진다고 말할 수 있습니다. 인간이 온전하게 분석해낼 수 없는, 인간 밖의 타자인 하나님과 사탄의 간섭을 어떻게 접근할 것이고 어디까지 얘기되어질 수 있는 것일까 하는 것은 또 하나의 커다란 주제가 되기 때문에 여기서는 더 이상 언급하지 않고 넘어가겠습니다.

> 더불어 생각...
> 왜 '무의식' 대신 '닫힌의식' 이라는 용어를 사용하려고 하는가?

위에서 사용하는 닫힌의식은 일반적으로 말하는 무의식의 개념과 많은 부분에서 일치합니다. 이미 사용되고 있는 용어가 있는데도 필히 새로운 용어를 사용하기를 원하는 이유를 설명 드리고자 합니다. 정신과 전문의가 되는 수련을 받아 오면서 하나님을 섬기는 자인 저에게는 '무의식' 이라는 용어가 아주 거슬려왔었습니다. 그 개념이 갖는 내용 중에서 상당 부분을 긍정하면서도 결국 영적인 영역에 미치는 영향이 부정적으로 될 수 있는 소지가 많았기 때문이었습니다.

프로이드의 무의식의 개념은 비교적 소박합니다. 인간이 태어나 경험하는 것 중에서 그저 의식 못하는 것, 기억 못하는 것 바로 그 자체입니다. 보통 사람들이 사용하는 의미의 무의식이라 할 수 있겠습니다. 그는 일면 기계론적 유물론에 가까운 인간관을 갖고 있었기 때문에 인간을 설명하는 데 있어서 비합리적이고 초자연적인 영역의 내용들을 배제하였습니다. 당연히 그의 무의식 개념은 그러한 영역들을 내포하고 있지 않기 때문에 이해하기가 그렇게 어렵지 않습니다. 그의 무의식은 인간이 단순히 의식하지 못하는 것으로 인간 안에 있는 것이며 인간을 벗어나지 않고 벗어날 수도 없습니다.

무의식을 '의식하지 못하는 모든 정신적 내용과 과정의 총합'이라는 식으로 기술적인 면descriptive aspect으로만 본다면 괜찮습니다. 그런데 '어떤 힘에 의해 의식되지 못하는 모든 정신적 내용과 과정의 총합'이라는 역동적인 면dynamical aspect으로 보게 되면 문제가 생길 소지가 생기게 됩니다. 자기가 알지 못하는 힘에 의해 어떤 일이 일어나기 때문에 책임의 소재를 따지기 어렵게 되기 때문입니다. 그래서 무의식은 어떤 일반인에게 있어서는 책임회피의 변명으로 사용되고 있기도 합니다. 나아가 자기가 아닌 알지 못하는 어떤 힘으로 알게 됨으로써 그 힘을 존재로 여길 수 있는 여지를 열어 놓게 됩니다. 그러나 프로이드에게 있어서는 아직 무의식의 존재화-무의식을 일종의 존재와 같이 보는-가 일어나지는 않습니다.

허나 융에게 있어서는 사정이 달라집니다. 그는 프로이드보다 부분적으로 더욱 정직하고 정확했고 더 깊은 혜안을 가지고 있었던 것으로 보입니다. 우선 그는 프로이드의 무의식적 개념을 다 품습니다. 그리고 그 위에 이 세상에서 일어나는 비합리적이고 초자연적인-어찌하든 '현재적 인간'의 관점의 측면에서 판단하기에는- 내용을 인정하고 덧붙입니다. 현재적 인간에게는 신비한 것으로 보이는 그 모든 현상들을 결코 부정하지 않고 실재하는 것으로 보는 것입니다. 소위 현재적 인간의 관점에서는 그 현재적 인간 밖의 타자- 하나님과 사탄-에 의해 일어나는 신비현상들을 보고 인정하는 것입니다. 이 점에서 그는 프로이드보다 훌륭한 관찰자라 할 수 있습니다. ('현재적 관점'을 강조하는 이유는 현재적 관점에서는 비합리적이고 초자연적인 것에는, 실제적으로 그러한 것도 있고 현재적으로는 그렇게 보이지만 미래에서는 그렇지 않은 것으로 판명될 것도 있기 때문입니다. 이는 인간은 언제고 현재적으로 그의 수준에 의해 갇히는 한계적인 존재이기 때문입니다.)

그런데 융은 자기의 이 훌륭한 관찰에서부터 오류의 길을 가게 됩니다.

인간 밖의 타자에 의해 일어나는 그 모든 것을 인간 안에 가두는 것이 바로 그것입니다. 즉 개인적 인간의 역사와 전체적 인류의 역사를 섭리하시며 간섭하시는 하나님과, 하나님의 뜻에 거슬리게 행동하는 사탄으로부터 일어나는 그 모든 것들이 인간 자체 안에서 일어난다는 것입니다. 인간 외의 타자적 존재를 안정하지 않는 것입니다. 이러한 것은 인간에 대한 이해가 기본적으로 다른 데서 일어나는 현상입니다.

그는 '자아' Ego와 '자기' Self를 구분하여 설명합니다. 자기의 의식적 부분으로서 이 세상에서 삶을 영위하는 나를 자아라 합니다. 자기란 그 의식적 부분으로서의 자기인, 자아가 다 알 수 없는 전체적인 존재라고 설명합니다. 현재적 인간 스스로가 결코 다 알 수 없는 바로 그 '자기' 안에 모든 것이 담겨져 있으며, 그리고 그 '자기'에 의해 그 모든 일이 일어난다는 것입니다. 융은 '자기'의 전체성과 그 크기 또는 한계를 알 수 없다고 함으로써 정의 자체에 의해 아무도 그 자기를 검증할 수 없게 만듭니다.

거기서 한걸음 더 나아가 자기라는 그 결코 알 수 없는 존재자의 개념에 의해 무의식과 동일시되게 됩니다. 결국 무의식의 존재화의 길이 열리게 되는 것입니다. 융의 무의식은 자율적이며 창조적이라는 데에서 그가 무의식을 존재로 본다는 것이 명백히 드러납니다. 특히 그 크기를 결코 알 수 없다는 점에서 무지적 신비감이 더해지고 결국 신격화에까지 이르는 것을 보게 되는 것입니다. 그렇기 때문에 인간은 자기 무의식의 뜻을 잘 알아야 진정한 자기가 될 수 있다고 합니다. 그의 인간관 그리고 세계관으로는 그렇게 아니 말할 수 없을 것입니다. 그렇기 때문에 동양 세계에도 해박한 그에게서 동양철학 또는 동양 종교적 범신론의 분위기를 느끼게 되는 것은 놀라운 일이 아닙니다. 범신론적 구도 하에서 무의식은 스스로 신의 자리에까지 오르게 되는 무의식의 신격화를 보게 되는 것입니다. 이것은 그 개념의 설정에서 이미 예고된 것으로 볼 수 있습니다.

결과적으로 '인간은 원래가 신이다.' 라든지 '인간이 신이 될 수 있다.' 라는 선언으로 연결이 되게 됩니다. 굳이 신이라는 용어를 쓰지 않아도 됩니다. 한마디로 인간은 스스로 완전해질 수 있다는 아주 철저한 인본주의가 선포되는 것입니다. 인격적인 성경의 하나님을 삶으로 알지 못하는 인간이 가게 되는 경우의 예를 다시 보게 되는 것입니다.

이상의 설명에서와 같이 '무의식' 이라는 용어가 존재적인 느낌을 주고 그뿐 아니라 아주 근본적으로 기독교와는 전혀 다른 내용을 함유하고 있기도 하는 것입니다. 또 인간을 그런 방향으로 세뇌시키는 영향이 만만하지가 않습니다. 그렇기 때문에 그 뿌리를 잘 모르는 분들이 무의식이라는 용어를 잘 모르고 사용하다가 다치는 것을 미리 방지하기 위해서, 이 용어를 퇴치하려고 여러 대안들을 검토해오고 있는 중입니다. 먼저 해야 할 과제는 무의식이라는 용어에서 존재적인 분위기를 털어내는 것이라 생각해 왔습니다. 그런 과정 중에서 우선 의식을 '열린의식' 과 '닫힌의식' 으로 나누고, 무의식 개념의 상당부분을 닫힌의식으로 설명하려고 시도하는 중에 있습니다. 앞으로 여러 관심 있는 전문가들의 공동의 노력이 있어 이후에 더 적절한 용어가 계발될 수 있었으면 하는 마음 간절합니다.

> 더불어 생각...

융을 조심하여야 하는 이유

하나 더 꼭 첨가하고 싶은 내용이 있습니다. "융은 어떻습니까?"라고 물어 오는 교역자분들을 꽤 만나게 됩니다. 그분들은 프로이드는 분명히 하나님의 존재와 영의 세계를 부인하였기 때문에 기독교의 진리에 문제가 되는 사람이라는 것을 쉽게 알고 있습니다. 그런데 융의 경우에 있어서는 기독교를 부인하는 말을 찾기가 어려울 뿐더러 기독교적인 분위기를 풍기는 지혜로운 말들을 참 많이 하고 있기 때문에 융은 아군이 아닌가 하는 것입니다. 더욱이 융은 개신교 목사의 아들로 기독교에 대해 상당한 수준의 지식을 갖고 있으며 또 기독교의 용어를 많이 사용하고 있기 때문에 더욱 그러합니다. 그는 외견상으로 기독교를 부인하지 않습니다. 한국의 그리스도인들은 다른 종교, 철학 그리고 여타의 이단적 무리들과 영적 전투를 많이 해왔기 때문에 전투적 태도가 몸에 배어 있습니다. 그런 가운데 만나게 되는 융이라는 사람은 우선 기독교를 부인하지 않으니 아군같이 느껴질 수 있다고 생각됩니다.

그러나 그는 아무것도 부인하지 않습니다. 기독교뿐만 아니라, 불교도 도교도 힌두교도…… 아무것도 부인하지 않습니다. 모든 것을 안아 줍니다. 그의 자세가 얼마나 유연한지요! 얼마나 중립적이고 균형 잡힌 마음의 소유자인지요!…… 하나님을 알지 못하는 자로서 그만큼 지혜로운 자세를 지닌 사람을 찾기가 쉽지 않을 것으로 압니다. 배울 것이 많은 인물입니다. 그런데, 앞서 설명 드렸듯이 융은 인간의 모든 것-종교, 철학, ……등-을 전체인 '자기' self 안에서 설명한다는 데 문제가 있습니다. 그 모든 것이 전체적 자기 안에 부분적인 의미를 갖고 있다고 보는 것입니다. 인간 밖에 있는 타자로서의 하나님을 인정하지 않는 종교나 철학에서는 부인하지 않는 것 자체가 의미 있을 수 있습니다. 그 궁극을 모르기 때문에 무엇인가를 부인한다는 것이 어리석은 것이 될 수 있기 때문입니다.

그러나 기독교는 분명히 다르지요. 창조주이신 하나님의 직접적인 계시인 성경을 통해, 무엇보다도 사람의 몸을 입고 오신 하나님이신 예수님을 통해 진리의 길이 분명히 밝혀지기 때문입니다. 기독교는 모든 것의 궁극이신 하나님을 믿기 때문에 융과 같이 부인하지 않는 것으로는 만족되지 않습니다. 예수님을 믿어야 하고 하나님의 말씀인 성경을 따라야 하는 것입니다. 기독교는 부인되지 않아야 하는 것이 아니라 능동적이고 적극적으로 믿고 따라야 하는 것입니다. 융은 하나님을 몰랐습니다. 성경의 하나님을 몰랐습니다. 그렇기에 기독교 진리의 유일성을 인정할 수 없었습니다. 그래서 성경의 하나님을 모르기 때문에 그의 출중함만큼이나 기독교의 진리를 가린다고 할 수 있을 것입니다.

신비로운 체험이 많다고 스스로 말하는 그를 알아가기가 쉽지 않습니다. 그렇기 때문에 제대로 비판한다는 것 역시 쉽지 않습니다. 그만큼 만만하지 않은 사람입니다. 그만큼 조심하면서 그를 대하여야 하겠습니다. 그의 근본을 잘 알지 못하면서 그의 글을 인용하는 가운데 일어날 수 있는 부작용을 염려해서 덧붙임을 하였습니다. 그를 이렇게 간단하게 언급하고 넘어가는 것이 안타까우나 그에 대해 자세히 설명하는 것이 목적이 아니기 때문에 어쩔 수 없음을 양해해 주시기 바랍니다.

2) 닫힌의식에 대한 이해가 중요한 이유

(1) 닫힌의식의 자기도 자기인데 그 자기를 모르고 살아간다

사람들은 대개 열린의식의 자기만을 자기인 줄 알고 살아가게 되어 있습니다. 즉 자기가 아는 자기만을 자기로 알고 살아간다는 얘기입니다. 모르는 부분의 자기를 어떻게 자기로 여길 수 있겠습니까? 닫힌의식의 자기도 자기인데 그 자기를 모르기 때문에 결국 전체적인 의미에서 자기를 모르면서 살아가는 것입니다. 여하튼 지금 여러분은 사례를 통하여 우리에게 분명 닫힌의식의 세계가 있으며 그 세계가 만만하지 않은 영향을 현재의 나에게 행사하고 있다는 것을 알게 되었습니다. 그렇기 때문에 인간-자신과 타인 모두-을 이해한다고 할 때 열린의식뿐 아니라 닫힌의식을 함께 알아야만 온전히 이해할 수 있는 것도 알게 되셨을 것입니다.

(2) 닫힌의식의 의식화는 삶의 왜곡을 풀어 준다

저는 특별히 닫힌의식 세계의 이해에 대한 강조를 하고자 합니다. 왜냐하면 닫힌의식의 세계는 우리가 알지 못하는 고로 우리의 의지의 통제를 받지 않기 때문입니다. 통제를 받지 않으면서 영향력을 행사하기 때문에 닫힌의식의 영향에 대해서는 전혀 속수무책이라는 점에서 문제의 심각성이 있는 것입니다. 다행히 그것이 긍정적인 영향을 미친다면 모르겠으나(사례4에서와 같이), 자기의 삶에 부정적인 영향력을 행사한다면(사례 1, 2, 3에서와 같이) 닫힌의식으로 인한 폐해는 그것이 계속 닫힌의식으로 남아 있는 한, 평생을 두고 삶을 왜곡시킬 것이기 때문입니다. "나도 모르게, 왠지 모르게, 괜히, 어쩔 수 없이, ……"라는 식으로 의지의 통제가 전혀 미치지 않는 가운데서 닫힌의식의 영향은 계속될 것입니다. 그러면서 우리의 삶은 점차적으로 더 왜곡되어지겠지요. 그 왜곡의 모습에 대해서는 위의 사례들을 통해 잘 이해할 수 있을 것입니다.

결국 그 삶의 왜곡을 풀기 위해서는 닫힌의식에 있는 내용을 열어 가야 하는 것이 자명해진다 하겠습니다. 첫 번째 사례에서 자기의 자신감의 결여가 전혀 과학적으로 맞지 않는 내용의 농담에 의해 형성된 것이었음을 알게 된다면, 이제 우선 지적으로는 그 잘못된 인식 – 머리 크기가 작은 자기는 머리가 좋지 않다 – 을 수정할 수 있는 것입니다. 그러면 그때까지 자기를 옭아맸던 자기에 대한 불신의 수갑을 풀어내게 되겠지요. 두 번째 사례에서는 자기의 선호하는 이성상이 과거의 담임선생님으로부터 결정되었다는 것을 알게 됨으로 인해, 만나게 되는 여성들을 닫힌의식의 영향 – 담임선생님의 모습과 비슷하면 괜히 좋아지고 많이 다르면 자기도 모르게 싫어지는 – 에서 자유로울 수 있는 입지를 얻게 됩니다. 전에는 닫힌의식의 영향으로 여성들을 바로 그 사람으로 보지 못하고 대하지 못했었는데 이제는 각 사람을 바로 그 사람으로서 대할 수 있게 되는 능력이 열리게 되는 것입니다. 세 번째 사례에서 그녀는 자기는 지금까지 외할머니와 어머니의 영향에 의해 진정한 자기를 억압하여 살아왔다는 것을 깨달음으로 인해, 앞으로는 그 본연의 자기를 찾아가는 노력을 힘 있게 기울일 수 있게 되는 것입니다.

그렇게 닫힌의식의 세계를 의식화(알게 됨)하는 바로 그만큼, 첫째로 우리는 '진정한 나'로서 나의 삶을 대할 수 있게 되고 그 다음으로는 타인을 '바로 그 사람'으로 대할 수 있게 되는 것입니다. 우리는 우리도 모르는 과거 특히 과거 중에서도 닫힌의식의 과거에 의해 그 진정한 나로서 살지 못해 왔고 살지 못하고 있고 살지 못할 수 있음을 깨달아야 합니다. 또 (닫힌의식의) 나에 의해 상대방을 바로 그 상대방으로 대하지 못해 왔고 못하고 있고 못할 수 있음을 깨달아야 하는 것입니다. 이렇게 깨우치고 나서 보면 이것을 깨닫지 못하고 '그냥 생각 없이' 살아감으로써 야기되는 불행들에 의해 인간사가 많이 어두워짐을 보고 안타까움을 금할 수 없습니다.

(3) 닫힌의식을 여는 만큼 삶에 대한 주체적 자율성을 키워가게 된다

닫힌의식의 의식화로 열려진 부분만큼 자기 자신에 대한 통제권을 행사할 수 있음으로 인해 그만큼의 삶을 자기 주체적으로 사는 자율성을 확보하게 된다고 말할 수 있습니다. 자기 삶에 있어서 '지향적 자기' – 자기가 원하는 자기 – 를 세워 나가기가 용이해지게 되는 것입니다. (지향적 자기에 대해서는 뒷부분에서 자세히 언급될 것입니다.) 우리에게 우리가 모르는 세계가 그 크기나 영향력에 있어서 얼마나 엄청난지요! 그만큼 우리를 모르고 우리는 살아온 것입니다. 자 이제 닫힌의식을 열어 가는(의식화하는) 노력을 기울이도록 하지요.

닫힌의식의 의식화는 닫힌의식이 긍정적인 영향을 미치는 경우에도 유익합니다. 네 번째 사례를 볼 때, 자기에게 있는 좋은 모습이 구체적 인물인 어머님을 통하여 생겨나게 되었다는 것을 알게 됨으로써 우선 어머님께 감사하는 마음을 가질 수 있게 될 것입니다. 그 다음으로는 좋은 것이 어떻게 진정으로 전달되어지는지를 알게 됩니다. 그럼으로써 자기에게 좋은 삶의 본을 보여 주신 어머님같이 자기도 최소한 자기 아이들에게 삶의 현장에서 좋은 엄마가 되도록 노력하게 될 것입니다. 그러는 가운데 좋은 것이 주위의 더 많은 사람들에게 나누어지게 되는데 기여하게 될 것입니다.

여기에 닫힌의식과 인간이해와의 관계를 도와주는 좋은 개념이 있습니다.

3) 인간은 역사를 가졌고 그 역사 안에 있으며 (미래의) 역사를 만들어 가는 존재이다

(1) 인간은 역사를 가진 존재이다

우리가 국사 그리고 세계사를 배우듯이 나라와 세계만 역사를 가지는 것은 아닙니다. 우리 인간 모두는 연결되고 이해되어야 하는 역사를 갖고 있는 존재인 것입니다.

우리는 방금 하늘에서 뚝 떨어진 존재가 아닙니다. 또 성인으로 태어나 살아가는 것도 아닙니다. 현재에 이를 수 있었던 것은 과거를 살아왔기 때문입니다. 모두는 각자 과거라는 역사를 가지고 있습니다. 어떠어떠한 아버지, 어머니, 할아버님들, 할머님들, …… 누구는 가난한 가정에서, 누구는 어려서 병을 심하게 앓고, …… 어떤 좌절이 있었고, 감명을 주는 스승을 만났고, ……. 우리는 각자 특이한 역사적 배경을 갖고 있는 것입니다. 우리는 사람을 만날 때 우리의 눈에 보이는 사람이 그 사람의 전부인 것으로 알지 않아야 할 것입니다. 보이지 않으나, 틀림없이 있는 그 어떤 역사를 가지고 있다고 자기를 깨우쳐 의식시켜야 합니다.

(2) 인간은 자기가 가진 그 역사 안에 있다

오늘의 우리는 우리가 지내 온 역사를 통해 상당한 영향을 받아 형성되었음을 동의하지 않을 분은 아마 한 분도 계시지 않을 것입니다. 각자 특이한 역사를 가지고 있기 때문에 특이한 사람들이 되어 있는 것입니다. 사례들에서 보듯이 그러한 역사가 있었기 때문에 그러한 특성들이 생겨나게 된 것입니다. 우리는 그 역사를 벗어날 수 없습니다. 어쩔 수 없이 그 역사 안에 있게 되어 있습니다.

물론 현재의 인간이 역사라는 과거에 의해서만 결정되어진다는 것은 아닙니다. 그 시기를 분명하게 못 박을 수는 없지만 인간은 점차적으로 자기의 의지를 행사하게 됩니다. 나이가 들면서 자기의식이 더욱 성숙되는 만큼 자기 의지의 행사가 점점 많아질 것입니다. 또 온전히 알아낼 수 없는 하나님과 사탄의 간섭도 있겠지요. 그러나 어느 사람이고 자기의 역사의 영향을 온전히 피할 수는 없다는 것입니다. 인간은 완전자가 되어 항시 모든 것으로부터 독립적으로 자유하는 존재가 아니기 때문입니다.

사례 5

외래에서 진찰 중이었습니다. 간호사가 다음 차례의 환자의 차트를 가져 왔습니다. 보통의 경우는 간호사가 의사에게 차트를 갖다 준 뒤 바로 환자를 호명하면 환자분이 들어오게 되어있습니다. 그런데 몇 분을 기다려도 들어오지 않고 밖에서 간호사와 환자분으로 보이는 사람과의 대화 소리가 들리는 것이었습니다. 무슨 내용인지는 정확히 알 수 없었으나 환자분이 저보다 먼저 근무하셨던 선생님에 대해 묻는 내용이었습니다.

한참 후에 간호사가 사정을 설명하러 들어 왔습니다. 환자분이 전에 계신 선생님이 왜 옮기시게 되었는지, 지금은 어느 병원에서 근무하시는지 등에 대하여 물으면서 그 선생님을 찾아가려고 하는데 어떻게 할까요 묻는 것이었습니다. 언뜻 유쾌하지 못한 느낌을 받게 되었습니다. 그러나 환자가 정 원한다면 그 선생님의 근무지를 가르쳐 드리겠으니 진찰을 받기 위해서가 아니라 근무지에 대해 알기 위하여 진찰실로 들어오시라고 권하도록 하였습니다.

간호사가 다시 나갔습니다. 처음에는 지금 계신 선생님도 훌륭하니 진찰을 받으라는 식으로 설득을 하는 것 같았습니다. 환자분은 요지부동이었습니다. 저는 안에서 기다리면서 기분이 좋지는 않았으나 '궁금해 하는 마음'이 커갔습니다. 환자분이 들어오셨습니다. 삼십 후반의 여자 분이었습니다. 눈 마주침을 잘 하지 못하시면서 다소곳한 모습을 보이는 분이었습니다. 전체적인 분위기는 나이에 맞지 않게 다소 사춘기적인 수줍음이 물씬 풍겨나는 분이었습니다.

궁금해 하는 마음이 더욱 깊어 갔습니다. 그 분의 그 무엇인가가 그 분의 그러한 분위기와 또 전임 선생님을 찾는 것과 연결이 될 것인데 말입니다. 허나 본인이 전임 선생님을 만나기를 원하기 때문에 본격적인 면담으로 들어가지 않는 것이 좋겠다고 판단되었습니다. 간단히 인사를 나누고 전임 선생님의 근무지에 대해 성실하게 가르쳐 드렸습니다. 한 시간 이상이 걸리는 다소 먼 거리에 위치하고 있었지만 찾아가겠다고 하였습니다. 그 분에게 가서 좋은 치료를 받으시라고 말씀드리면서 헤어졌습니다. 그런데 얼마 후에 그 분이 다시 찾아와 저에게서 진료를 받기를 원하셨습니다.

  나중에 알게 된 것이지만, 거리도 다소 멀기도 했지만 무엇보다도 자기가 물어서 먼 곳까지 찾아 갔으면 상당히 반가와 해 줄 것으로 기대했는데 기대와는 달리 그 선생님께서 다른 환자와 다름없이 담담하게 맞이하시더라는 것입니다. 그래 실망되어서 가까운 곳에 있는 저의 병원을 다시 찾아오신 것이었습니다. 여러 차례 면담이 진행이 되면서 맨 처음 그 분에 대해 가졌던 궁금증이 하나씩 풀어지기 시작하였습니다. 원래 말이 없고 조용한, 소위 말하는 내성적인 성격의 소유자인 그 분에게는 중요한 두 가지 사건이 있었습니다.

  하나는 이러하였습니다. 친구를 사귀면 한 두 사람과만 깊이 있게 사귀는 분이었는데, 동네친구로 어려서부터 중학교 3학년까지 둘도 없는 사이로 지내온 여자친구가 한 명 있었습니다. 그런데 웬일인지요? 그 친구 가족이 모두 외국으로 이민을 간다는 것이었습니다. 청천 하늘에 날벼락을 맞는 기분이었다 합니다. 당시로는 유일하게 자기의 마음을 주는 친구로는 그 한 친구밖에 없었는데, 마치 하늘이 무너져 내리는 듯한 것이었습니다. …… 그렇게 애통해 하는 이별을 맛본 역사가 있었던 것입니다.

  두 번째 사건을 살펴보겠습니다. 중3 때 더할 수 없는 상처를 주었던 헤어짐을 겪은 이분은 그 뒤로 아주 우울한 정서 속에서 위축된 생활을 하게 되었습니다. 아무와도 사귀지 않고 지내게 되었습니다. 그렇게 1년을 넘게 지내던 중 아주 좋은 일이 일어나게 되었습니다. 초등학교 동창으로 평소 이 분을 좋게 보아 오던 남학생이 관심을 가지고 어려운 생활을 하는 이 분을 도와주기 시작하였습니다. 도와준다는 것이 간단하지 않았습니다. 우선 마음의 문이 열리는 데 오랜 시간이 흘렀습니다. 그러나 쉬 식지 않는 마음으로 성실하게 접근하는 남자친구에게 점차 신뢰의 마음을 두게 되었고 즐거운 시간을 같이 나눌 수 있게 되었습니다. 한 번 마음을 주면 모든 것을 주다시피 하는 성격을 가진 분이었기 때문에 마음속 깊이 있는 것까지 다 나누면서 사귀어 갔습니다. 중3 때 경험한 이별의 상처가 많이 치유가 되어 갔습니다. 그런데 어려운 시간을 오랫동안 보내었기 때문에 대학입시를 제대로 준비하지 못하여 대학진학을 하지 못하게 되었습니다. 남자친구는 명문대학에 들어가게 되었습니다.

고등학교 졸업 이후로도 둘은 계속하여 좋은 사귐을 가져갔습니다. 남자친구는 대학교 2학년이 되었고 여자 분은 계속 대학 진학을 하지 못하고 지나게 되었습니다. 그러던 중 남자친구는 학교에서 알게 된 여학생을 만나게 되었습니다. 변함없었던 만남의 횟수가 줄어들게 되었습니다. 무엇인가가 남자친구에게서 진행되는 것으로 느끼게 된 여자 분에게는 또 사랑하는 사람과 이별하게 될지도 모른다는 불안이 찾아들게 되었습니다. 한참 후에 남자친구가 사실을 얘기하며 더 이상 만나지 않는 것이 좋겠다는 의사를 밝히게 되었습니다. 어느 정도는 예상을 해오던 터여서 그 자리에서는 담담하게 임했지만, 그 자리를 떠나오면서 말할 수 없는 추락을 느끼게 되었습니다. (두 사건에 대해서도 너무 간단한 설명이고, 또 이 두 사람과의 만남뿐 아니라 이 여자 분이 겪은 전체 환경이 설명되지 않고 단순화시킨 글을 읽고 있다는 것을 꼭 염두에 두시기 바랍니다.)

이후로 그분에게는 새로운 사람을 만나는 것이 더욱 힘들게 되었습니다. 사람을 사귀면서 누리는 여러 가지 좋고 즐거운 것에 대한 기대를 하는 것보다는 헤어질 아픔이 먼저 연상되는 것이기 때문입니다. 두 번의 이별을 통해 감당하기 어려운 상처를 받은 이 분에게는 만남을 가지면 또 받게 될 이별의 상처가 겁이나 미리 만남을 피하게 되는 경향이 아주 강하게 자리 잡게 되었던 것입니다. 본인이 원하지 않았던 이별은 '거절당한 것'으로 해석되기 쉬운 것입니다. 그 '거절당함에 대한 두려움Fear of being rejected'을 다시 경험하지 않기 위해 관계가 조금이라도 깊어질 것 같으면 무조건 인위적으로 피하는 것이었습니다.

　그러한 맥락 속에서 한 번 사귀게 되면 관계를 쉽게-정상적으로-끊어 매듭을 짓지 못하는 경향이 함께 있게 되었습니다. 또 다시 거절당함을 겪고 싶지 않았기 때문입니다. 아주 공식적인 만남이라 하더라도 관계가 끊기어지는 것은, 그 분에게는 과거에 경험한 그 아픈 상처를 다시 연상시키는 것이 되어서, 두려운 것이 되기 때문입니다.

　이제 저의 진찰실을 처음 찾았을 때의 그 분의 행동거지가 이해가 되어 들어오는지요? 그 분에 대해 아무것도 알지 못하는데서, 제가 '아니, 진료를 받으려 왔으면 들어올 것이지. 왜 없는 선생님을 찾고 야단이야.'라며 스스로 기분 나빠했다면 어떠했을까요? 더욱이 야단을 친다든지, 기분 나빠하는 것을 직설적으로 표현해 버렸다면 얼마나 어처구니없는 반응을 보인 것이 되었을까요? 그 분은 나에게 기분 나쁘게 하고자 하는 의도가 전혀 없었습니다. 그저 자기의 역사에 의해 그렇게 되어 버린 자기로서 자연스럽게 행동하였던 것입니다. 그렇습니다. 우리가 사람을 대할 때는 그 사람의 역사를 알아 그 사람의 측면에서 이해하여야 합니다. (물론 상대방도 그러면 더할 나위가 없는 관계가 되겠지요.) 상대방을 자기 식으로만 이해한다면 상대방의 진심과는 전혀 다르게 상대방을 대하게 되는 잘못된 오류들을 낳게 될 것입니다.

　인간이 기본적으로 남을 위하는 이타적인 존재라면 자기 식으로 이해한다 하더라도 큰 문제가 일어나지 않겠지요. 그러나 인간은 이기적으로 움직여지게 되어 있기 때문에 자기 식으로 이해한다는 것은 자기 편하게 자기의 이익을 위해 상대방을 악용하게 된다는 것을 암시하고 있는 것입니다. 결국 그런 방향으로 움직이게끔 되어 있다는 것이지요. 그렇게 자기 식으로 생각하는 것은 자기의 이기적 행동을 더욱 강화시키는 결과를 낳게 될 것입니다. 반면 상대방의 입장에서 생각한다는 것은, 생각하는 그만큼 그 이기적 자기를 제어하게 될 것이라고 말할 수 있습니다. 그만큼 상대방의 역사에 대한 이해가 중요한 것입니다.

한편 위의 여자 분은 자기의 특수한 역사로 인해 자기에게 생긴 특성을 제대로 파악하고 있었다면 좋았을 것입니다. 즉 자기만의 역사로 인해 자기는 새로운 관계를 쉽게 맺지 못하고 이미 맺은 관계에 대해서는 지나치게 매달린다는 것을 알고 그로 인한 경향이 대인관계에서 나타난다는 것을 의식함을 말하는 것입니다.

그러면 자기에게 익숙해져 있는 언행으로 인해 남들이 가질 수 있는 괜한 오해를 줄여 가는 데 많은 도움을 받을 수 있게 될 것입니다. 우선 저의 진찰실에서 보였던 언행을 적절하게 통제할 수 있게 될 것입니다. 전임 의사를 새로운 의사 앞에서 자기도 모르게 떼를 부리듯 찾지는 않을 것입니다. 자기가 익숙해져 있는 언행으로 인하여 새로운 의사가 혹 '저 환자분이 나를 믿지 못하기 때문에 무시하여 전임 의사를 찾는구나.' 라고 생각하여 괜히 환자분은 그런 의도가 전혀 없는데 기분 나빠 할 수도 있을 것이라는 것을 예상할 수 있기 때문입니다.

그렇습니다. 나 자신에 대한 역사를 알아가는 데 게을러 나에게 생기게 된 경향들을 닫힌의식 속에 그냥 방치해서는 아니 됩니다. 그렇게 된다면 나는 원하지 않았는데도 나의 닫힌의식 속의 경향들이 튀어 나오게 되어 상대방을 괜히 기분 나쁘게 하는 경우가 통제되지 않고 계속하여 지속될 것이기 때문입니다. 그러면 쓸데없이 기분 나빠진 상대방은 역으로 나에게 기분 나쁜 반응을 보이지 않겠습니까? 이렇게 서로가 서로를 기분 나쁘게 할 의도가 전혀 없는데도 실제적으로 서로가 서로를 기분 나쁘게 하는 악순환을 계속 밟아 가는 경우가 우리의 일상에서 얼마나 많이 일어나는지요. 인간의 불행 중 이렇게 전혀 엉뚱하게 일어나는 불행도 부지기수입니다.

> 더불어 생각...

닫힌의식을 알면 자기 자신으로 의연하게 된다.

닫힌의식에 대해 잘 알면 그러한 악순환을 미리 방지할 뿐더러 자기를 의연하게 견지해 갈 수 있는 예를 들어 보겠습니다. 제가 미국의 유학비자를 신청하러 미 대사관 뒷문에서 줄을 서고 있었을 때입니다.

제 앞에 있는 분도 신학을 공부하러 가려고 비자를 신청하는데 이번이 세 번째라 합니다. 그 분은 목사였습니다. 그러면서하는 말이 비자 신청하는데 미 대사관에서 사람 취급을 제대로 해주지 않는다며 불쾌하다는 것이었습니다. 얼굴에 인상이 많이 찌그러져 있었습니다. 그분은 목사가 신학을 공부하러 간다면 미 대사관에서 그분 말대로 사람같이 대해 주지 않으면서 비자를 잘 내주지도 않는 이유를 잘 알고 있었습니다. 과거에 소위 목사라 하는 사람들이 공부하러 간다고 하면서 불법적으로 그냥 눌러 앉는 경우가 허다하였기 때문입니다. 공부만 하고 돌아온다고 한 목사들이 돌아오지 않으니 그 다음에 어떤 목사가 공부하러 간다고 비자를 신청하면 누가 순순히 비자를 내주겠습니까? 그런 과거를 경험한 대사관 직원들의 불친절에서 그분은 화가 나는 것이었습니다. (물론 그들의 불친절에는 다른 이유들이 있을 수 있습니다. 여기서는 다른 이유들에 대해 언급하는 것이 적절하지 않기 때문에 그냥 넘어가기로 하겠습니다.)

그런데 엄밀히 따지고 보면 그분이 미 대사관의 사람들로 인하여 불쾌해 할 이유는 없다고 말씀드릴 수 있겠습니다. 사실상 그 자신이 사람 같지 않는 대우를 받는 것은 아니기 때문입니다. 실제적으로는 대사관 직원들을 속였던 과거의 목사들 — 그분들 중에는 어쩔 수 없는 정당한 곡절에 의해 남아 있게 된 수도 꽤 될 것으로 생각됩니다 — 이 그렇게 대우를 받는 것이지요. 직원들은 과거에 자기네를 속였던 목사들에 의해 화가 나 있는 것입니다. 그리고 그 목사들에 대한 화난 감정을 표현하는 것이지요. 아직 속일지 아니면 속이지 않을지를 모르는 사람에게 그러한 화를 낼 수 있겠습니까?

물론 이러한 사고를 진행시키는 것은 결코 쉬운 일이 아닙니다.

원칙적으로 말씀을 드리면 그렇다는 것입니다. '이것은 내가 받을 화가 아니다.'라며 직원들의 반응을 의연하게 넘겨야 합니다. 자기를 괜히 그 자리에 이입시켜서 기분 나빠할 필요가 없는 것입니다. 직원들이 진정한 나를 대하는 것이 아니라는 인식을 가지고 그 자리에 서야 할 것입니다. 그리하면 그들의 불유쾌한 언행 위에 서는 의연함을 견지할 수 있게 될 것입니다. 자기의 성숙한 수준만큼 의연함을 견지할 것입니다.

여러분도 아시다시피, 미 대사관 직원들의 태도는 그들의 과거의 경험에 의해 결정된 것입니다. (물론 그들이 자기성찰을 잘 하여 새로 오는 사람들을 과거 경험에 의해 영향 받지 않고 새롭게 각각의 사람으로서 대할 수 있다면 더할 나위가 없겠지요.) 사람은 그렇게 과거 경험에 갇히는 존재입니다. 완전히 벗어난다는 것은 불가능합니다. 그러지 않고 '과거의 경험에 영향을 받지 않고 각 사람을 항상 새롭게 만나야지.' 하는 마음을 항상 품고 실제적으로 그럴 수 있다는 것은 여간 어려운 일이 아닐 수 없습니다. 인간이 그렇게 한계 지어진 존재인 것입니다.

그러나 그쪽을 향하여 내딛는 발걸음을 쉬지 않아야 합니다. 자기성찰을 게을리 하지 않는 사람들은 과거의 얽매임으로부터 '점차적으로' 자유로워지게 될 것입니다. 의도하지 않았던, 특히 부정적인 과거에 의해 형성된 나로서 그저 살아가게 되어 있는 인간 경향에 저항하면서 바른 목표를 향해 나아가는 자유로운 자기를 세워 나가야 할 것입니다.

그렇게 사람들의 마음 또 나의 마음의 움직임을 정확히 볼 수 있도록 노력하여야 하겠습니다. 그리하여 허상으로 눈이 가려지지 않도록 해야 합니다. 현재의 사람을 과거의 사람으로, 갑의 사람을 을의 사람으로 대하게 되어 있는 존재임을 겸허하게 인정하면서 그러한 오류를 최소화시키려는 노력을 기울여야 할 것입니다. 또 사람들은 나를 '그 사람의 과거 속의 사람'으로 대하는 경향이 있다는 것을 알고 사람들의 언행을 읽을 수 있어야 하겠습니다. 이런 일들은 닫힌의식에 대한 지식이 지식으로 있지 않고 많은 시행착오를 통하는 훈련- 꼭 훈련이 필요합니다- 을 통해 자기의 것이 됨으로 인해 가능해질 것입니다.

그러는 가운데 항시 각 사람을 각 사람으로 새롭게 만나는 것이 자연스럽게 몸에 배이게 될 것입니다. 그리고 상대방이 나를 '다른 사람'인양 (나 아닌 사람으로) 대한다 하더라도 나는 나 아닌 그 '다른 사람'으로서가 아니라 '바로 나로서 반응'을 할 수 있게 되어 갈 것입니다. 즉 위의 예에서 대사관 직원의 불유쾌한 대우를 불유쾌하게 받는 것이 아니라 그것은 나하고는 상관이 없는 것으로 알아, 나로서 자유하는 반응을 보인다는 것입니다. 그래서 모든 각각의 만남은 온 우주에 있어서 새로운 유일한 만남이 되어야 합니다.

미 대사관의 예와 비슷한 예를 하나 더 들어 보겠습니다. 미국에 간 지 얼마 되지 않은 분들이 겪는 일들이 있습니다. 그곳은 신용credit이 아주 중요한 사회여서 많은 것들이 신용에 의해서 처리가 됩니다. 그런 곳이기 때문에 (미국 중에서 제가 살았던 곳에서는)우리 나라 사람이 가게에서 신용카드나 개인수표로 물건을 살 때는, 우선 동양인이라서 가게 직원들이 믿음이 가지 않아 신용조회를 하느라 적지 않은 시간을 기다리게 한다거나 대개 운전면허번호를 요구합니다. 아마도 신용카드 회사와 은행에 돈을 제대로 못 내게 됨으로 인하여 가게에 실질적인 손실을 끼치게 된 동양인들을 경험하였을 가능성을 생각해볼 수 있습니다. 앞의 미 대사관의 예와 같이 어찌 보면 상당히 불쾌하게 느껴질 수 있는 경우들입니다. 실제로 그러한 반응을 보이게 되는 분들이 많습니다.

그러나 닫힌의식 등 인간 마음의 흐름의 원리에 대해 많이 알고 있는 분들은 그렇게 반응하지 않고- 그들의 자극에 흔들리지 않고 자기를 자유롭고 의연하게 지킬 수 있을 것입니다. 그들은 우리를 정확히 알고 보니 신용이 없는 사람이라 그런 태도를 보이는 것이 아닙니다. 신용이 없는 가상의 사람에게 대하는 셈이지요. 그들은 진정한 우리를 대하는 것이 아니라 우리 아닌 자를 대하는 것이니 거기에 우리가 기분 나빠할 것이 하나도 없는 것입니다. 우리는 그냥 우리 자신으로 있으면 되는 것입니다. 앞으로 많은 거래를 통하여 우리들과 비슷한 모습을 한 사람들이 신용을 보이게 되면, 우리를 대하는 그들의 태도가 저절로 변할 것을 바라면서 말입니다. (물론 구체적인 인종차별로 나타나는 경우에는 공적으로 힘을 모아 적절히 대처하여야 하겠지요.)

그렇게 사람은 자기의 역사를 벗어나기가 어려움을 알아야 하겠습니다. '역사 안에 있게 되는 것' 입니다. 그러기에 우리는 사람들을 만날 때 '저 분은 어떤 역사 안에 있을까?' 하며 그 사람의 역사를 알아 가려고 하는 마음이 준비되어 있어야 합니다.

(3) 인간은 (미래적) 역사를 만들어 가는 존재이다

정신분석의 선구자라 할 수 있는 프로이드의 인간관은 진화론적이며 유물론적입니다. 인간을 창조주이신 하나님에 의해 어떤 목적을 가지고 태어난 존재로 보는, 창조론적이고 영적인 인간관을 말하는 우리 기독교와는 아주 대조적이라 말할 수 있습니다. 그렇기에 그는 인간을, 되어져야 하는 지향적 상을 갖는 '지향적 존재' 로 보지 않고 아무런 목표점이 없이 아무런 뜻도 없이 그냥 되어지는 존재인 '비지향적 존재'로 봅니다. 그렇기 때문에 그에게는 과거가 절대적입니다. 현재를 결정하는 것은 오직 과거라고 보는 것입니다. 거기서 사람이 현재 생각하고 행하는 그 모든 것은 과거에 경험했던 것의 영향을 받아서 그렇다는 것인, 정신결정론 Psychic Determinism or Causality이 나오게 됩니다.

물론 우리는 사람들이 현재적 모습을 갖는 데에는 상당 부분 과거의 영향이 기여하고 있다는 것을 알고 인정합니다. 그 점에서 프로이드는 얼마나 훌륭한 발견을 한 인물인지 알 수가 없습니다. 이외에도 참으로 귀중한 인간에 대한 사실을 많이 알아낸 것에 대해 저는 진심으로 찬사를 보냅니다. 그러나 자신이 발견한 것은 인간에 대해 부분적인 것인데 그 부분적인 것으로 인간의 전부를 풀려고 했던 가운데 범한 오류들은 하나씩 지적하여 바로 잡아 가고자 합니다.

결정적인 오류 중 하나는 '환원론'reductionism입니다. 인간에 대한 부분적인 사실에 인간 전체를 짜 맞추려 했던 시도가 그렇습니다. 달리 표현하자면, 고차원적(창조론적이고 영적이고 지향적인) 존재의 저차원적(진화론적이고 유물론적이며 비지향적인) 존재화라고도 말할 수 있습니다.

진화론적 사고를 하는 그는 태어나게 된 인간 존재 자체를 긍정하고 들어갑니다. 갖고 태어난 인간성 자체에 대해 선악의 판단을 전혀 내리지 않는 것입니다. 그는 인간이 본성적으로 지독히도 이기적이고 자기중심적이라는 사실을 아주 훌륭하게 발견해냅니다. 이는 그의 방어기제에 대한 설명에서 아주 적나라하게 드러나고 있습니다. (방어기제에 대해서는 뒷부분에서 설명이 될 것입니다.) 놀라운 발견자라고 아니할 수 없습니다. 그러나 이기적이고 자기중심적인 존재로서 인간을 정확히 파악하면서도 그 자체에 '나쁘다 또는 좋다'라는 판단을 전혀 가하지 않는 것입니다. 인간은 단지 그렇게 태어났을 뿐이라는 것입니다. 그래서 그렇게 살아갈 수밖에 없는 것을 그대로 긍정하는 것입니다.

 (그리스도인들 특히 신학자들이 구원론적 관점에서만 프로이드를 보아 사탄의 앞잡이 같이 만들어 그가 남긴 귀중한 유산들을 도외시하게 되는 안타까운 풍토가 있습니다. 그러나 분명히 비판하여야 할 부분에서는 정확하고 충분한 비판을 하면서도, 배워야 할 부분에서는 그쪽으로 전문인인 그리스도인들을 통해 배우는 일들이 있었으면 하는 바람이 있습니다.)

 여하튼 다시 본론으로 들어가, 프로이드는 원래 태어날 때부터 이기적이고 자기중심적인 본능을 지니고 태어난 인간은 그러한 본능의 최대 만족을 위해 살아지게 되어 있는 어찌할 수 없는 존재로 긍정하여 받아들입니다. 인간이 그렇게 된 것은 나의 존재 이전에 나와는 관계없이 이미 인간에게 악한 영향이 가해져 그러한 본성을 가지고 태어났다는 것을 전혀 인정하지 않는 것입니다. 그렇게 프로이드는 자연적 타락한 존재로서 인간의 전부를 꿰어 맞추려 하였던 것입니다.

 그러나 기독교의 인간관은 그의 것과 아주 판이하게 다릅니다. 처음 인간인 아담은 원래 하나님의 형상으로 지음을 받은 존재였지만 죄로 인해 타락하였습니다. 프로이드가 잘 관찰하였듯이 그 타락한 인간은 하나님을 떠나 자기중심적으로 이기적인 삶을 사는 존재가 되어 버렸습니다. 그렇게 아담의 타락의 영향이 그 다음에 태어나는 인간 모두에게 악한 영향을 미치게 되었습니다. 그러한 선험적 간섭에 의해 모든 인간의 본성은 선험적으로 결정되게 되었던 것입니다. 그렇기 때문에 그 뒤의 모든 인간은 태어날 때 자연적으로 타락한 본성을 갖고 태어나게 되어 있는 것입니다. 기독교는 인간이 이기적이고 자기중심적으로 되어 버린 것을 '악한 것'이라고 선악의 판단을 하는 것입니다. 이기적이고 자기중심적인 것이 선한 것이 아니라 악한 것이라는 것은 우리 모두가 정직히 생각해 보면 수긍할 수 있는 내용입니다.

만약 인간이 여기서 끝난다면 프로이드의 인간관으로 만족될 수 있을 것입니다. 그러나 인간은 거기서 끝나지 않는 것입니다. 원래 인간은 하나님의 피조물로서 인간이 타락한 이후에 창조주이신 하나님께서 구원자로서의 은혜의 간섭을 하셨기 때문입니다. 그 하나님의 은총으로 영적으로 다시 태어나게 된 자들이 바로 그리스도인인 것입니다. 그렇기 때문에 예수님의 대속의 은혜로 거듭난 그리스도인들은 거듭나기 이전의 타락한 자연적 존재만으로의 인간관으로는 설명하기가 어렵게 되어 있습니다.

하나님의 전적인 무조건적 자비로운 은총에 의해 타의적으로 영적-인간 전체적-으로 다시 태어난 그리스도인은 죄를 범하기 이전, 또는 그 이상의 온전한 상태로 나아가는 목표를 가질 수 있게 된 것입니다. 그러한 온전한 미래적 자기상-성경을 통해 알게 되는-을 향해 가는 것으로 현재적 자기에 결코 머무르지 않는 것입니다. 성령 하나님의 이끌어 주시는 은총과 값없이 주신 구원의 은총에 감격하여 하나님의 뜻대로 살기를 작정하는 그리스도인의 자의적 의지에 의해 그리스도인은 온전한 성화를 향해 계속하여 변하여 가는 존재인 것입니다.

그렇기 때문에 그리스도인은 과거의 역사만으로 결정되는 존재가 분명히 아닌 것입니다. 하나님께서 주신 그의 지향적 목표가 그를 이끄는 것입니다. 그리스도인으로서의 성숙이 더욱 깊어지면 과거에 의해 덜 끌리고 점차 저 하늘나라의 소망이 더욱 저를 힘차게 끌어 갈 것입니다. 자기의 (미래적)역사를 새롭게 만들어 가게 되는 것입니다.

과거의 역사가 자기의 의지적 지향과는 관계없이 형성된 것이라면, 이제는 자기가 원하는 방향으로 (미래의)역사를 만들어감으로써 미래적 자기를 자기가 원하는 방향으로 세워 가는 것입니다. 이러한 관점을 목적론적 관점이라 일컬을 수 있을 것입니다. 인과론적인 관점으로 보더라도 사람이 과거에 의해서만, 현재적 시점에서 볼 때, 결정되어 가지 않는 것을 알 수 있습니다. 예를 들어 미래의 10년은 10년 뒤에는 과거가 됩니다. 그 10년 후의 미래의 자기는 과거가 된 미래의 10년의 역사를 통해 영향을 받게 됩니다. 그런데 그 미래적 역사를 자기가 의지적으로 만들어 감으로써 자기가 원하는 방향으로 자기를 빚어갈 수 있다는 것입니다.

타락한 존재만은 아닌 존재로서 그리스도인은 인과론적인 관계로 완전히 설명될 수 없음을 분명히 천명하고 싶습니다. 바로 모든 인간이 이렇게 되어야 하고 될 수 있습니다. 그렇게 인간은 (미래적) 역사를 만들어 가는 그리고 만들어 가야 하는 존재인 것입니다. 이는 그리스도인의 인간관이 가지는 독특성이라 할 수 있습니다.

> 더불어 생각...

좋은 파장을 일으키자.

위에서 인간은 자기의 닫힌의식을 의식화하는 만큼 자기로서 의연할 수 있음을 말씀드렸습니다. 그런데 한걸음 더 나가는 것을 생각해 보고 싶습니다. 자기 역사를 잘 모르면 그만큼 닫힌의식의 부분이 커져 그 크기만큼 부정적인 영향이 올 수 있음을 생각해 보았습니다. 때로는 위에서 설명 드렸듯이 인간관계에서 서로에게 상처를 주는 악순환이 계속되기도 하는 일이 발생될 수 있습니다. 그와 더불어 닫힌의식을 알아 가는 만큼 악순환이 계속되는 것을 끊을 수 있음도 알아보았습니다. 바라기는 우리는 악순환이 중지되는 것으로만 만족하지 않았으면 합니다. 좋은 순환 – 선(善)순환이 일어날 수 있도록 하는 데 관심을 기울이는 사람들이 많아지기를 바라는 마음 간절합니다.

위의 미 대사관의 경우를 예로 들어 보겠습니다. 대사관 직원들이 불쾌하게 대한다 하더라도 그들의 대상이 내가 아님을 알아 나는 불쾌한 반응을 보이지 않고 '좋은' 반응을 보인다면 저들의 마음이 조금은 덜 불쾌하게 될 것입니다. 내가 그리하고 그리고 내 뒤에 오는 사람들도 계속적으로 그리한다면 저들에게 좋은 방향으로의 변화를 야기할 수 있는 기회가 올 수 있을 것입니다. 꼭 그렇게 된다는 것은 아닙니다. 그렇게 될 가능성이 주어질 수 있다는 것입니다. 그러나 만약 그들의 불쾌한 처사에 우리도 함께 불쾌하게 대한다면 '좋은' 쪽으로의 가능성은 전혀 열리지 않을 것입니다.

그들에게 '좋은' 변화가 온다면 어떤 것을 통해서 가능하겠습니까? '좋은' 변화로의 가능성의 문을 열기 위해 나는 나 혼자의 씨를 뿌리는 작업을 게을리 하지 않도록 하기를 바랍니다. 그렇게 하나씩 뿌려져 열매를 맺기에 충분한 씨가 모아지면 열매를 맺게 될 것이고, 그렇지 못하면 열매는 열리지 않을 것입니다. 사람을 변화시키는 데는 혼자로서는 부족합니다. 자기만으로는 열매가 전혀 맺히지 않을 것임을 알면서도 자기의 노력이 한 톨의 귀한 씨를 덧붙이는 작업임을 알아 묵묵히 뿌려가는 사람들이 많아질 때 우리 이웃들은 변하고 사회가 변화하리라 믿습니다.

하나님의 은총을 입어 하나님 앞에서 살아가는 우리들은 악순환이 그치는 데 만족해서는 아니 될 것입니다. 선순환을 일으키는 자들이 되어야 할 것입니다. 우리 각각이 뿌린 씨앗이 파장되어 나타나 '좋은 순환-선순환'들이 연속하여 일어나는 기쁨을 누릴 수 있기를 심히 소원합니다. 이것이 좋은 미래적 역사를 만들어 가는 작업일 것입니다.

4) 판단중지와 '왜?'

이제 '인간은 역사를 가진 존재로 그 역사 안에 있으며 (미래의) 역사를 만들어 가는 존재'라는 것으로 제가 무엇을 설명하려고 하였는지 어느 정도 전달이 되었는지 모르겠습니다. 사람들을 대할 때 이러한 관점으로 대하게 되기를 심히 소원합니다. 우선 인간에 대해 그러한 과거, 현재, 그리고 미래를 꿰뚫는 통시적 인식이 깊어지면 아마도 우리에게는 '판단중지'라는 태도가 몸에 배이기 시작할 것입니다. 전에는 사람을 만나면 '저 사람은 저래.'라며 현재적 모습으로 그 사람을 그런 사람으로 판단해 버렸는데, 이제는 각 사람의 역사를 모르고 판단을 한다는 것이 얼마나 무서운 오류를 낳을 수 있다는 것을 알기 때문입니다. 그렇기 때문에 그 사람에 대한 역사를 알기 전까지는 우선 판단을 중지하려는 경향이 생기게 될 것입니다. 우선 이 정도만 되어도 우리는 많은 사람을 살릴 수 있을 것입니다.

그렇게 인간의 이해는 단지 나의 생각을 바꾸기만 하면 된다든지 또는 그저 참기만 하면 되는 수동적이고 평면적인 작업이 아닙니다. 그를 그의 (삶의) 역사—시공간적 연속선상에 있는—속에서 보려 하는 적극적인 입체적 작업이어야 합니다. 그 개인의 역사적 틀 속에서의 그의 모습이 그려져야 합니다. 인간의 이해는 언제고 개별적 이해여야 합니다. 그 자신의 독특한 모습이 그려질 때까지 인내하면서 탐구하는 자세를 견지하여야 할 것이요 그 이전의 섣부른 판단을 경계하여야만 합니다.

거기서 우리는 '왜?'라는 의식이 깊어지게 될 것입니다. 그리고 '저 사람은 왜 저럴까? 어떠한 역사를 가졌기 때문에 저런 모습을 보일까?'라는 식으로 사람을 과거와 현재를 통합하여 입체적으로 보려고 하는 태도들이 자라나게 될 것입니다. 판단을 중지한 후 '왜?'를 물어야 할 것입니다. 그리고 그 '왜?'를 풀기 위해 그 사람에게서 그 사람의 역사를 능동적으로 들으려 해야 합니다. 그런 후 '인간은 (미래적) 역사를 만들어 가는 존재이다.'라는 인식 위에서, 그 사람이 바로 그 순간의 그 사람으로 머무르지 않고 본래적 자기 모습을 찾아 가도록 인내로 지켜보며 또 도와야 할 것입니다. 이렇게 '과거-현재-미래'를 전체적으로 연결하는 구도 아래에서 인간을 이해하며 대하려는 의식이 깊어지기를 바랍니다.

> 더불어 생각...
> 결혼 준비요건에 개인의 역사서를 첨가하기를 제안한다.

한 가지 첨가하고 싶은 것이 있습니다. 한 쌍의 남녀가 결혼을 할 때 각자의 역사에 대해 자세히 기술한 역사서를 서로 나누어 갖는 것이 필수적인 결혼의 준비요건이 되었으면 합니다. 물론 그 이전에 충분한 연애기간을 가짐으로 서로의 역사에 대해 자세히 알아 가는 경우라면 더할 나위가 없겠지요. 그러면 그 결혼생활에서 주파수가 맞지 않은 왜곡된 의사소통으로 인한 갈등은 극소화 시킬 수 있을 것입니다. 남자가 결혼하였다고 저절로 한 여자의 남편이 되고 여자가 결혼하였다고 저절로 한 남자의 아내가 되는 것은 아닙니다. 남편 됨 그리고 아내 됨에 대해 진지한 배움이 있어야 하고, 이를 위해 노력을 기울여야 하는 영역에서 최선을 다하는 것이 필요한 것입니다.

그런데 막상 적어 보려고 하면 자기에 대한 기억들이 잘 정리가 되어 기억되어 있지 않음을 알 수 있습니다. 제가 실제로 훈련의 과정의 하나로 그러한 과제를 내었더니 무엇을 기록해야 할지를 모르겠고 실제 생각이 잘 나지 않는다는 것입니다. 그렇기 때문에 전문가의 도움이 필요한 것으로, 각각의 시기에 있어서 중요한 질문 항목들이 있습니다.

전체 역사를 다 알아보려면 각 사람의 역사만큼의 시간이 필요할 것입니다. 그렇기 때문에 한정된 시간에 꼭 알아야 하는 항목들에 대한 연구가 되어 있는 것입니다. 각 시기별로 나누어져 비교적 세분되어 있습니다. 각각의 항목들이 어떻게 중요한가에 대한 설명을 들으면서 알아 두시면 아주 유익한 것들입니다. 여기서 모든 항목을 다루기는 어렵습니다. 다만 하나의 항목에 대해 설명을 예로 들면서 그 중요성을 부각시키고자 합니다.

그것은 가장 첫 번째로 물어 봐야 하는 항목으로 '나는 또는 상대방은 부모님이 원해서 얻은 아이wanted baby였는가?' 하는 것입니다.

한번은 전문직에 계시는 여자 분이 찾아오셨습니다. 그분은 사회적으로 인정해주는 전문직에 있었고 남편 역시 높은 지위를 갖고 있었던 분이었습니다. 겉으로는 부러울 것이 없는 듯하게 보이는 가정이었습니다. 그런데 부인에게는 자기의 힘으로는 해결이 안 되는 문제가 있었습니다. 그것은 아들에게 그것도 하나밖에 없는 아들에게 화를 자주 낸다는 것이었습니다. 화를 내지 않으려고 몇 년 동안 혼자서 노력해 왔지만 좋아지지 않아 이렇게 나가면 어떻게 되나 하는 불안한 마음이 가중되어 소개를 받고 찾아오게 되었습니다.

부인에게는 큰 아이인 아들과 아래로 세 살 반 터울인 딸이 있었습니다. 본인 말로, "둘째 아이인 딸과는 아무런 갈등을 느끼지 않으며 잘 지내는데 아들에게는 사소한, 지극히 사소한 것을 가지고도 따지고 화를 내게 된다."는 것이었습니다. 그리고 그럴 필요가 없는 것으로 자꾸 문제를 삼는 자기가 보인다는 것입니다. 자기 눈에 그런 자기가 보이니 더욱 힘들었을 것입니다. (중략)

부인은 결혼을 한 뒤에 전문직의 시험을 막 준비하고 있는 때에 아들을 낳게 되었습니다. 시험을 포기할 수가 없어 같이 사시는 시부모님에게 아이를 맡기고 계속하여 공부를 하였습니다. 공부기간이 길어야 하는 시험이었습니다. 2년 이상을 여유 없이 공부를 하였습니다. 시부모님이 아이를 잘 봐주셔서 밤늦게까지 공부를 하고 귀가하는 생활이 가능하였습니다. 다행히 시험에 합격하였습니다. 이제 한숨을 돌리고 아이를 키울 수 있게 되었습니다.

그런데 말입니다. 자기로서는 열심을 가지고 아이를 대하려고 하는데 아이는 엄마인 자기보다는 할아버지와 할머니를 더 따르는 것이었습니다. 자기에게는 첫 아이인데 그 아이가 자기를 '가장' 잘 따르지 않는 것이었습니다. 기분이 상하였습니다. 아이가 밉기까지 하였습니다. 아니, 사실 잘 살펴보면 아이에게 정을 별로 못 느끼는 자기를 발견할 수 있었을 것입니다. 그러나 그때는 자기 자신에게조차 그러한 자기의 감정을 인정할 수 없었습니다. 부인하여 억압하였던 것이지요. 그러한 마음뿐 아니라, 아이를 두고 시부모님과 경쟁하고 또 시부모님을 질투하는 마음도 함께 움직이고 있었던 것입니다.

그렇게 1년 반이 지나 딸아이를 낳게 되었습니다. '딸아이만큼은 처음부터 내가 키워 내 아이를 만들어야 하겠다.'는 생각을 하게 되었습니다. 반면 시부모는 남아선호사상이 강하여 딸아이를 낳을 때 기뻐하는 기색이 거의 없이 무덤덤하게 대하시고, 실제로 그 뒤로도 딸에게는 거의 관심을 기울이지 않고 아들만을 위하시는 것이었습니다. 결국 아들은 시부모를 더 따르며 엄마하고는 소원하게 되고 딸의 경우는 그 역이 되는 것이었습니다. (이렇게 어른들에 의해 아이는 자기가 전혀 의도하지 않게 편이 갈라지게 되는 현상이 많이 일어나 불행의 씨앗이 되는 경우가 허다합니다. 관계가 제일로 가깝고 제일로 사랑을 주고받아야 하는 사람들 사이에서 인간의 가장 심한 불행이 일어나게 된다는 것이 참으로 안타깝고 마음이 아픕니다.)

그런데 부인의 역사를 알아 가면서 부인이 아들보다 딸을 더 선호하게 되는 데에는 또 다른 요인이 있었던 것을 발견하게 되었습니다. 부인은 오빠 둘에 여동생이 하나 있는 집안에서 자랐습니다. 어머니에게 아들선호사상이 있었는데 특별히 큰오빠를 편애하는 것이었습니다. 첫 딸이었던 부인은 어머님의 사랑을 별로 받지 못하고 자란 것이었습니다. 그러한 어머니가 원망스럽기도 하였는데, 자기가 나중에 엄마가 되어 딸을 낳으면 어머니에게 당한 서러움을 자기 딸에게는 주지 않으려 하는 지향이 닫힌의식 안에서 형성되어 있었을 것으로 예상이 되었습니다.

시부모로부터 편애를 받는 아들과 냉대를 받는 딸을 보면서, 자신이 어렸을 적에 큰오빠에게 가졌던 시기심과 단지 딸로 태어났기 때문에 받았던 억울함 등의 닫힌의식 안에 오랫동안 갇혀 있었던 복합적인 감정세계가 자극을 받았을 것입니다. 그렇게 자극받은 닫힌의식의 내용들이 활성화되어 전체적인 자기에 영향을 주게 되어 있다는 것은 여러분들도 충분히 예상하리라 생각합니다. 부인은 현재 자기의 아들과 딸에 대한 관계가 자기가 어렸을 적의 관계와 어느 정도 연관이 있을 것이라는 해석에 수긍하는 반응을 보였습니다.

여러분 어떻습니까? 부인의 아들은 원했던 아이wanted baby였습니까? 아닙니까? 너무 쉬운 질문인가요? 아마도 이 아들은 원하지 않았던 아이 unwanted baby였을 가능성이 높습니다. 부인은 중요한 시험을 앞두고 있었기 때문에 임신은 가능하면 피하려고 하였을 것입니다. 실제로 그러하였습니다. 원하는 마음 없이 그냥 어떻게 갖게 된 아이였습니다. 심하게 말하면 실수로 갖게 된 아이였다고 말씀드릴 수도 있을 것입니다. 부인의 아들에 대한 태도에는 이 점이 크게 작용하였을 것입니다. 반면에 딸의 경우는 '내 아기'를 갖고 싶어 하는 마음에서, 상황적으로 편한 분위기에서 원하여 갖게 된 아이였을 것입니다. 그렇게 아이를 갖기를 원했던 마음이 뒤의 딸에 대한 부인의 태도에 중요한 영향을 주었을 것이라고 생각합니다.

부인에게 아이가 밉게 보이는 것은 아이에게 원인이 있었던 것이 아니라 엄마인 자기 자신에게 있었던 것이었습니다. 부인은 이를 인정하였습니다. 즉 자기 공부 때문에, 관계형성에 가장 중요한 신생아기를 비롯한 어렸을 시기에 엄마로서 아이와 함께 하지 못한 부인 그 자신에게 원인이 있었다는 것이지요. 또 아들과는 전혀 무관한 자기의 어렸을 적의 경험이 닫힌의식의 영역에서 아들에 대한 자기의 현재적 태도에 영향을 주고 있다는 것도 어느 정도는 인정하게 되었습니다.

그러나 이미 형성된 아이에 대한 감정에, 그 깨달음과 같이 전격적으로 변화가 오지는 않았습니다. 사람에게서 감정의 변화는 지적인 변화와 함께 걸어가지 않습니다. 감정의 변화는 훨씬 뒤지게 되어 있습니다. 필자도 감정의 변화가 지적인 변화에 훨씬 뒤쳐지는 것을 고백하지 않을 수 없습니다. 의지적으로 힘을 행사한다 하더라도 갑작스러운 변화는 어렵습니다. 그러나 의지의 행사가 전혀 무용지물이라는 것은 결코 아닙니다. 갑작스럽지는 아니하다 하더라도 변화의 속도를 가속시켜 주는 것은 의지의 행사이기 때문입니다.

(함께 생각하고 싶은 것이 있습니다. 우리 모두가 경험하는 것이지만, 누구와 다툰 다음에 화해를 하고 싶어도 어색해진 감정을 쉽게 넘어설 수가 없어 다툼으로 인한 어색함이 자기의 뜻과는 다르게 악화되어 가는 경우를 적지 않게 당할 것입니다. 예상외로 감정을 다스린다는 것이 어렵다는 것을 인정하지 않을 수 없습니다. 이때 권하고 싶은 바람직한 사고 중 하나는, 잘못을 인정하고 화해를 하고 싶은데 감정의 벽을 넘어서지 못하는 자기를 통해 상대방도 똑같은 마음일 수 있음을 예상하는 것입니다. 그렇게 자기의 마음을 통해 상대방의 마음을 헤아릴 수 있다면 자기 앞에 우뚝 서 있는 감정의 벽을 넘어서기가 상당히 수월해질 것입니다. 물론 이는 서로가 그리 나쁜 사람이 아닐 경우에 적용될 수 있습니다.)

부인은 아이에 대한 교정된 좋은 감정이 일순간에 생겨나지 않는 것을 괴로워하였습니다. 더욱이 자기는 그나마 원인을 알게 되어 자기에게 잘못 형성된 감정을 고쳐나가려고 힘쓰는데 아이는 그러한 엄마를 이해하는 깨달음이 불가능하기 때문에 계속하여 똑같은 식으로 자기를 멀리 대하는 것을 견디는 것이 아주 힘이 들었다고 하였습니다.

그렇지만 자기에게 원인이 있지 아무것도 모르는 아이에게 잘못이 전혀 없다는 것을 지식적으로는 알게 된 것이 아이에 대한 자기의 감정을 다스리는데 많이 도움이 된다고 하였습니다. 자기 혼자만의 노력으로 관계개선을 하여야 했던 것이 많이 외롭기도 하였을 것입니다. 그러나 그러는 가운데 둘의 관계가 조금씩 회복되어 갔습니다. 그렇게 점진적으로 회복하여 가는 것을 보고 경험하는 것이 부인에게는 삶의 기쁨이 되었습니다. 후에 아이가 성장하여 이해할 수 있을 때 엄마의 사랑의 노력을 얘기해 주면서 좋은 시간을 함께 나누게 될 것입니다.

사람은 자기의 잘못을 들여다보지 않는 쪽으로 경향지어 있습니다. 그렇기 때문에 자기의 잘못을 보고, 자기와 그리고 상대방에게 인정하는 정직성을 발휘한다는 것은 보통 일이 아닙니다. 더욱이 자기로 인한 왜곡된 현실을 이미 엎질러진 물이라 어쩔 수 없다 하지 않고 이제라도 호전시켜 보려는 의지를 행사하는 것은 웬만한 사람에게서는 보기 어려운 모습이라 하겠습니다. 위의 부인은 잘못이 아이에게 있는 것이 아니라 자기에게 있다는 것을 함께 생각하는 가운데 자기의 잘못을 인정하는 쉽지 않은 용기를 보여 주었습니다. 이 뿐 아니라 자기 잘못으로 인한 왜곡을 풀어 보려고 하는 의지를 행사하여 갔습니다. 그리 할 때 '좋은 일'이 일어나게 되었습니다.

그렇습니다. 먼저는 우리에게 우리의 잘못을 철저하게 들여다보려 하는 용기와 잘못을 시인하는 정직성이 있어야 하겠습니다. 아이를 원하지 않은 상태에서 낳아 별반 사랑을 주지 못했기 때문에 아이로부터 사랑을 받지 못하는 이 불행한 부모-자식 간의 관계는 아이를 원하지 않은 상태에서 낳았던 자기에게 원인이 있었다는 것을, 어른인 부모가 인정하는 것이 화해의 첫 출발점인 것입니다. 첫 원인제공을 시인하는 데에서 문제의 실오라기는 풀어지게 될 것입니다. 그리고 바로 그 다음으로 언제고 포기하지 않고 왜곡을 풀어 가려고 하는 의지의 행사가 있어야 할 것입니다.

위의 사례에서는 이외에 좋은 깨달음을 얻을 수 있는 내용들이 여러 가지 있지만 본론에서 벗어날 수 있기 때문에 저는 여기서 멈추겠습니다. 대신 여러분 스스로 생각하여 도움을 받으실 수 있었으면 좋겠습니다. 개인 역사서의 첫 질문 항목인 '원했던 아이wanted baby였는가?' 에 대해 설명을 하였습니다. 저는 여기서 그냥 넘어 가지만 여러분들은 나름대로 생각할 수 있는 자신의 역사서를 엮어 보시기를 권합니다.

인간은 영적인 존재로서 정신분석이론만으로는 결코 다 분석될 수 없습니다. 인간의 영성을 제하고서는 낮은 차원에서 부분적으로밖에 알지 못하는 경우가 될 것입니다. 그렇기 때문에 만족할 수 없지만, 정신과학의 영역에서는 다루지 않지만, 우리 그리스도인들은 꼭 영적인 역사 religious history를 알아야 하겠습니다. 물론 각 사람의 영적 세계에는 결코 다 알 수 없는 하나님의 간섭하심이 꼭 있으며, 그 다음으로 우리가 이해하여 통제가 어느 정도 가능한 내용들이 있는 것입니다. 여기서는 그 후자에 대해 말씀드리는 것입니다. 자세히 설명을 드리지는 않고 다만 주요한 항목들을 몇 개 열거해 보겠습니다.

1. 신앙의 시작 : 첫 접촉의 배경과 동기, 누구를 통해 인도받았는가?
2. 중생에 대한 확신 : 믿고 나서 변화가 있었는가?

3. 개인적 체험 : 기도의 응답, 말씀이해의 기쁨, 신비, 은사체험, ……
4. 교회 또는 기독단체에서의 활동 : 신앙적 교제대상은 어떤지와 그 범위
5. 가족의 신앙생활, 출석교회와 그 교파와 분위기
6. 하나님에 대한 이미지
7. 개인적 신앙생활, 신앙의 성숙도

- 그리스도인 됨을 어떤 것이라고 아는가?
- 영적인 성숙이 계속 되었는가?
- 영적인 성숙을 위해 어떠한 노력을 기울였고, 또 기울이고 있는가?
- 신앙의 어느 영역에 강조를 두고 있는가? : 교제, 성경공부, 기도, 전도, 찬양, ……
- 관심이 가는 영역 : 선교, 전도, 구제, 나눔, 교육
- 실제로 성경말씀을 어떻게 해석하고 적용하는가?
- 자기에게 문제가 있을 때 주로 어떤 신앙적 해석을 하는가?
- 성령님의 역사 또는 하나님의 간섭에 대한 여지를 남기는가?
- 갖고 있는 물음은? 제일 관심 있는 주제와 물음은?
- 좋아하는 성구
- 하나님의 뜻을 알기 위한 접근방법 : 기도, 말씀, 조언, 환경, 마음상태, 임의적인 성경 펼침.

하루 중 얼마나 하나님을 의식하며 살고, 그 하나님의식이 실제로 자기의 삶 – 말과 행동, 감정, 의지, 판단, 결정 등등 – 에 얼마나 영향을 미치는가? (저는 이 하나님의식이 영적 성숙을 판단하여 줄 수 있는 가장 결정적인 요인이 된다고 생각합니다.)

하나님의식 : 하나님께서 창조주이시고 인간은 그 피조물임을, 인간은

죄로 인해 타락하였기 때문에 구원은 하나님의 전적인 은혜로 말미암는다는 것을, 이제 그 은혜 가운데서 하루하루를 하나님 바로 앞에서 살아간다는 것을, 인간이 스스로 할 수 있다는 것은 지극히 작은 것이며 하나님의 은총 안에서만 인간의 몸짓이 의미 있는 것임을, 하나님 앞에서 심판을 받을 때가 있음을, 이 땅에서의 삶은 잠깐이요 영원을 살게 될 것 등등을 의식하는 것을 일컫는 것입니다. 간단히 말하면, 나의 모든 것을 하나님과의 관계 안에서 생각하는 의식이라 할 수 있습니다.

5) 관계 속에서 닫힌의식의 작용

이제 '관계 속에서의 닫힌의식'에 대해 알아보기로 하겠습니다.

(1) 생활 습관의 차이에 인격적인 판단을 하지 않기

사례 6

네 살 때 이민 가서 외국에서 쭉 자란 교포처녀가 한국에서 성인이 될 때까지 자란 청년을 만나게 되었습니다. 두 사람은 신앙적으로 상당히 성숙한 사람들이었습니다. 둘은 만족할 만한 연애기간을 가진 뒤 결혼에 골인하였습니다. 그녀는 고국을 떠나 자기가 자란 곳으로 와서 살기로 한 남편이 고마웠습니다. 무엇보다도 신앙 안에서 한 가정을 이루었다는 것이 감사했습니다. 실제 남편은 아주 독실한 신앙인으로 모든 면에서 만족스러웠습니다. 그런데 연애할 때는 보지 못했던 것으로 잘 이해가 되지 않는 면이 결혼생활을 하면서 나타나게 되었습니다. 남편이 집안일을 잘 도와주지 않는 것이었습니다. 특히 식사 후에는 설거지는커녕 식기를 날라 주는 것에도 손을 전혀 움직이지 않는 것이었습니다.

처음에는 그러려니 생각하고 지냈는데 계속하여 변화가 없으니 마음에 갈등이 찾아 왔습니다. '혹시 저 사람이 나를 무시하는 것은 아닌가? 그저 여자는 그러는 사람이라고 생각하는 것은 아닐까?' 라는 자기를 갈등하게 만드는 생각을 하게 되었습니다. 그 여자 분이 자란 곳은 두 분 부모님께서 모두 일을 하셔야 했던 곳이었습니다. 그러니 그 곳의 분위기가 그러하기도 하고 집안일도 함께 나누었습니다. 그녀는 아버지께서 설거지를 하시는 모습이 자연스러운 것으로 여겨지게끔 보고 자라왔던 것입니다. 그래서 그녀가 이 문제를 그냥 넘어가기는 쉽지가 않았습니다.

마음속의 갈등은 해소가 되지 않았으나 그 밖의 부분에서는 잘하기 때문에 괜히 관계가 어색하게 될 것을 염려하여 꾹 누르고 지내게 되었습니다. 2년이 지난 뒤에 시부모님이 사시는 고국을 방문하게 되었습니다. 얼마 동안 시댁에서 머무르게 되었습니다. 그러면서 그녀는 예상하지 못한 귀한 깨달음을 얻게 되었습니다. 시댁에서 지내다 보니 어쩌면 남편이 시아버지를 꼭 닮았는지요. 완전히 국화빵이었습니다. 집안일, 특히 식사 후의 일에 대해서는 손가락 하나도 움직이지 않는 시아버지를 보게 된 것입니다. '아하, 남편이 그러한 것은 시아버님에게서 배운 것이었구나. 30년이 가깝게 그러하신 시아버님을 보고 자랐으니 어떻게 다른 모습을 기대할 수 있겠는가! 나를 돕지 않았던 것은 나를 무시해서가 아니라 자라면서 자연적으로 익히게 된 습관에서 나온 것이구나.' 라는 깨달음을 얻게 되었던 것입니다. 그런 깨달음 뒤에는 남편의 태도를 전보다 훨씬 잘 참게 되었고, 무엇보다도 마음이 훨씬 편한 상태에서 참게 된 것이 좋았다고 합니다.

여러분 어떻습니까? 여러분은 어떤 에피소드를 갖고 계십니까? 살아오면서 상대방에게는 아무런 의미도 없는 것을 의미가 있는 것으로 보아 어려움을 겪으신 적은 없습니까? 그저 단순하게 익히게 된 어떤 특질에 대해 인격적인 또는 도덕적인 판단을 가해서 스스로 힘들어하신 적은 없으십니까? 우리가 서로의 역사를 모르기 때문에 얼마나 서로 다른 식의 해석을 하게 됩니까? 인간은 자기가 자라 오면서 익히게 된 눈으로 사람과 상황을 보고 판단하게 되는 경향을 갖는 존재입니다.

그런데 문제는 자기에게는 당연하고 자연스러운 그 '눈'(관점 또는 창)이 어떻게 해서 생겨나게 되었는지, 나아가 자기에게 그러한 '눈'이 있다는 그 자체에 대해서도 모를 수 있는 것입니다. 닫힌의식 안에 있는 경우가 그렇습니다. 그렇게 되면 자기의 해석을 그리고 판단을 막무가내로 휘두르게 되어 있습니다. 자기의 눈이 전부를 보는 줄 알기 때문입니다. 사람에게는 그런 경향이 있습니다. 저항하고자 하는 의지가 없으면, 저절로 벗어나지지가 않습니다. 만일 자신은 이러저러한 환경에서 자라 왔기 때문에 이러한 눈을 갖게 되었다는 것을 깨닫게 된다면, 또 다른 환경에서 자란 사람은 단지 환경이 다르기 때문에 의견을 달리 할 수도 있다는 생각에 이를 수 있습니다. 그럼으로써 자기의 견해를 상대화할 수 있는 능력을 지니게 될 수 있을 것입니다. 그 다음으로는 쓸데없는 것으로 인한 다툼을 최소화 시키게 될 것입니다.

이와는 역으로, 자기의 단순한 습관 또는 특질에 인격적이고 도덕적인 판단을 가하는 사람들이 있을 수 있음을 기억하여야 할 것입니다. 그런 경우 적절하게 이해를 구하는 노력을 기울여야 할 것입니다. 이유도 모르고 그냥 화를 먼저 낸다면 우둔한 처사가 될 것입니다. 상대방은 자기도 모르게 자기에게 형성된 자기만의 눈을 가지고 판단의 자를 휘두를 수 있기 때문입니다. 어처구니없는, 정말 어처구니없는 것으로 다툼이 일어나는 경우가 줄어드는 데 이러한 깨우침이 도움이 되기를 원합니다.

우리는 서로의 역사에 대해 알아 가야 합니다. 그리고 내가 모르는, 닫힌의식 속에 있는 나의 것에는 어떤 것들이 있는가를 살펴보아야 합니다. 서로 그러한 노력을 기울여 상대방과 나의 '출발점'이 어떠한지를 알아야 할 것입니다. 그래야만 문제가 아닌 문제―단지 생활습관의 차이인데 인격적인 판단을 하는 식의―로 갈등을 겪지 않게 될 것입니다. 그러면 진짜 문제가 되는 경우를 분별할 수 있는 능력이 배양 되어 바로 그 문제 자체로 들어가 바른 접근을 할 수 있게 될 것입니다. 진정한 문제를 다룰 수 있는 준비를 하게 되는 것이지요. 다른 말로는 상대방과의 원활한 의사소통을 위해 주파수를 맞추는 것이라고도 할 수 있겠습니다. (생각해 보아야 하는 것들이 얼마나 많은지요. 생각하는 사람이 되기를 주저하지 않으시기를 바랍니다.)

(2) 비신앙적인 것에 신앙적인 판단을 가하지 않기

신학을 공부하는 사람이 있었습니다. 남들은 밤잠을 자지 않으면서 공부한다고 하는데 자기는 꼭 여덟 시간은 자야 하는 것이 불편한 마음을 일으켰다고 합니다. 특히 같이 공부하는 한 형제로부터, "하나님의 영광을 위해 공부하는 사람이 그렇게 게을러서 되겠는가?"라는 지적을 받고는 불편했던 마음이 더욱 불편해졌다고 합니다. 다른 학우들의 방에 불이 꺼지기 전에 자야 하는 자기는 신앙이 부족한 사람임을 확인하는 셈이 되었습니다. 그래서 잠을 여섯 시간으로 줄여 보기도 하였지만 1주일을 넘기지 못해 기진맥진해지는 것이었습니다. 하나님에 대한 믿음이 적은 것으로 자기를 자책하게 되었습니다. 믿음 없는 자기로 그대로 놔둘 수가 없어서 또 잠을 줄이는 시도를 합니다. 그러나 며칠이 지나 또 나가 떨어지는 자신을 보게 됩니다. 그러한 반복을 얼마나 하여 왔는지요. 그의 얼굴에 어두운 그늘이 깃들이게 되었습니다. 자신의 소명에 대해서도 다시 생각할 지경에 이르게 되었습니다.

저와 만남이 잦아지면서 그분은 자기의 얘기를 하나씩 꺼내놓게 되었습니다. 위의 내용이 나오게 되었습니다. 의사인 제가 그분을 봤을 때 그분은 아주 여윈 상태로 얼굴에 어느 정도의 병색이 있었습니다. 실제 그분은 원래 어렸을 적부터 약한 체질이었다고 합니다. 특히 대학을 다닐 때 지금은 기억이 나지 않는 어떤 병을 앓게 된 이후로는 더욱 몸이 약해진 것 같다고 회상하였습니다. 부인의 얘기를 듣고 그분의 신앙과 건강상태를 어느 정도 파악한 뒤 저는 그분은 하나님께 대한 믿음이 적어서가 아니라 체질적으로 몸이 약하기 때문에 잠을 여덟 시간 이상 잘 수밖에 없다는 결론을 내렸습니다. 그분의 신체적 상태로는 최소 여덟 시간을 자야 그 밖의 다른 일들을 할 수 있는 것이었습니다. 의사인 저로부터 위와 같은 해석을 들은 그분은 자유함을 얻는 데 많은 도움을 받았다는 얘기를 들려주었습니다.

이렇게 우리는 때로 신체적인 경향성을 신앙적인 것으로 판단하게 됩니다. 또는 인격적인 것으로 판단하기도 하지요. 다 자기 판단인 것이지요. 판단을 하기 전에 상대방에 대해 알려고 하는 노력을 기울이는 우리들이 되었으면 합니다.

제 **2** 장

'자기' 형성에 있어서 닫힌의식의 영향

　이제 닫힌의식에 대해 어느 정도 이해가 되셨는지 모르겠습니다. 닫힌의식에 대해 생각하게 될 때 꼭 함께 다루고 싶은 내용이 있습니다. 아이 양육에 대한 내용입니다. 왜 정신분석학에서 영유아기를 인격의 주요 결정시기로 보는지에 대해 생각해보면서, 아이를 양육할 때의 마음가짐에 대해 함께 생각해 보기를 원합니다. 그러면 이를 통해 아이(인간)는 자기를 어떻게 형성해 가는지에 대해 귀한 깨달음을 얻을 수 있을 것입니다.

1) 아이에게는 여과체계가 없다

　인간은 독립적으로 완전히 자유하지 못하고 전적으로 다른 존재에게 의존해야 하는 존재입니다. 이러한 특질은 이제 막 태어난 아이에게서 자명하게 드러납니다. 아이는 자기의식이 없기 때문에 부모 특히 엄마에게 전적으로 의존하면서 자기를 형성하여 가게 되어 있습니다. 아직 자기의식이 없기 때문에 무엇을 의지적으로 취사선택하는 여과체계Screening System를 갖지 못하게 되어 있는 것입니다. 따라서 아이의 밖에서부터 들어오는 것들-자기 밖의 외재적인 것들-이 아무런 저항을 받지 않고 쉽게 아이의 마음 밭에 자리를 잡게 됩니다.

아이의 마음의 상태를 아무것도 쓰여 있지도 그려 있지도 않은 하얀 백지와 같다고나 할 수 있을까요? (이는 아무것도 없다는 점에서 비유를 드는 것이 아니라 외부와의 관계에서 전적으로 외부의 영향을 받는다는 의미에서입니다. 저는 앞에서 이미 인간에게는 닫힌의식이 있고 그 닫힌의식에는 선험적 보편성(본성)이 포함된다고 설명하였듯이 인간에게는 태어나면서 이미 자기의 의도, 의지와는 관계없이 본성을 갖고 있는 것입니다.) 아이에게 들어오는 것들을 아이 자신도, 엄마도 아니 그 누구도 아이를 대신하여 체로 거르듯이 걸러 주지 못하는 것입니다.

자기의식이 아직 형성되어 있지 않은 아이는 그렇게 들어오는 것들로 인하여 '자기'를 형성해 가게 되어 있습니다. 특히 (취사선택하는) 의지의 거침을 받지 않고 들어오는 것일수록 의식의 깊은 심연에 자리 잡게 됩니다. 그 깊이만큼 자기화(자기 동질화)가 깊게 이루어지게 됩니다. 그만큼 이질감을 느끼지 못하게 되고 자기와 동질적인 것으로 받아들이게 된다는 것입니다. 아니 바로 그것이 자기 자신이 되는 것입니다.

이제 아이가 자라감에 따라 자기의식이 점차로 자라게 될 것입니다. 자기의식이 자라는 만큼 그는 외부로부터 오는 자극들을 있는 그대로 자기 안으로 받아들이지 않습니다. 이제는 자기 안에 외부의 것을 취사선택할 수 있는 여과체계가 어느 정도 자리를 잡고 있기 때문에, 생기게 된 여과체계의 수준만큼 자기가 원하는 것은 받아들이고 그렇지 않은 것은 버리는 작업을 하게 됩니다. 성인이 되어 자아의식이 거의 자리를 잡게 되면 외부의 것에 의해 쉽게 영향을 받기가 어려울 것입니다. 그만큼 변화의 여지가 줄어들게 되는 것이지요. 물론 인간은 어느 누구도 이 세상을 살아가는 동안에는 완전할 수 없기 때문에 외부의 영향에서 완전히 자유한다는 것은 불가능합니다. 자아의식이 아무리 성숙하게 작용한다 하더라도, 자기도 의식하지 못하는, 외부로부터 들어오는 영향력은 줄어들지만 늘 있다고 할 수 있겠습니다.

사례 7

아이(4세)가 '하나님'이라는 호칭을 들으면 이상하게 슬퍼하는 반응을 보인다고 걱정하는 부모로부터 문의를 받은 적이 있었습니다. 부모님들은 신실한 신앙인들이셔서 '하나님'이라는 말을 들으면 좋고 기뻐해야 할 텐데, 슬픈-다소간은 무드가 가라앉는 모습을 보이는 것이 마음이 아프셨던 것입니다. 그래서 여러 번 하나님에 대해 설명해 주면서 기뻐하고 밝아야 한다고 교육하였지만 변화가 쉽게 일어나지 않아 결국 저에게 문제를 내어 놓고 상의를 하시게 되었습니다.

원인은 이러하였습니다. 부모님들은 아주 신실하신 분이셨습니다. 그러면서도 특별히 기도생활에 깊이가 있었습니다. 어느 곳에서든지 시간이 있으면 수시로 기도하시는 기도의 사람들이셨습니다. 집안에서도 잠자리에 들기 전에 두 분이 상당시간을 함께 통성기도를 하는 규칙적인 생활을 하여 왔습니다.

그런데 여러분 우리가 기도할 때 웃고 즐거워하면서 기도하는 모습을 기억에 떠올릴 수 있을까요? 특히 그 부모님들은 하나님 앞에서는 아주 순전하신 분들이셔서 기도 중 죄를 회개하며 애통해 하는 내용이 상당한 비중을 차지하였습니다. 이 정도 되면 여러분들도 짐작하실 수 있으시겠습니까? "하나님, 주여!" 하면서 밤마다 눈물을 흘리며 큰 소리로 기도하는 부모님을 나면서부터 수 년 동안 보고 들어온 아이는, 아마도 처음에는 자기는 뭔지 모르면서 슬프지 않으니까 얼굴만으로 슬픈 표정을 지으려고 얼굴을 찡그리는 노력이 있었을 것입니다. 점차 자라면서 '하나님!' 하면 부모님 같이 슬퍼하지 않을 수가 없게 되는 것입니다.

"하나님은 우리를 사랑해 주시고 도와주시며…… 한 없이 좋으신 분이시다."라며 아무리 '말로' 설득을 한다 하더라도 아이에게서는 변화가 일어날 수 없게 되어 있습니다. 기도할 때 부모님이 보여주는 반응은 말과 다르게 느껴지니 아이는 변화할 수 없는 것이지요. 바로 부모님의 행동을 볼 그때가 아이에게는 실제적으로 느껴지기 때문입니다.

우선 아이에게 그러한 것들이 문제로 드러났으니 앞으로 얼마 동안은 통성기도를 하시는 것을 아이 앞에서는 자제하시고 다른 곳에서 하시는 것이 좋을 것 같다고 권면을 드렸습니다. 그리고 아이와 직접 함께 하는 시간에 있어서나 아이가 간접적으로 보고 듣고 느낄 수 있는 시간들에 있어서 주의하시기를 요청하였습니다. 아이에게 '하나님'은 참으로 좋으시고 편하며 사랑이 많은 분이심이 심어질 수 있도록 관심을 두시면서 행동하시라는 것이었지요.

여러분 어떻습니까? 아이에게는 부모가 원하여 직접적으로 가르치는 것만 전달이 되지 않고, 원하지 않고 가르쳐지지 않는 것들이 아무도 모르게 아이의 마음 밭에 심기우게 된다는 것을 비교적 생생하게 느끼실 수 있으시겠지요. 물론 부모가 아이의 환경의 모든 것을 통제할 수는 없습니다. 다만 아이에게 중요한 것의 우선순위를 잘 분별하는 가운데 최선을 다하는 것이 가장 바람직한 자세일 것입니다. 그러한 가운데 인격적인 측면에서의 영향이 가장 중요하다는 것을 알아 부모가 자신의 인격도야에 관심을 가지고 노력하여야 할 것입니다.

그렇게 엄마 됨이 아빠 됨이 그냥 되지 않는 것임을 함께 알아가야 하겠습니다. 아이를 낳았다고 해서 엄마가 되고 아빠가 되는 것이 결코 아닌 것입니다. 진정 엄마, 아빠가 되는 것이 무엇인지를 알아 가야만 하겠습니다.

> 더불어 생각...
>
> 부모는 아이에게 넣어줄 좋은 그림을 갖고 있어야한다. : 먼저 좋은 인격적인 그림을 갖고 있어야 한다.

아이양육에 대해서는 자세히 다룰 상황이 못 되지만 한 가지 얘기를 덧붙이고 싶습니다. 좋은 부모가 되기를 원하시는 분들은 하얀 백지장과 같은 아이의 마음 밭에 그려 넣어줄 그림을 갖고 있어야 한다는 것입니다. 위에서 엄마 됨이 그리고 아빠 됨이 아이를 가졌다고 하여 그냥 되는 것이 아님을 지적하였듯이, 아이도 태어났다고 저절로 자라지 않는 것입니다.

아이가 부모에게 반말을 아무렇게나 하는 것을 내버려 두는 것이 아이에게 어떻게 영향을 줄는지를 생각하여 보지 않고 그냥 내버려 두는 부모들이 적지 않습니다. 휴지를 길거리에 버리는 것을 지적하지 않는 것이, 장애자아이를 놀리는 것을 내버려두는 것이, 가난한 아이에게 우월감을 갖는 것을 내버려 두는 것이…… 그러한 것들이 아이에게 어떻게 영향을 줄 것인가를 생각해 보지 않는 사람들이 오히려 대다수의 부모들의 모습인 것 같습니다.

우리 부모들은 대개 그런 것 같습니다. 잘 입히고 잘 먹이고…… 아이에 대한 양육 목표가 명문대학에 가서 법관이 되고 의사가 되고 교수가 되고 사장이 되고…… 먼저 좋은 사람이 되기를 바라는 부모들이 많지 않은 것 같습니다. 정직하고 성실하고 의롭고 공평하고…… 무엇보다도 사랑하는 마음이 깊은 사람으로 자라기를 바라는 그런 좋은 양육목표를 갖는 사람들을 보는 기쁨을 누릴 수 있었으면 좋겠습니다.

　법관, 의사…… 그런 것 말고 먼저 인격적인 성숙이라는 양육목표를 가질 수 있었으면 좋겠습니다. 아이에게 어떻게 하면 정직함을, 의로움을, 공평함을, 사랑함을 자라게 해줄 것인가를 고민하는 사람들이 많아지기를 바라는 마음 간절합니다. 그런 인격의 소유자는 어떤 직업과 지위에 있게 되더라도 세상에 좋은, 참 좋은 영향을 주게 될 것입니다. 물론 그 일은 법관 등이 되게 하는 것보다 훨씬 더 세밀한 마음의 배려가 있어야 하는 힘든 길입니다. 부모인 내가 먼저 그러한 사람이 되고 삶 속에서 그러한 모습을 보여 주어야 하기 때문입니다. 그러나 그것은 아이를 위해서는 세상의 그 어떤 선물보다도 값진 것이 될 것입니다.

　그렇게 아이를 위한 그림이, 좋은 그림이 있어야 합니다. 무엇보다 먼저 인격적인 그림을 갖고 있어야 하겠습니다.

2) 엄마, 그 첫 환경의 중요성

　위에서 보았듯이 그렇게 아이는 처음부터 자기의 것이 없기 때문에 외부로부터 들어오는 것들을 자기 것으로 삼아 자기를 발전시키게 되어 있습니다. 학습과 마찬가지로 정체성identity도 처음에는 모방-여기서 모방은 자기 바깥의 것을 자기 것으로 삼는다는 의미입니다-을 통하여 형성되게 되어 있습니다. 그런 점에서 아이가 처음 대하는 환경-엄마, 아빠와 같은 인ㅅ적 환경과 기타의 비인적 환경-이 얼마나 중요한지 모르겠습니다. 아이를 둘러싼 환경 중에서도 아이가 진정 처음 대하고 또 대부분의 시간을 같이 하는 엄마는 아이에게 결정적인 인물이라는 점에는 이론의 여지가 없습니다.

(1) 엄마가 좋은 사람이어야

아이를 잘 양육하려면 어떻게 해야 하느냐는 질문을 많이 받습니다. 아이의 성장과정-예를 들면 발달단계와 그에 따르는 발달과제 등등-에 대해 대략적으로 아는 것도 중요합니다. 위의 전문직의 부인의 예에서 보았듯이 부부가 함께 준비하여 신체적으로나 정신적으로 적절한 환경을 조성한 다음에, 하나님의 은혜를 기대하는 가운데 아이를 기다리는 것도 아주 중요합니다. 그러나 그 무엇보다 먼저 애기 되어져야 하는 훨씬 더 중요한 내용이 있습니다. 그것은 엄마 자체가 좋은 사람이 되는 것입니다. 엄마가 이미 좋은 사람이라면 그 아이의 양육은 크게 걱정할 것이 없습니다. 그런데 사실상 좋은 사람이 된다는 것은 단시일 내에 가능한 것이 아니기 때문에 아이의 좋은 양육을 위해 아이를 낳은 후부터 좋은 사람이 되려고 하는 것은 순서가 뒤바뀐 것이라 할 수 있겠습니다.

아주 마음 아픈 일 중 하나는 객관적으로 볼 때 인격적으로 문제가 많은 엄마가 아이를 어떻게 키워야 하는지에 대해 물어올 때입니다. 참으로 할 말이 없는 것입니다. 그분에게 "아이를 잘 키우기 위해 어떤 지식을 알아야 하는 것은 그렇게 중요한 것이 아닙니다. 당신께서 먼저 좋은 인격자가 되게 되면 좋은 양육은 벌써 태반이 이루어졌다고 말할 수 있습니다."라고 말하고 싶은 것입니다. 그러면서 "당신의 인격에 문제가 있으니 아이의 양육에 대해 애기를 나누기 전에 당신의 인격성숙을 위해 상당히 오랜 시간을 먼저 나누어야 하겠습니다."라는 애기를 덧붙이고 싶은 충동이 목에까지 꽉 차오르는 것을 느끼곤 하는 경우를 적지 않게 경험하게 됩니다.

아이들에게 별로 정이 안 간다는 것을 호소하는 부인이 있었습니다. 두 살, 네 살 난 아이들을 둔 엄마입니다. 대학원까지 공부한 사람입니다. 그분이 하는 말이 자기는 아이들에게서 악한-이기적이고 자기중심적인-

면을 주로 본다는 것입니다. 잠깐 같이 있어 봤는데 아이들에게 칭찬하거나 부드럽게 대해 주는 모습을 전혀 보지를 못했습니다. 주로 긴장된 가운데 냉랭하게 지적하는 모습만 있었습니다. 얼굴에 기쁨의 기색이 전혀 없이 다소 차갑게 느껴지는 인상의 사람이었습니다.

같은 대학의 같은 과에서 남편과 똑같이 공부를 시작하였는데, 부인은 아이 양육으로 인해 박사과정을 지속하지 못하게 되었습니다. 경쟁심이 강하고 좀 심하게 자기중심적이고 이기적인 그분은 자라오면서 공부는 잘 해서 늘 주위의 관심의 대상이 되었습니다. 다른 사람들로부터 받들임만 받아 온 사람이었습니다. 자기가 남을 받든다는 것은 거의 생각해 본 적이 없었습니다. 심하게 말하면 남들은 항상 자기를 위해 둘러리 서는 것으로만-1등을 하려면 자기보다 못하는 사람들이 있어야 하듯이- 알고 살아온 사람이었습니다. 자기가 늘 중심이 되어야 했습니다.

자기가 그러한 마음의 소유자이니 남들을 섬기며 산다는 것이 그 부인에게는 참 어려운 일이었습니다. 결국 그런 마음은 자기 자식을 위하여 사는 것조차 즐겁지 못하게 하는 것이었습니다. 자기 자신이 자기중심적이고 이기적인 사람이니 아이들에서조차 자기중심적이고 이기적인 마음만을 보게 되는 것이었습니다. 불행이지요. 엄마는 물론 아이들에게도 불행이지요. 좋은 엄마가 되기 위하여 엄마가 되기 훨씬 전부터 먼저 좋은 사람으로 빚어지는 일들이 주위에서 많이, 아주 많이 일어났으면 좋겠습니다.

(2) 좋은 엄마는 남편의 사랑에서

자기의 아이가 바른 양육을 받기를 원하는 아빠들과 나누고 싶은 얘기입니다. 위에서 아이들과 시간을 많이 갖는 엄마의 아이에 대한 중요성을 설명하였습니다. 그렇다고 해서 엄마에게 아이를 잘 양육하라고 하기만

하지는 않겠지요? 바로 그 아이의 엄마는 자기에게 있어서 부인이 된다는 것을 알기 때문일 것입니다.

나의 부인은 내가 얼마나 사랑하여 주느냐에 따라 좋은 사람이 될 수도 있고 나쁜 사람이 될 수도 있습니다. 대개의 경우는 부인이 남편에게서 받은 것이 아이에게 가게 되어 있습니다. 남편에게 깊은 사랑을 받는 부인은 아이에게 깊은 사랑을 줄 것입니다. 아이가 자기를 웬만큼 힘들게 하여도 귀찮게 느끼지 않을 것입니다. 그러나 남편에게 냉대를 받는 부인은 아이를 대하는 것이 그리 즐겁지 않을 것입니다. …… 자세한 설명은 생략하겠습니다. 아이를 사랑하는 아빠들이여, 아이에게 엄마인 부인을 깊이 사랑하시기를 바랍니다.

(물론 이상의 내용은 아빠의 아이에 대한 직접적인 영향 또는 아빠, 엄마의 관계적 상황에서 오는 영향을 무시하는 것은 아닙니다. 다만 지면상 가장 중요한 측면만 다룬 것이니 양해해 주시기 바랍니다.)

3) 하나님께서 바라시는 성품을 아이에게 심어주기

아이가 어떻게 자기를 이루어 가고 또 닫힌의식 속으로 들어가게 되는 내용들이 아이―모든 사람들 포함―에게 어떠한 영향을 준다는 사실에 대해 알게 되었습니다. 그 다음으로 이제 그리스도인의 관점에서 적용해야 하는 원리 하나를 나누고 싶습니다.

인간은 원래 '하나님의 형상' 대로 창조되었습니다. 그렇기 때문에 인간에게는 바람직한 성품들이 있었을 것입니다. 그런데 그 '하나님의 형상대로 창조된 인간' 이 하나님을, 말씀을 거역하는 죄를 짓게 되었습니다. 그래서 '하나님의 형상대로 창조함을 받은 인간' 은 타락하게 되었습니다. 그 결과로 하나님께서 원래 의도하신 성품들에게도 타락의 영향이 미치게 되었습니다. 그 타락한 우리의 모습들이 어떠한지에 대해서는 하나님께서 성경을 통해 '……하라' 하신 내용을 거꾸로 생각해 보면 도움이 됩니다.

'겉옷을 달라 하면 속옷까지 벗어 주라.' 시는 말씀이 있습니다. '타락한 자연적 인간'은 저절로 자연적으로 누가 겉옷을 달라 할 때 속옷까지 벗어 줄 수가 없게 되어 있습니다. 자기의 이익을 먼저 생각하게 되어 있기 때문입니다. 마찬가지로 오른 뺨을 맞으면 아주 쉽게 자동적으로 왼뺨을 갖다 대어 주지 못하게 되어 있습니다. 우선 같이 맞받아치게 되어 있는 것이 '타락한 자연적 인간'이지요 악을 악으로 갚지 말고 선으로 이기라는 말씀도 동일합니다. 악을 악으로 갚으려 하게 되어 있지 악을 선으로 대하게 되어 있지 못한 것입니다.

그렇습니다. '타락한 자연적 인간'은 자기의 타락상에서 스스로는 빠져 나올 수가 없습니다. 그런데 감사하게도 인간은 그대로 내버려지게 되지 않았습니다. 전적으로 하나님 편에서 먼저 인간을 위해 은총grace을 베푸신 것입니다. 하나님께서 인간 회복-원래 하나님께서 의도하신 또는 그보다 더 나은 상태로의-을 위해 값없는 은총을 베푸셨습니다. 이제 바로 인간이 되어 우리에게 오신 하나님이신 예수 그리스도를 통해 그 '타락한 자연적 인간'은 온전한 인간으로의 회복의 길로 나서게 되었습니다. 소망 없는 인간에게 이 얼마나 놀라운 축복의 소식인지요.

이제 예수님을 구주로 받아들인 우리 그리스도인들은 그 최종의 온전한 회복을 향해 달음박질하여 가는 자들인 것입니다. 성경을 통해 가르쳐 주시는 그 성품을 목표로 살아가는 자들이어야 합니다. 그런데 그 지향적 성품들이 갓난아이에서부터 바로 자기의 것들로, '부분적'이지만, 세워질 수 있다면 그보다 나은 양육이 어디 있겠습니까? 어느 TV 드라마에서 본 장면입니다.

사례 8

　어떤 농부의 아이가 아빠와 엄마의 뒤를 따라 부모님이 자기의 것으로 소속시켜 준 어린 망아지를 끌며 가고 있었습니다. 비교적 경제적으로 여유 있는 가정이었습니다. 그 지나가는 모습을 보고 있었던, 한 남루한 옷을 입은 같은 또래의 아이가 어린 망아지 뒤를 부러운 눈길을 주며 따라가게 되었습니다. 조금 지나 끌고 가는 아이가 따라 오는 아이를 보게 되었습니다. 자기보다 훨씬 남루한 옷을 입은 아이에게 물었습니다. "망아지가 좋니?" - "응", "갖고 싶니?", "응" …… 그런 식의 대화 후에 망아지의 고삐가 넘겨지는 것이었습니다. 밝은 표정에 기쁜 마음으로 자연스럽게 어린 망아지의 고삐를 넘겨주는 장면을 볼 때 저는 '찡' 하는 감동을 느꼈습니다.
　그 다음의 부모님의 반응은 금상첨화였습니다. 잘했다며 머리를 쓰다듬어 주면서, "그래, 그렇게 자기보다 가난한 사람을 보면 자기가 가진 것을 그 사람과 나누어 갖는 것이란다."라고 격려해 주는 것이었습니다. 아빠 엄마 두 분 모두 기뻐하는 모습이 가득한 얼굴로 말입니다. 아마도 평소부터 그 부모님들은 자기 자신들이 먼저 그런 삶을 살았을 것입니다. 아이는 그것을 보고 그렇게 사는 것이 당연한 것으로 자연스럽게 행동하였을 것이고요. 그렇지 않다면 아이에게서 그런 행동이 저절로 나올 수 없었을 것입니다.
　그렇지요. 이런 일은 우리의 실제적 삶 속에서는 아주 드물게 일어나겠지요. 그러나 드물긴 하지만 일어나고 있는 것 역시 사실입니다. 실지 그러한 분들이 주위에 한두 분은 계시지 않습니까? 그렇습니다. 아이에게 하나님의 형상으로 지음 받은 그 '본래적 모습' - 아담의 죄로 인한 타락

이전의 모습-이 그 안에 자연스럽게 자리 잡고 또 강화될 수 있는 방향으로 양육해야 한다는 것입니다. 할 수 있는 모든 노력을 다해 그 타락된 자연 그대로의 인간상을 닮지 않도록, 그 원리대로 살지 않도록 말입니다.

그러기 위해서 부모는 성경을 통해 우리의 본래적 모습이 어떤 것들인가에 대해 익숙하게 알고 있어야 하고 또 그 모습을 많이 띠고 있어야 할 것입니다. 부모가 하나님께서 원하시는 그 본래적 모습을 이미 상당 수준 회복하여 있다면 그보다 더 좋은 양육의 본이 어디 있겠습니까? 타락된 것은 자기의 것이 아닌 것으로 느껴지고 여겨지도록 되어야 하며, 하나님께서 바라시는 그 본래적 모습들이 자기의 것으로 처음부터 심기어지게 해야 할 것입니다.

물론 이러한 얘기는 인간이 부모로부터 교육을 잘 받으면 완전히 선하게 될 수 있다는 것을 얘기하는 것은 결코 아닙니다. 다만 모든 인간에게 되어져야 하는 지향적 목표는 하나님께서 바라시는 그 본래적 모습일진대, 그리스도인 부모가 아이에 대해 아이가 그 지향적 목표를 향해 잘 갈 수 있도록 인간으로서 책임을 다해야 하는 영역에서 최선을 다해야 하는 것을 말하고자 하는 것입니다.

가장 중요한 것은 그 아이가 하나님의 복음에 대해 정확히 알고 믿게 되는 것이지요. 하나님의 은혜에 대한 깨달음이 깊어짐에 따라 하나님이 원하시는 자로 빚어지는 가속력이 더욱 더해질 것입니다. 하나님의 은총 아래에서만 인간의 노력이 의미를 가질 수 있는 것임을 믿고 압니다. 하나님의 은총을 간절히 사모하여야 하는 것은 아무리 강조를 하여도 지나칠 수 없는 것입니다.

그러나 그 모든 것을 종합적으로 다루지 못하는 한계를 이해해 주시기 바랍니다. 이 책의 저자는 복음에 대해 알지 못하는 사람이라고 오해하는 분들이 있을까봐 걱정이 되기도 합니다. 이 책은 예수님을 구주로 영접함으로써 구원을 받는다는 것을 알리기 위해 쓰이는 것이 아니라 이미 이를 전제로 하고 그 이후의 내용 중 인간의 책임영역 아래에 있는 한 부분을 다루고 있다는 것을 분명히 하시고 이 책을 읽어 가시기를 바랍니다.

사례 9

온 가족이 나들이 중이었습니다. 신호등을 위반한 것이 교통경찰에게 적발되게 되었습니다. 운전하는 아빠는 잘못을 인정하지 않고 자기는 정상적으로 지나갔다고 교통경찰과 논쟁을 벌이게 되었습니다. 한 치도 물러서지 않는 것이었습니다. 결국 법정으로 가게 되었습니다. 나중에 안 것이었지만 그분은 자기가 잘못한 것을 알고 있었습니다. 그런데도 법정으로까지 갈 정도로 잘못을 인정하지 않은 것은, 차 안에 타고 있었던 자기 아이들에게 잘못하여 벌을 받는 아빠의 모습을 보여 주지 않으려 했기 때문이었다 합니다. 그런 아빠에게서 아이들은 무엇을 배우게 되는지요? 충분히 상상하실 수 있으시겠지요. 아이들에게 무엇을 강조하여 양육하기를 원하는 것인지? 어찌 정직성을 배울 수 있으며, 잘못을 인정하는 겸손함을…….

친구들과 놀다가 맞아 울고 들어오는 아이에게 "이 바보야, 왜 맞고 들어오니. 물어뜯어, 물어뜯으란 말이야. 다음부터 맞아서 울고 들어오면 엄마한테 혼날 줄 알아. 물어뜯어서 다치면 엄마가 책임질 테니……." 하면서 마치 자기가 매 맞은 것 같이 신경질적으로 화를 내면서 큰 소리로 야단을 치는 엄마에게서 아이는 무엇을 배우게 될까요?

부모는 '하얀 백지와 같은 아이의 마음 밭에 어떤 그림을 넣어줄 것인가?'를 생각할 수 있어야 합니다. 나아가 그려 넣어줄 그림을 자기 안에 이미 갖고 있어야 합니다. 그렇기 때문에 먼저는 성경을 통한 지향적 목표에 대해 배우는 것이 중요합니다. 물론 아는 것만으로 그쳐서는 아니 되겠습니다. 그림을 그려 넣는 실제적 작업이 일어나야 하겠지요. 찾아오는 걸인에게 따뜻한 물 한 컵을 건네주는 엄마의 모습, 시간이 날 때마다 고아원, 양로원, 장애자 복지시설 등을 찾아 나서는 부모님의 삶의 모습을 보고 고아, 과부, 그리고 나그네를 돌보기를 원하시는 하나님의 말씀을 배우게 될 것입니다.약1:27 그러한 배움은 평생 갈 것입니다. 자 이제 하나님께서 주신 그 그림을 아이의 마음 밭에 그려 넣으시기를 바랍니다.

제3장

그리스도인에게 있어서 실제적 인간이해란?

어떻습니까? 저는 인간에 대한 위와 같은 이해를 '실제적 인간이해'라 부르고 있습니다. 위와 같은 '실제적 인간이해'가 삶에 도움이 되지 않습니까? 이제 또 다른 구체적인 예를 통해 그러한 이해가 우리의 (신앙적) 삶에 얼마나 절실히 요청되는가를 살펴보기로 하겠습니다.

1) 예수님의 인간이해

(1) 인간이해는 복음을 복음 되게 해주는 데 긴요하다

> 사례 10

요한복음 4장에 나오는 예수님의 수가성 여인과의 만남을 생각해 보도록 하겠습니다.

예수님께서는 여인을 우물가에서 만났습니다. 왜 여인을 우물가에서 만나셨을까요? 삭개오를 집으로 찾아 가시듯 집으로 찾아 가시지 않으시고요. '여인-우물가' 사이에 어떤 관계있는 것일까요? 대회는 자연스럽게 '우물가에서 생수로' 흘러갑니다. 이제 좀 어려운 연결이 나옵니다. '생수에서 남편으로'의 연결입니다. 예수님의 대화법이 엉뚱하게 느껴질 수도 있는 대목입니다. 생수 얘기에서 남편 얘기로의 연결은 쉽지가 않습니다. 인간에 대한 깊은 깨달음과 성찰의 지혜가 없이는 불가능한 대화법입니다.

남편을 데려 오라는 예수님의 말에 여인은 남편이 없다고 대답합니다. 남편이 있다거나 여섯 번째의 남편이 있다고 대답하지 않은 것입니다. 그녀의 대답이 얼마나 명답인지 모르겠습니다. 실제로는 남편이 있었습니다. 여섯 번째의 남편이지요. 다섯 번에 걸쳐 이혼(?)을 하였고 지금 같이 사는 남편은 여섯 번째 남편인데 남편이 아니라는 것입니다. 이리하여 우물가에서 시작하여 여인에게서 남편이 없다는 얘기까지 나오게 되었습니다.

여섯 번째 남편과 살면서 남편이 없다는 말에는 어떤 의미가 있는 것일까요? 이를 예수님께서는 "네 말이 옳다"라고 말을 받으시는데 그 찌르는 통찰의 정확성이 두렵습니다. 남편이 없다는 얘기는 만족이 없다는 얘기이고 실제 형식(남편)은 있으나 내용(만족)은 없다고 한 것은 바로 옳게 얘기한 것이라는 것입니다. 무엇에 대한 만족이겠습니까? 그 여자로서는 성적 소욕의 만족이겠지요. 그렇기 때문에 다섯 번이나 헤어지면서 여섯 번째 남편과 살아 보려고 하지 않았겠습니까? 그러나 그럼에도 불구하고 그 욕구는 채워지지 않았던 것입니다. 그럼 그런 여인에게 예수님께서는 왜 생수를 주신다고 하셨을까요? 그것은 그 여인의 성적 욕구는 결국 그보다 더 우선되면서 근본적인, 인간존재성 자체에서 나오는 '영적인 목마름' – 영적 욕구 – 에서 나오는 것임을 간파하셨기 때문입니다.

여인은 자기의 목마름이 진짜로는 그 영적인 목마름임을 알지 못했습니다. 인간은 자기에 대해서 많이 아는 것 같지만 사실은 많은 부분을 모르는 채 살아가게 되어 있습니다. 이 여인은 죄로 인해 가려져 있는 그 진정한 자기가 울부짖는 부르짖음을 듣지 못했던 것이었습니다. 이제 예수님께서 그녀의 영적인 눈을 뜨게 하여 그 진정한 자기를 발견하게끔 인도하시는 것이었습니다. 인간 구원을 위해 인간의 열린의식과 닫힌의식을 이리저리 넘나드시면서 인간을 대하시는 예수님은 진정 인간에 대해 정확히 아시는 분이심에 틀림없습니다. 그런 측면에서 보더라도 인간을 창조한 하나님이 아니실 수가 없는 것입니다. 창조주가 아닌 존재는 인간을 그렇게 세밀하게 알 수가 없으며 더더욱 그러한 완벽한 접근을 할 수가 없습니다.

이제 인간에게 가장 근본 되는 욕구인 '영적 목마름'이 채워지면, 영적 목마름이 해결이 안 되어 파생되는 성적 욕구를 비롯한 모든 목마름들이 인간을 전과 같이 그렇게 목마르게 하지는 못하게 되는 것입니다. 그렇게 먼저 가장 근본적인 것이 되는 영적 목마름이 채워진 다음에 그 다음의 인간의 목마름들이 그에 맞는 차원에서 적절하게 채워져야 하는 것입니다.

얘기가 여기까지 진행이 된 이후에 이제 예수님께서는 대화의 본론인 복음에 대해 설명을 하시기 시작하셨으며 여인은 복음을 예수님과의 대화 진전에 따라 더욱 깊이 있게 이해하게 되었습니다. 결국 예수님 자신이 생수의 근원이시요 복음의 주제되심을 온전히 이해하고 믿음으로 받아들이기에 이르게 됩니다. (우물가의 여인과의 대화에서의 주제는 당연히 생수의 근원되시는 예수님을 나타내는 데 있습니다. 제가 말하고자 하는 것은 주제가 '이것이다.' 라는 것이 아니라 그 주제에 이르기까지 예수님의 접근을 살펴봄으로써 어떻게 주제에 적절하게 접근할 것인가를 연구하는 것입니다. 이 우선순위를 무시하는 것으로 오해되지 않기를 바랍니다.)

우물가의 여인에게는 생수를 통해 복음을 설명하신 반면 니고데모에게는 거듭남을 통해 설명하시는 것을 볼 수 있습니다. 복음이 그저 전하는 자의 임의대로 선포되지 않는 것을 보게 됩니다. 복음이 상대방에게 가장 잘 이해되게끔 상대방을 알고 상대방에 맞추어 설명되는 것을 보게 됩니다. 물론 받는 자에게 맞춘다는 것이 복음의 내용을 바꾸어 전해야 한다는 것은 결코 아닙니다. 그것은 복음의 내용은 전혀 변질됨이 없이 상대방이 복음을 바로 그를 위한 복음으로 알 수 있게끔 하는 데 도움을 주는 곁가지 작업인 것입니다. 그런데 이 곁가지 작업이 복음을 바르게 전하는 데 아주 중요하다는 것이지요.

(2) 통찰력에 의한 예수님의 인간이해

신약에 나타나는 사람들에 대한 예수님의 접근을 보면 각각의 사람들에 대한 접근태도가 아주 신축성 있게 다양함을 볼 수 있습니다. 사람들의 숫자와 같은 수의 다양함입니다. 예수님은 아무렇게나 사람을 대하신 것이 아니신 것입니다. 다양한 각각의 개인들을 바로 그들로서 만나 주신 것입니다. 사람들에 대한 어느 정도의 기준이 있어서 그 기준 이상이 되는 사람들만 만나주신 것이 아니라 갑남을녀를 갑남을녀로서 만나 주신 것입니다. 이는 단연코 기본적으로 그 모두를 안을 수 있는 깊이의 사랑이 있으시고 이와 함께 각각의 인간(개인적 인간)에 대한 놀랄 만한 통찰력이 있었기에 가능했다고 할 수 있습니다. 또 이 통찰력은 인간존재 자체(보편적 인간)에 대한 특출한 이해 위에서 가능한 것이라 할 수 있습니다.

성경을 보면 예수님께서는 당시 유대인 사회가 정죄하는 '죄인'들과 함께 어울리는 분으로 알려져 있었습니다. 사람들은 죄인인 삭개오를 따

돌렸지만 예수님께서는 그를 찾아 나섰습니다. 사랑과 함께 인간에 대한 지고의 통찰력이 있으셨기 때문에 보통사람들은 버리는 사람을 살려 내시는 것입니다. 간음한 여인을 대하시는 예수님에게서, 또…… 그러한 실례들이 얼마든지 있는 것입니다. 그렇게 사랑과 인간에 대한 통찰력이 사람들 안에 있는 영적 생명을 보게 하는 데 기여할 것으로 생각합니다. 보는 만큼 살려내는 것이지요. 여기서는 사랑에 대해서는 깊이 다루지 않고 주제에 따라 인간에 대한 통찰력의 부분을 다루도록 하겠습니다.

예수님의 인간에 대한 기묘한 접근은 그러한 통찰력에 의한 인간이해 위에서 이루어지는 것입니다. 예수님은 아무렇게나 사람을 대하신 것이 아닙니다. 만날 사람을 이미 충분히 아는 상태에서 만나셨습니다. 온전한 앞선 이해를 기반으로 하여 만남을 가지셨다는 것입니다. 이는 무엇을 시사하여 주나요? 각 사람에 대한 접근 또는 만남을 위해 우리는 먼저 그 사람 개인에 대한 이해를 시도하여야 한다는 것입니다. 이를 위해서는 앞에서도 언급이 되었지만 그 사람의 역사를 알아야 하는 것이지요.

(3) 인간의 인간이해

생각해 보아야 하는 것은 예수님의 특출한 인간이해는 만나자마자 순간적으로, 아니 이미 만나기 전에 이루어지는 것이라 할 수 있습니다. 우리 인간이 보기에는 '비약'이라 할 수 있는 것을 일으키는 통찰력에 의해서 말입니다. 그런데 우리에게는 그러한 통찰력이 없습니다. 그럼 이제 우리는 어떻게 하여야 할까요? 예수님의 그 통찰력에 해당하는 것을 세우려는 노력이 필요한 것입니다. 물론 그 통찰력과 꼭 같은 것은 될 수 없겠지만요.

예수님께서는 우물가의 여인을 만나자마자, 아니 그 이전부터 아셨습니다. 그렇지만 이혼을 다섯 번 하고 여섯 번째 남편하고 사는 여인으로부터 그 수치스러운 역사를 우리가 들을 수 있으려면 얼마나 사귐을 가져서 얼마나 깊이 있는 친분을 가져야 할는지요? 그런 얘기가 처음 만나거나 얼마 만나지 않은 사람에게 또는 오래 만나기는 하였지만 신뢰하지 않는 사람에게 쉽게 들려질 수 있을까요? 그렇지 않을 것입니다. 그렇게 예수님에게 있어서 인간이해는 순간적이고 찰나적이지만 인간에게 있어서는 아주 길고 애정을 꼭 동반하는 오랜 노력의 여정으로 풀어야 하는 과제임을 알아야 할 것입니다.

이 작업이 만만하지 않습니다. 상당한 땀의 수고가 필요합니다. 이것은 우리가 예수님같이 비약할 수 없는, 인간이 감당해야 하는 책임영역인 셈입니다. 이러한 수고가 있어야 바른 인간이해가 이루어지고 그 바른 이해에서 바른 만남의 길로 들어서게 될 것입니다. 복음을 그 사람에게 적절하게 전할 수 있게 될 것이라는 즐거운 기대를 견지하면서 그러한 노력을 성실하게 기울이게 되었으면 하는 마음 간절합니다.

2) 설교와 인간이해

결국 인간이해는 복음을 그 사람에게 '바로 그 사람을 위한 복음'으로 살아있게 전하게 해주는 데 기여한다는 점에서 의미 있는 작업이라 하겠습니다. 복음이 복음 되는데 기여될 수 있는 것입니다. 이를 설교에 적용하여 생각해 보겠습니다.

구약과 신약 모두 하나님의 말씀은 예언에 해당하는 부분과 기타 소수의 부분만 제외하고는 각각의 말씀들은 '구체적인 상황'에 있는 '구체적인 사람들'에게 '구체적인 말씀'으로 주어졌습니다. (물론 이 '구체적인 말씀' 중 많은 부분은 모든 그리스도인들에게 적용되는 말씀입니다.) 구체적인 사람인, 아브라함 – 이삭 – 야곱 – ······에게 그리고 구체적인 상황의 고린도교회에게, 갈라디아교회에게…… 하나님의 은총과 율법에 대한 바른 이해가 필요한 갈라디아교회에게, 고린도교회에 필요한 제사에 대한 내용을 무작위로 선포하는 것이 아닌 것입니다. 물론 모든 성경말씀을 통해 모든 그리스도인들이 알아야 하는 하나님의 뜻이 있습니다. 허나 구체적으로 말씀이 전해질 때는 그 말씀을 받는 사람들과 그들이 처해 있는 상황에 대한 이해에 근거하여 그 당시의 그들에게 실제적으로 필요한 말씀이 선포되는 것입니다. 이사야를 통하여 선포되는 말씀은 바로 이사야 선지자가 살았던 시대의 이스라엘 민족과 그들의 상황에 대한 바른 진단과 함께 처방으로서의 하나님의 말씀으로 현실적으로 주어지는 것입니다.

설교를 하나님의 말씀의 '선포'에로만 초점을 맞춰 옴으로써 하나님의 말씀의 현장감과 생동감을 얼마나 죽여 왔는지 모르겠습니다. 현재의 나와 관계없는 — 생명이 없는 구태의연하고 진부한 말씀으로 만들어 온 오류가 있었던 것입니다. 말씀이 진정 하나님의 말씀으로 전달되려면 과거 말씀이 주어진 시대의 상황과 사람에 대한 이해가 있어야 하나님의 말씀이 주어진 이유를 바로 알 수 있습니다. 그렇듯이 바로 오늘날의 상황과 인간이해가 있어야만 하나님을, 하나님의 말씀을 생생하게 — 살아 있는 말씀으로 — 전할 수 있게 될 것입니다.

그렇기에 설교의 준비는 먼저 이 시대와 이 시대를 사는 성도들에 대한 진단적 작업이 먼저 있어야 하겠습니다. 그 다음에 이에 대해 적절한 하나님의 말씀을 찾는 작업이 있어야 할 것으로 압니다. 선지자들은 동시대의 상황과 사람들에 대한 정확하고 구체적인 이해가 있어서 지적하고 분노할 점에서 살아 있게 지적하고 분노했듯이, 생동감 있게 하나님의 말씀을 전할 수 있었습니다. 그렇듯이 오늘날의 설교가들도 하나님의 살아 있는 말씀을 살아 있게 전하려면 오늘날의 상황과 인간에 대한 이해가 깊어져야 하겠습니다. 그렇기에 설교가는 그 시대의 상황과 인간에 대한 종합적 진단자여야 하고 그 진단에 적절한 하나님의 말씀의 선포자여야 하겠습니다.

3) 인간이해의 훈련이 없는 우리의 현실

보시듯이 하나님의 말씀의 현장감과 생동감을 위해서 인간이해는 심각하게 요청되고 있습니다. 사실 신학에서 설교의 이러한 점에 대한 강조는 벌써부터 있었습니다. 설교를 듣는 회중에 대한 이해가 중요하다는 것이 강조되어 왔던 것입니다. 그런데 그 강조가 그저 이론적인 강조로 끝나기 때문에 문제가 되고 있다고 말씀드릴 수 있습니다.

목회를 하는 가운데 사람을 대하는 것으로 어려움을 겪고 있는 어떤 목회자의 고백을 들은 적이 있습니다.

"목회를 하면서 설교를 통해 사람이 변화하는가 하는 물음을 가지게 됩니다. 물론 설교를 통해 하나님의 말씀이 성도들의 마음속에 쌓이게 되면 결국 변화할 것이라는 믿음은 갖고 있습니다. 그런 믿음이라도 없으면 설교를 할 수가 없겠지요. 그러나 실제로는 설교를 통해 변화하는 모습이 별로 보이지 않는 성도들을 보면서 인간이 무엇으로 변화할까를 생각하게 됩니다. 그런데 저를 보면 인간에 대해 별로 아는 것이 없는 것입니다. 목회를 하면서 이러저러한 상황에서 다양한 사람들을 만나는데 사람들을 대한다는 것이 참 어렵습니다. 신학교에서는 실제적인 사람에 대해서는 배운 것이 없었습니다. 목회를 하면서 신학교에서 사람을 알아가며 잘 대하는 것에 대해 배우지 못한 것이 아쉽게 느껴집니다. 이제 와서 사람에 대해 배워야 하겠다는 깨달음은 있는데 어떻게 해야 할지를 모르겠습니다."

그러면서 저에게 특강을 요청하는 것이었습니다. 아니 꼭 특강형식이 아니더라도 와서 꼭 도와 달라는 것이었습니다. 그분이 목사로 또 저보다 연배가 높은 분으로서 저에게 그러한 고백과 함께 그렇게 간절히 도움을 요청하는 것을 보면 얼마나 갈급하면 그럴까 하는 생각을 하게 됩니다. 적지 않게 그러한 도움을 요청하는 목회자들을 만나게 됩니다. 그런 분들과 제가 신학을 공부한 분들을 대하면서 대체적으로 공통적인 것으로 느끼는 것이 일치합니다. 바로 실제적인 인간이해에 있어서 많이 부족하다는 것입니다. 그럼으로써 설교와 목회상담 등에서 문제가 발생하게 되는 것을 보는 것입니다. (물론 실제적으로는 그분이 성경에 대한 이해가 부족할 수 있습니다. 하나님의 은혜에 대한 깨달음이 일천할 수가 있습니다. 그러나 그러한 부분의 논의는 여기서 다룰 주제가 아니기 때문에 다루지 않는 것입니다. 목회에서 일어나는 모든 문제를 인간이해라는 단일의 축을 통해 일반화시키고자 하는 의도는 전혀 없습니다. 이러한 점을 잘 이해하며 읽어 가시기를 바라는 마음 간절합니다.)

저는 실제적인 인간이해에 대한 구체적인 프로그램을 갖고 있는 신학교를 거의 보지 못하고 있습니다. 문제는, '그럼 회중에 대한 이해는 어떻게 하는 것이냐?' 라는 실제적인 질문에 대해서는 별로 아니 거의 얘기가 없다는 것입니다. 축구 선수가 문전에서의 슈팅의 정확성이 중요하다는 것을 지식적으로는 배워 알 수 있습니다. 헌데 알았다고 해서 슈팅이 정확해지는 것은 아닙니다. 구체적으로 문전에서의 슈팅이 정확해질 수 있도록 훈련해 가는 것이 절대적으로 필요합니다.

바로 인간에게는 지식과 지식을 자기 것으로 만드는 것 사이에 현격한 거리가 있다는 것입니다. 이것은 인간의 한계입니다. 이를 좁혀 가는 의지적인 작업이 있어야 거리가 좁혀지지 자연적으로는 좁혀지지 않는 것입니다. 그렇습니다. 인간을 주로 연역적으로 이해해 온 교역자들에게, '바로 오늘', '바로 여기서' 살아가는 인간에 대한 귀납적-경험적-접근을 통한 실제적 인간이해는 더더욱 절실히 요청된다고 할 수 있겠습니다.

* 목사는 많은 사람을 인도하는 아주 중요한 위치에 서 있기 때문에 아무나 목사가 되어서도 안 되고 가능하면 사회와 인간에 대한 경험을 건설적으로 많이 한 사람이 되어야 할 것입니다. 절대적인 기준점이 될 수 없지만 그러한 관점에서 목사에 대한 대략적인 나이의 기준이 있어야 한다고 생각합니다. 실제적 인간과 사회에 대한 경험이 일천한 사람이 목사가 된 경우를 볼 때 설교, 교육, 상담 등등에서 만족스럽지 못한 부작용을 경험한 사례가 얼마나 많습니까? 물론 나이가 절대적인 것이 될 수는 결코 없습니다. 그러나 대략적인 기준점이 될 수는 있을 것이라 생각합니다.

딤전 3:2-7에 나와 있는 감독에 대한 요건을 자세히 살펴보면 '자녀들로 모든 단정함으로 복종케 하는 자라야 할지며……' 라는 조건이 있음을 보게 됩니다. 아마도 이는 초등학교에 들어가지도 않은 정도의 자녀의 아버지에 대한 태도를 가지고 얘기하는 것은 아닐 것이라고 생각합니다. 최소한 사춘기에 있는 자녀들의 아버지에 대한 태도를 보아야 5절에 나오는 '자기 집을 잘 다스리는 것'에 대한 평가를 어느 정도 내릴 수 있다고 생각합니다. 그렇게 성경의 말씀을 정확히 따르려고 하여 그러한 요건을 충분히 만족시키려면 현대에서는 대략 나이는 어느 정도는 돼야 한다는 합의를 이끌어 낼 수 있을 것이라 기대합니다.

바로 앞에서도 언급하였지만 나이가 결정적인 조건이 된다고 생각할 수는 없습니다. 그렇지만 성경을 통해 하나님께서 감독에 대한 조건을 주신 것을 통해 하나님께서 어떠한 사람이 감독이 되기를 원하시는지를 어느 정도 짐작할 수 있습니다. 교단마다 차이는 있지만 현재 우리의 기독교계는 신학교를 나오면 몇 년 안에 목사 안수를 주고 있습니다. 교단의 세를 인위적으로 불리려고 한다든지 등의 전혀 비성경적인 사고로 인해, 성경을 통해 하나님께서 가르쳐 주신 조건성을 충분히 고려하지 않고 목사를 세우는 경우가 비일비재하게 일어나고 있는 것이 우리의 현실입니다. 목사는 함부로 세워서는 안 될 것입니다. 남을 지도하는 위치에 서 있기 때문입니다.

인생에 대한 경험이 일천한 사람이 어떻게 지도하는 위치에 설 수 있겠습니까? 성경은 '외인에 대해서도 선한 증거를 얻은 자라야 할지니'라는 조건까지 말하지 않습니까? 성경을 통해 하나님께서 주신 감독에 대한 조건을 진지하게 따져 본다면 감독은 참으로 안팎으로 존경을 받는 사람이 되어야 한다는 것을 알 수 있습니다. 존경받는 사람이 감독이 되어야 합니다. 그렇기 때문에 자연적으로 감독은 존경받을 수밖에 없는 것입니다. 존경이 안 가는 사람을 감독이 되었다고 존경을 해야 하는 것은 맞는 말이 아닙니다. (물론 자기가 그 사람을 알기 전에 상대방이 감독이 되어 있었다면 우선 존경하려는 마음자세를 갖추는 것은 필요하다 하겠습니다.)

목사는 아무나 되어서는 결코 아니 될 것입니다. 우리들 가운데서 그래도 여러 면에서 볼 때 가장 뛰어난 수준에 있는 사람이 되어야 할 것입니다. 그만큼 귀중한 직책이기 때문입니다. 목사라 해서 다 목사가 아닙니다. 우리는 참 목사를 구별해야 하는 것이 요청되는 아주 불행한 때를 살고 있다고 하겠습니다……. 안 되겠습니다. 자꾸 본론에서 벗어나고 있습니다. 매듭을 짓도록 하여야 하겠습니다. 때로 어떤 특별한 사정에 의해 특별하게 사람을 세우는 경우가 있을 수 있을 것입니다. 그러나 보편적인 기준점은 분명히 있어야 할 것입니다. 성경은 인생과 세상에 대해 순수함을 잊지 않는 가운데서, 적절한 경험과 앎이 있는 사람들 중에서 감독을 세우라 하는 것이라 압니다. 그런 면에서 결정적인 것은 결코 아니지만 나이에 대한 적절한 기준점이 있었으면 하는 마음입니다.

4) 경험적 지식에 의해 영향 받는 성경해석

기독교 특히 보수진영이라 불리는 쪽에서 귀납적인-경험론적인 인간이해를 상당히 부정적인 측면에서 이해해 온 것을 봅니다. 이에 대해 말하는 사람을 인본주의 또는 자유주의라 치부하면서 상대를 하려 하지 않는 경향이 있어 왔습니다. 그래서 도움이 되는 몇 가지의 예를 더 들면서 실제적인 인간이해의 당위성에 대해 더 생각해 보기를 원합니다.

(1) 상대적인 형식을 절대화하지 않기

디모데전서 5장 23절을 보면 바울 사도가 디모데에게 위장을 위하여 알코올(술)을 쓰라고 권한 내용이 나옵니다. 이는 어떻게 해석되어야 하는 것인지요? 거기서 알코올은 무엇을 의미하는 것인지요? 소위 어떤 영적인 의미가 있는 것으로 보는 영해를 하여야 하는 것인지요? 아닙니다. 여기서 알코올은 그 당시의 약을 말하는 것입니다. 위장의 문제를 위하여 약으로서의 알코올을 사용하라는 것입니다. 정확히 말한다면 바울 사도가 아는 의학적 수준에서의 처방을 의미하는 것입니다. 만약 오늘날과 같은 시대라면 그 부분의 성경은 어떻게 쓰였을까요? 성경의 말씀은 영원불멸하다는 것을 적용하여 위장을 위해 역시 알코올을 쓰라고 해야 하나요? 그렇지 않습니다. 오늘날 의학적 지식의 수준에 따라 권하는 내용이 달라질 것입니다. 내과 의사를 찾아가 보라든지 내시경을 받아 보라든지…… 전문적 지식이 있다면 증상을 정확히 들어 보고 정확한 약을 권할 수도 있을 것입니다.

여기서 함께 생각하고 싶은 내용이 하나 있습니다. 성경의 내용 중, 어떤 것들을 이해하기 위해서는 일반적 (협의의 의미에서 영적이지 않는) 지식이 필요하다는 것입니다. 여기서는 의학적 지식이 되겠지요. 그런데 그 일반적 지식은 그 시대에 갇힌다는 것입니다. 그러니 우리는 일반적 지식에 대해 잘 알아 가야 할 뿐 아니라 시대에 따라 변해가는 그 일반적 지식의 행보를 놓치지 않아야 하겠다는 것입니다. 결국 절대적인 내용과 상대적인 형식을 잘 구분하여야 한다는 것입니다. 이를 혼동하게 된다면 엄청난 오류가 일어날 것입니다. 우리 그리스도인은 상대적인 형식을 절대화하는 오류의 경향이 (아직은) 비그리스도인 보다는 더 강하다는 것을 바로 인식하고 이에 엄격한 자기 검증의 자세를 날마다 배양하려는 노력을 기울여야 하겠습니다. 하나님의 말씀이 영원하다고 할 때 그 의미가 무엇인지를 바로 깨달아야 할 것입니다.

우리 그리스도인들 중에는 모든 것을 소위 말하는 '성경적으로, 또는 영적으로' 풀려고 하는 가운데서 돌이킬 수 없는 실수를 범한 사례들이 교회역사상에 많이 나타나 있습니다. 성경이 잘못된 것이 아니라, 성경의 말씀을 잘못 해석 적용하는 '인간의 불완전함'으로 인해 일어나는 일들입니다. 인간에 대해 귀납적인 접근을 하는 저로서는 인간의 한계에 대해 구체적인 이해를 도모하기를 원합니다. 그럼으로써 인간의 제한성으로부터 완전한 하나님의 말씀이 왜곡되어지는 것을 방지하는 데 조금이라도 도움이 되고자 하는 마음입니다. 인간의 한계를 깊게 알아가는 가운데 인간의 불완전성으로 인한 오류의 가능성에 대한 마음의 여지를 두고 산다는 것은, 참으로 지혜로운 사람의 모습이라 생각합니다.

(2) 세계관에 영향 받는 성경해석

지동설에 대한 불행한 에피소드를 잘 알고 있지 않습니까? '해 돋는 데서부터 해지는 데까지' 시 50:1, 113:3라는 말씀을 과학적인 사실을 말하는 것으로 잘못 이해했던 때가 있었습니다. 지구는 천체의 중심에 있는 것으로, 태양이 지구의 주위를 도는 것이지 지구가 태양의 주위를 도는 것이 아니라고 주장하였던 것입니다. 그래서 지구가 태양의 주위를 돈다는 지동설을 주장하는 과학자를 성경말씀을 해치려 하는 마치 사탄의 앞잡이인양 핍박하게 되었습니다. 그러나 그 부분의 성경말씀은 과학적 사실을 언급한 것이 아니라 시적인 표현으로서 사용한 것입니다. 뼈아픈 일이지만 다시 살펴 교훈을 받아야 할 부분에서는 교훈을 받는데 주저하여서는 아니 될 것입니다.

만약에 바른 지동설에 대한 바른 과학적 지식을 갖고 있었다면 성경을 그렇게 그릇되게 해석하지는 않았을 것입니다. 또 참 과학자를 엉뚱하게 핍박하지도 않았을 것입니다. 우리가 성경을 통해 과학적 지식들에 대해 알게도 되지만 역으로 과학적 지식에 의해 성경의 해석이 영향을 받을 수 있다는 것도 알아야 할 것입니다. 성경이 세계관에 영향을 주지만 인간의 성경해석은 또 자신의 세계관의 영향을 받게 되어 있는 것입니다. 지동설에 관련된 사건은 바른 과학적 지식이 없었기 때문에 성경을 잘못 해석하여 일어난 것입니다. 결코 하나님의 말씀인 성경이 잘못된 것이 아닌 것입니다. 이렇듯 바른 과학적 세계관이 성경을 바르게 해석하는데 도움을 줄 수도 있음을 알게 됩니다.

(3) 인간관과 성경해석

중세기 때 간질 환자와 정신병 환자들이 어떤 대우를 받았는가를 생각해 봄으로 교훈을 얻기를 원합니다. 당시 환자들 중 많은 수가 귀신들림으로 몰려 화형에 처해졌습니다. 어떻게 하여 이러한 일들이 일어날 수 있는 것인지요? 당연히 교회 지도자들의 잘못된 판단에 의해 저질러진 처참한 불행입니다.

성경을 알고 신학을 한 사람들이 간질병과 정신병이 보이는 증상을 해석할 수 있는 틀이라고는 하나밖에 없었습니다. 바로 귀신들림입니다. 귀신들림 이외에는 아는 해석의 틀이 없었던 것입니다. 정신적으로 이상을 보이는 사람들을 해석하는 것에 대해 다른 것을 보고 들은 것이 없기 때문입니다. 결국 자기들의 짧은 지식에 사람을 짜 맞추어 버린 것입니다. 그 결과로 화형이라는 엄청난 잘못을 낳게 되었습니다. 그 죄의 막중함을 하나님 앞에서 어떻게 하려고들······.

의학이 발전하여 간질의 원인이 밝혀졌고 그 치료약도 계속하여 발전되어 오고 있습니다. 이제 간질은 약으로 거의 통제를 할 수 있게 되었습니다. 간질병이 있는 사람들은 거의 정상적인 생활을 누리게 되었습니다. 간질병은 더 이상 천벌로서 어쩔 수 없는 병으로 여겨지는 것이 아닙니다. 정신병의 경우도 비슷합니다. 다양한 경우가 있기 때문에 획일적으로 얘기할 수는 없습니다. 그렇지만 조기에 치료를 적절하게 시작하는 경우는 많은 경우에 있어서 거의 정상에 가까운 수준의 회복을 보일 수 있는 것입니다. 간질병과 정신병은 위궤양과 당뇨 등과 같은 '병'인 것입니다. 그런데 왜 과거에는, 현재에도 때때로 어떤 사람들에 의해서, 귀신들림으로 몰려 죽어 갔어야 했는지요? (물론 저는 귀신들림의 존재를 부정하는 것은 전혀 아닙니다. 여기서는 단지 그 잘못된 적용에 대해 언급하고 있을 뿐입니다.)

왜 그렇게 성경말씀을 잘못 해석하고 잘못 적용하게 되었는지요? 그것은 일면 인간에 대해 잘 몰랐기 때문입니다. 인간관이 부분적으로 잘못되었기 때문입니다. 성경이 인간관의 가장 근본적이고 중요한 뼈대를 제공해 주고 있는 것은 그 어느 누구도 부인할 수 없는 진리입니다. 또 구원에 대한 인간관만을 언급한다면 성경의 인간관만으로 충분합니다. 그렇지만 구원의 영역을 넘어서는 온전한 인간관을 위해서는 성경 이외의 지식이 덧붙여져야 합니다. 성경이 모든 구체적인 인간영역에 대해서까지 완벽하게 얘기해 주는 것은 아니기 때문입니다. 간질인데 귀신들림으로 판단한 예에서 살펴본다면, 정확한 정신신경학적 지식이 있었다면 그런 오류의 판단을 하지 않았을 것입니다.

세계관과 성경해석의 관계에서와 같이 그렇게 잘못된 인간관은 잘못된 성경해석과 적용을 낳게 되어 있습니다. 겉으로 보기에 성경적인 것으로 보인다고 하여 다 옳은 것은 아닙니다. 성경구절을 인용한 것이라 하여 다 성경적인 것은 결코 아닙니다. 때론 그 정반대가 될 수도 있는 것입니다. 성경적인 모습을 한 비성경적인 것에 속아 넘어 가지 않아야 할 것입니다. 이를 위해서는 평소에 하나님의 말씀을 바르게 배우는 일을 게을리 하지 않아야 할 것입니다. 동시에 세계관, 인간관을 비롯하여 다른 분야에서 배워야 하는 것을 배우는 노력도 게을리 하지 않아야 할 것입니다.

(4) 바른 성경해석을 위한 인간이해의 노력

자, 배워야 할 중요한 원리에 대해 정리를 해보기로 하겠습니다. 우선 우리는 상대적인 지식에 있어서 날마다 새로워져야 할 것입니다. 현재를 사는 우리가 바울과 같은 상황에 처했을 때 똑같이 위장을 위해 술을 조금 써 보라고 얘기해 줄 것입니까? 그래서는 아니 되겠다는 것입니다. 최소한 빨리 병원에 가서 진찰을 받아 보라고 권해야 할 것입니다. 또는 의학에 대한 지식에 뒤지지 않는 노력을 기울여 현대의학의 발전에 걸맞은 조언을 줄 수 있으면 좋은 것입니다. 그렇게 되기 위하여 교역자를 비롯한 모든 그리스도인들은 발전해 가는 상대적 지식의 행보를 놓치지 않도록 우선 배우는 데 게으르지 않아야 하겠습니다. 그러나 인간은 시간과 공간적으로 제한적인 존재이므로 그 모든 것을 배울 수는 없습니다. 그렇기 때문에 필요한 영역에서는 그 분야의 전문가들에게 들으려 하는 마음의 공간들이 있었으면 하는 마음 간절합니다. 행여나 이미 지나가 버린 것을 붙잡고 '진리' 운운하면서 결국 진리를 가리는 부끄러운 모습을 보이지 않도록 힘써야 하겠습니다.

특히 인간이해에 대해 적용되기를 바랍니다. 실제적 인간론에 대한 지식의 발달은 놀랍습니다. 정신의학을 통한 것만 보더라도 정신병과 간질병의 이해, 정신신체의학의 개념, 무의식 개념을 포함한 정신분석적 이해, 정신치료 또는 상담의 지혜, 심리적 발달과제, 성의 이해…… 등등의 유익한 것들이 많이 있습니다. 이것들을 통해 현실을 살아가는 실제적 인간을 이해하는 데 얼마나 많은 도움을 받을 수 있는지요.

재미난 예를 들어 보겠습니다. 고린도전서 13장을 보면 사랑은 오래 참는다고 나와 있습니다. 물론 여기서는 사랑의 그 본질적인 측면을 얘기하는 것입니다. 그런데 거기에다 실제적 인간이해의 하나로 '인간은 역사를 갖고 그 역사 안에 있다.'라는 지혜를 덧붙이면 상당히 좋은 일이 일어납니다. 사례 6에서 보면 부인은 남편의 역사를 알게 됨으로 인하여 같은 것을 참더라도 전보다는 전혀 다르게 편한 마음으로 오래 참을 수 있게 되었습니다. 그렇습니다. 사랑은 분명 오래 참습니다. 그런데 상대방의 역사를 바로 알고 참으면 좀 더 쉽게 참아지고 효과적으로 오래 참을 수 있게 됩니다.

성경말씀의 적용의 마당은 이 시대를 사는 실제적 사람들입니다. 참된 해석과 적용은 실제적 인간의 삶 속에서 나타나야 하고 나타나게 되어 있습니다. 그런데 위에서 언급되었듯이 성경에 의해 본질적 인간관을 알아가게 되지만 자기의 실제적 인간관에 의해 성경해석과 적용이 영향을 받기도 하는 것입니다. 이렇듯, 성경을 바로 해석하는 데에 바른 실제적 인간관이 필요함을 깨달아 이를 알기 위한 노력을 경주하여야 하겠습니다. 하나님의 말씀을 좀더 깊이 있게 이해하기를 원하는 사람들은 헬라어, 히브리어 등을 배웁니다. 헬라어 자체가 하나님의 말씀은 아닙니다. 그러나 말씀을 깊이 깨달아 가는 데에는 필수적인 요소가 됩니다. 그렇듯 바른 실제적 인간이해도 하나님의 말씀 자체는 아닙니다. 허나 바른 성경해석을 위하여 꼭 필요한 요소라 말할 수 있습니다.

실제적 인간이해가 성경해석에 필요함을 다른 측면에서 간단히 언급해 보겠습니다. 신학은 주로 열린의식을 통하여 작업을 하여 왔습니다. 물론 상당 부분은 그렇게 하여도 문제가 되지 않지만 열린의식만이 있는 존재로서의 인간관만으로는 성경해석에 무리가 되는 부분들이 있다고 생각합니다. 특히 로마서의 교리적 설명인 앞부분을 이해하는 데 있어서 그리합니다. 여기서 다룰 주제가 아니기 때문에 넘어 가겠지만, 닫힌의식에 대한 경험적으로 깨닫는 충분한 이해가 있어 인간을 열린의식과 닫힌의식을 가지고 사는 존재로 보게 되면 부분적으로 새로운 지평이 열리게 될 것으로 압니다.

제**4**장

성경이 언급하지 않는 구체적인 영역에서 부딪치는 문제들

1) 왜곡된 성경만능주의(?)

앞의 주제와 거리가 있어 보이지만, 관계가 있는 내용을 한 가지 다루고 다음으로 넘어 가고자 합니다. 이를 왜곡된 '성경 만능주의'biblicism - 인간 세상의 모든 것을 성경말씀으로 풀 수 있고 풀어야 한다는 - 의 전형이라고 부를 수 있을는지 모르겠습니다.

미국에서 공부할 때 어느 집회에서 설교시에 들은 내용입니다. 설교의 주제는 '하나님의 전능'이었습니다. 설교자는 특별히 하나님의 말씀인 성경의 진리의 깊고 오묘함에 대해 설명하면서 하나님의 전능하심으로 연결해 가시는 형식을 취하였습니다. 그때 예를 든 성경구절이 말라기 4장 2절의 말씀이었습니다. 거기에는 우리말로는 '치료의 광선'으로 번역

된 구절이 있습니다. 본문의 기록연대에 대해 언급하시더니, "하나님의 말씀은 이미 약 2,500년 전에 방사선의 출현을 예고하고 있었다."는 주장으로 넘어 가시는 것이었습니다. 여기저기서 '아멘' 하는 소리가 들려 왔습니다. '치료의 광선'을, 과학이 발달하여 치료적으로 사용하고 있는 '방사선'으로 해석하시는 것이었습니다. 주의하여 살펴보면 본문의 내용은 '예수님의 구속역사'를 가리키고 있다는 것을 그리 어렵지 않게 알 수 있습니다. 본문의 의미를 전혀 엉뚱하게 바꾸어 놓는 것이었습니다. 좋게 말해 지나친 충성이라고 할까요…… 뭐라 부를 수 있는지요?

저는 먼저 하나님의 말씀을 너무 가볍게 대하는 태도를 지적하고 싶습니다. 사실 영어성경만 참조하였다면 그러한 오류는 범하지 않았을 것입니다. 본문의 말씀이 무엇을 얘기하느냐에 대해 주의하여 살피는 태도가 있었다면 원어를 참조한다든지 최소한 영어성경을 참조하였을 것입니다. 또는 하나의 구절만 따로 빼어서 해석하는 것이 아니라 그 정확한 의미를 알기 위해서는 앞뒤의 전체 문맥 안에서 살펴봐야 한다는 해석의 원리에만 충실하였더라도 그런 오류를 범하지 않았을 것입니다.

나아가 성경을 통해 하나님의 말씀을 들으려 하지 않고 자기가 생각해 낸 주제에 마음이 붙잡혔기 때문이라고도 설명할 수 있습니다. 결국 자기의 생각을 증명하고 보충하는 정도로 하나님의 말씀을 '이용' 하는 데에서 그러한 일이 일어나는 것이라고도 말하고 싶습니다. '하나님의 전능'이라는 주제는 좋습니다. 그런데 그 목적을 위해 수단을 제멋대로 이용하는 것입니다. 수단이 다름이 아니라 하나님의 말씀이 되기 때문에 그 문제의 심각성은 간과할 수가 없는 것입니다. 설교는 소위 '은혜로운'(?) 설교로 끝날 수 있습니다. 다는 아니겠지만 사람들이 하는 '소리' 입니다. 하나님께서는 어떻게 평가하실는지요? 그런데 참으로 안타깝게도 목사로서 아주 명성이 있는 분들에게서도 이러한 일들이 가끔씩 일어나는 것을 보게 됩니다.

(교회에서 일어나는 여러 오류들의 형태들을 보면서 생각하게 되는 것이 있습니다. 그것은 교회는 성경 본문만 가르쳐서 안 되겠다는 것입니다. 예를 들어 논리적 훈련 같은 공부를 시키기도 하여야 한다는 것입니다. 그리스도인이라 하여 인간으로서 노력하여야 하는 것을 그냥 뛰어 넘어가게 되어 있지 않습니다. 성경은 어떤 측면에서는 하나의 책으로서 책을 이해하는 데 필요한 사고—이것으로 다 해결되는 것은 결코 아니지만—가 요구되는 것입니다. 성경공부에 본문공부와 함께 기본적인 사고훈련이 병행되어야 할 것입니다.)

2) 성경 기록목적의 우선순위를 분명히 하기

(1) 성경은 무엇보다도 구속사적 관점에서 기록되었다

성경은 이 세상에서 일어나는 그 모든 것에 대한 모든 원리를 구체적으로 설명하고 있지는 않습니다. 성경은 그렇게 할 수가 없습니다. 성경은 어떤 면에서는 하나의 책인데 그 분량에 있어서 제한을 받지 않습니까? 요한복음 21장 25절에서 예수님의 행하신 일들이 다 기록된다면 이 세상이라도 그 책을 두기에 부족할 것이라고 말하면서 20장 30-31절에서 성경의 기록 목적에 대해 언급하고 있습니다. 그렇습니다. 성경은 그 무엇보다도 구속사적인 관점에서 기록되고 있습니다. 성경은 창조주 하나님과 대속자 예수 그리스도, 죄인인 인간, 그리고 그 사이에서 일어나는 하나님의 은총에 의한 인간의 구원에 대해 집중되어 쓰인 책입니다.

그렇기 때문에 구속사적인 관점의 절대적 우위를 인정하지 않고 다른 관점에서 성경을 풀려고 하는 것은 원래 하나님께서 뜻하신 성경의 의미를 훼손하게 되는 치명적인 오류를 낳게 됩니다. 예를 들어 예수님의 말씀을 단지 심리적인 관점에서 본다든지 도덕적인 교훈으로만 보는 시도들이 그렇습니다. 성경말씀이 인용되고 있으니 겉으로는 번지르르 하지만 참 생명을 죽여 버리는 것입니다. 말씀의 심리화, 도덕화 또는 의학화 같은 시도들은 조심하여야 합니다. '성경' 또는 '성경적'이라는 말만 붙어 있으면 저절로 성경원리를 갖고 있는 것처럼 또 아주 성경적인 것처럼 느끼게 되는 우리의 경향에 속아 넘어 가서는 아니 되겠습니다. 생각하는 능력들이 우리 안에서 자라나기를 바라는 마음 간절합니다.

(2) 구체적 영역에서의 그리스도인의 책임

반면, 성경이 모든 것에 대하여 '구체적인' 원리를 제시해 주고 있지는 않는다는 것을 바로 인식하여야 하겠습니다. 그래서 구체적인 모든 것을 성경으로 풀려고 하는 오류를 범하지 않기를 바라는 마음 간절합니다. 그것은 성경의 참 뜻을 저해하는 것으로 나타날 것입니다. 그러면 성경이 구체적인 원리를 말하지 않는 영역들에 대해서 우리는 어떻게 접근할 것인가가 중요한 주제로 떠오르게 됩니다. 저는 이에 대해서는 모든 그리스도인들이 책임이 있지만 각 분야의 전문인들이 무거운 그러나 중요한 책임을 짊어지고 있다고 생각합니다. 그렇기 때문에 기독 전문가들은 기독교적 관점이 잘 갖추어져 있어야 합니다. 그러한 가운데 자기의 전문지식과 삶의 경험을 총동원하여 원리를 발견해 가야 합니다.

하나님께서 우리 인류에게 구원의 길을 은혜로 베푸신 것은 우리에게 단지 협의의 의미의 구원만을 목적하신 것이 아니라고 생각합니다. 은혜로 구원을 받은 그리스도인들에 의해 하나님께서 바라시는 모습들이 하나씩 하나씩 회복되어가기를 바라시는 것으로 믿습니다. 이제 그 회복은 구체적 영역 속에서 나타나야 할 것입니다. 재판관이 권력이나 돈의 유혹에도 불구하고 바르게 재판을 하고, 변호사는 돈을 따라 가는 것이 아니라 참 억울한 사람을 위해 변호하고, 정치가는 하나님의 원리들에 입각하여 정치를 하고, 과학자는 하나님의 주신 세계를 잘 다스리기 위해 연구하고, 장사하는 분은 고객을 속이지 않고 정당한 이윤을 남기고, 회사원은 기존의 세속원리를 따르지 아니하고 바르게 회사를 위하고, 의사는 사람의 귀중한 생명을 돈으로 바꾸지 아니하고…….

그 구체적인 회복은 이 세상의 한복판에서 살아가는 그리스도인들에 의해 가능한 것임을 마음에 새겨 두어야 할 것입니다. 그렇기 때문에 성경을 전문으로 공부하는 사람들은 일반 성도들이 성경적 원리를 배워 익혀 각각의 영역에서 구체적 원리들을 바르게 세워 잘 적용할 수 있도록 섬겨야 할 것입니다. 또 일반 성도들은 그분들에게서 성경적 원리를 잘 배우는 데 전력을 기울여야 할 것입니다. 이러한 협동이 일어날 때만이 하나님께서 바라시는 회복이 이 땅에서부터, 부분적이겠지만, 시작이 될 것으로 믿습니다. 한 쪽이 높은 곳에 서려고만 하여서는 이 귀중한 일이 일어날 수 없습니다. 내가 '작은 우리' – '전체적 우리'가 아닌, 내가 포함된 어떤 집단– 가 높아지는 것은 절대로 하나님께서 바라시는 것이 아닙니다.

하나님께서 우리에게 주신 목적이 있습니다. 구원, 그 다음은 회복입니다. 물론 아직 구원을 받지 못한 사람들에게는 구원의 소식을 전하는 것이 급선무입니다. 그리고 이미 구원의 반열에 들어선 사람들에게는 하나님께서 진정 원하시는 회복이 목적이 되는 것입니다. 서로 협력하여야 합니다. 서로 섬겨야 할 것입니다.

(3) 성경의 상위 원리에 의한 검증

여기서 하나 분명하게 다루어야 하는 과제가 있습니다. 성경에서 원리를 얘기하지 않는 영역에서 원리를 발견하였다고 하면, 그 다음의 과정은 어떻게 되는 것인가 하는 것입니다. 저는 하나님께서 성경을 통해 인간에 대해 '필요한' - 이 세상을 살아가는 인간의 모든 영역에 적용되는 - 아주 '근본 되는' 굵직한 원리들에 대해서는 다 말씀하시고 계신다고 믿습니다. 또 그 근본 되는 성경의 원리들은 각각의 구체적인 원리들에 대해 '상위의 원리'가 된다고 믿습니다. 그렇기 때문에 성경에 의해 구체적으로 원리가 제시되지 않는 영역에서 어떤 원리들이 찾아지면 꼭 성경으로 돌아와 성경에서 말하는 '명백한 상위의 원리'의 검증을 받아야 한다는 것입니다.

이 검증의 작업은 아주 중요합니다. 만약에 자기가 발견한 원리가 성경의 명백한 상위의 원리와 맞지 않으면 자기가 찾았다고 생각한 원리를 비판적으로 검토하여야 할 것입니다. 인간으로부터 나오는 그 어떤 것도 하나님의 특별계시인 성경을 무효화할 수는 결코 없기 때문입니다. 여러 전문분야에서 일하는 기독전문인들은 이러한 원리에서 충실하여야 할 것입니다.

이러한 기본적인 전제에서 출발하여 세상의 구체적인 영역에서 구체적인 원리를 찾으려 하는 '앞서는' 노력들이 있어야 할 것입니다. 과거에는 이러한 앞서는 노력들이 없었기 때문에 성경에서 구체적으로 원리를 말하지 않는 영역에서 세속적 원리가 먼저 세워지는 경우가 허다하였습니다. 그로 인하여 세상과 교회가 세속원리의 부정적인 영향을 얼마나 많이 받아 오고 있습니까? 교회는 세속원리가 떨어지면 그것을 받고 끙끙대는 중에 세상은 또 저 멀리 앞서가 있는 악순환이 반복되어 오지 않는가요? 진정 하나님을 두려워하며 섬기는 그리고 사랑하는 사람들에 의한 선지자적인 앞섬이 기독교계에 있어지기를 바라는 마음 간절합니다.

이제 모든 영역에서의 구체적인 원리를, 신학을 공부한 사람으로부터만 받으려 하는 시기는 지나가고 있습니다. 앞으로는 각각의 기독전문인들이 하나님께 받은 막중한 책임을 의식하는 가운데 하나님의 나라를 위해 헌신하는 모습들이 많이 있어져야 할 것입니다. 또 교회에서 그러하도록 격려하고요. 이러한 관점에서 인간에 대해 하나님의 말씀을 가지고 연역적인 접근을 하시는 분들과 인간의 구체적인 경험을 가지고 귀납적인 노력을 하는 각 전문분야의 전문가들과의 연합연구가 얼마나 필요한 것인지 모르겠습니다. 이 땅에 이러한 만남들이 앞으로 많이 있어지기를 기도하는 마음 간절합니다.

3) 그 실제적 긴장
- 고백하지 않을 수 없는 그리스도인의 문제점들

저는 그리스도인으로 정신과 전문의의 훈련을 받아 오던 초반부에 정신의학이 신앙적 관점에서 심각한 문제를 지니고 있는 것이 분명함을 발견하였습니다. 그러나 동시에 다른 차원에서는 인간을 이해하고 돕는 데 있어서 귀중한 지혜들이 너무나도 많이 있는 것을 보았습니다.

그러면서, '인간에 대한 바른 발견이 왜 그리스도인에게서 나오지 못하고 (아직은) 비그리스도인에게서 나오게 되는가?' 라는 물음을 자신에게 던지면서 상당기간 동안을 고민하였습니다. 특히 정신의학은 그리스도인들에게 있어서 격렬하게 반대되고 비판되었다는 점에서, 구체적인 영역에서 원리를 세워 가는 데 겪게 되는 핵심긴장이 드러나질 수 있으리라 기대하면서 답답한 마음을 안고 계속 생각해 갔습니다. 참으로 귀중한 지혜 또는 인간에 대한 실제적 사실들에 대해, 그 무엇이 그리스도인의 마음을 닫게 하였는지 안타까워하며 궁금해 하였습니다.

"어떻게 되어, 어떤 문제에 대해 그리스도인들이 좋은 지혜들을 가지지 못하고 나아가 잘못된 견해를 갖게 되는 것일까? 진리를 소유한 자들인데······." (이러한 일들은 정신의학이 아닌 다른 많은 영역에서도 일어나고 있습니다.)

이제 저는 한 분야에서 전문가가 된 그리스도인으로서 인정하며 고백하지 않을 수 없는 것이 하나 있습니다. 그것은 그리스도인이 됐다는 것이 세계와 인간에 대해 저절로 '절대적으로 우월한' 위치에 서게 됨을 의미하지는 않는다는 것입니다. 물론 영의 영역에선 다르지만 때로 영의 영역에서 느끼는 우월감으로 인해 추한 모습을 띠게 되기도 합니다. 그리스도인이 된다는 것이 세상과 인간에 대한 지식을 저절로 습득하게 된다는 것을 의미하지는 않는다는 것입니다. 그리스도인은 인간이기 때문에 인간의 틀에 갇힙니다. (아직은) 비그리스도인들과 똑같이 노력하여야 알 수 있는 영역이 있는 것입니다. 그렇기에 (아직은) 비그리스도인이 그리스도인보다 우위에 서는 영역들이 있는 것입니다. 여기에 영적 세계가 어떻게 관련되는지에 대해 명확히 모르기 때문에 혼란이 야기될 수 있습니다. 저는 여러분과 함께 우리 그리스도인들의 잘못된 태도들을 살펴보기를 원합니다. (앞으로 언급될 문제점들이 모든 그리스도인들에게 나타나는 것으로 일반화할 수는 없습니다. 어떤 그리스도인들은 전혀 그런 것들과 관계없는 것입니다. 그러나 그러한 위험성-가능성-이 모든 그리스도인들에게 있다는 것은 긍정될 수 있을 것입니다.)

(1) 근본되고 최고되는 영적인 진리를 알고 있다는 마음의 경향

거기서 인간에 대해 가장 잘 알고 있다는 교만한 마음이 생겨남을 봅니다. 그렇기 때문에 그 최고된다고 생각하는 영적인 영역에 대해서만 알아가려고 하는 마음이 강하게 일어납니다. 그러함으로써 좀 수준이 낮은 것으로 생각하는 다른 실제적인 영역에 대해서는 자연히 소홀하게 되는 경향이 생기게 됩니다. 그렇기 때문에 (아직은) 비그리스도인들에게 어떤 사실적 측면에서 우월을 인정하면 진리를 빼앗기는 듯한 느낌을 받아서, 모든 것에서 우월하다는 자기위선의 오류 속으로 쉽게 자리 잡는 것인지도 모르겠습니다. 사실fact에 대한 발견이 그리스도인 밖에서 오는 것에 대해 예민하고 부정적인 모습들이 있는 것을 보게 됩니다. 이는 특히 신학을 하는 사람들과 다른 학문을 하는 사람들과의 관계에서도 적지 않게 벌어지는 우스운 일이기도 합니다.

(2) 신론에 비해 열악한 인간론 연구

이는 특히 보수 진영에 있어서 그 경향이 심하다 하겠습니다. 하나님과 인간의 관계라는 것이 창조주와 피조물의 관계이기 때문에 거기서 하나님에 대한 '지식'과 인간에 대한 '지식'도 그렇게 차이 나는 것으로 설마 알고 있는 것은 아니겠지요. 지식에 있어서는 비교하여서 어느 한 쪽을 일방적으로 공부하여야 하는 것이 아니라 서로 보완적이라는 사실을 기억할 수 있었으면 합니다. 하늘의 얘기는 어느 정도 할 수 있습니다. 그렇지만 이 세상에 발을 딛고 살아가는 실제적인 인간에 대해서는 배운 것이나 훈련된 것이 거의 없기 때문에 목회현장에서 각각의 성도들을 제대로 돕지 못하는 일들이 일어나는 것을 봅니다. 안타까운 일입니다.

반면 불교를 비롯한 동양종교, 철학과 정신분석학을 포함하는 세속 학문은 기본적으로 인간 외의 타자로서의 하나님의 존재를 안정하지 않습니다. 그렇기 때문에 하나님에 대한 공부라는 것이 있을 수 없습니다. 오직 인간에 대한 연구만이 있는 셈입니다. 그러한 가운데 인간구원의 모색 과정에서 실제적으로 유일한 탐구대상인 실제적 인간을 계속하여 연구하여 감으로써 연구결과를 계속 내놓아 왔습니다. 그렇기 때문에 실제적 인간이해에 있어서는 우리 기독교보다 상당히 앞서 있다고 분명히 얘기할 수 있습니다. 인간론만 있어 그것만 공부하니 당연한 결과인 것입니다. 우리는 이러한 사실들을 겸허하게 인정하여야 한다고 생각합니다. 하나님을 알아간다는 것은 더할 나위 없이 중요합니다. 함께 하나님의 뜻을 담고 살아갈 바로 이 땅 위의 인간에 대한 실질적인 이해 또한 똑같이 중요하다고 생각합니다. ('하나님을 알아간다'는 것이 지식적으로 가능하다는 것을 얘기하는 것은 결코 아닙니다. 하나님에 대한 앎은 영적인 앎으로 하나님의 은혜가 없이는 불가능한 것입니다. 그것은 하나님의 은혜 아래에서만이 가능한 '온전한 앎'으로 지식적이고 (영적으로) 체험적인 성격의 것입니다.)

> 더불어 생각...

실제적 인간이해에 있어서는 기독교보다 불교 등의 동양 종교, 철학이 상당히 앞서 있다고 한 것에 대해

세상에 있는 종교나 철학들을 살펴보면 그 모든 것의 기초에는 공통되는 하나의 전제를 가지고 있는 것을 발견하게 됩니다. 그것은 바로 이 세상의 인간에게는 무엇인가가 잘못되어 있다는 것입니다. 현세적 인간 자체는 만족스럽지 않다는 것입니다. 문제가 있다는 것이지요. 그래서 종교나 철학은 그 문제가 어디서 나오는지 그리고 어떻게 하여야 문제를 해결할 수 있는지를 연구하거나 그 해답을 제시한다고 할 수 있습니다. 그 접근방식에서 기독교와 우리가 익숙하게 알고 있는 불교, 유교, 요가사상 등의 동양철학, 종교는 근본적으로 다릅니다.

그 중 중요한 차이의 하나는, 기독교는 창조주이고 전지전능한 신으로서의 (성경의) 하나님을 믿고 섬기는 반면 후자는 기독교와는 달리 인간

외의 타자로서의 하나님의 존재를 인정하지 않는 것입니다. 이것은 인간에게 존재하는 문제점을 해결하는 접근방식을 아주 차이 나게 합니다.

그리스도인이 되는 사람들은 자기 자신을 자기의 의지와는 관계없이 이미 선험적으로 자기됨이 결정되는 존재-자기 존재자체에 대해서도 완전한 결정력을 행사할 수 없는 한계적인 존재임을 깨닫고 그럴 수밖에 없는 존재인 자기에 대해 절망하게 됩니다. 자기에 대해 결정적인 것들-출생, 죽음, 지능, 기본적 건강 등-에 대해 아무런 자기의지를 행사할 수 없는 존재임을 깨닫게 됩니다. 그렇게 자기에 대해 완전한 통제력을 행사할 수 없는 존재가 어떻게 자기 안에 있는 문제를 스스로 완전하게 해결할 수 있겠습니까? 문제 있는 자기 그리고 자기에 대해 완벽한 통제능력을 갖지 못하는 자기이기 때문에 그러한 자기에 대해 절망하는 것입니다. 그러한 한계적 존재인 인간은 그 자체 내에 구원의 능력을 배태하지 못하기 때문에 구원의 소식은 '인간'으로부터는 결코 들을 수 없는 것입니다. 결국 자기를 지으셔서 전적인 주관을 하시는 하나님을 찾지 않을 수 없게 되는 것이지요. 자기의 구원이 자기 안에서는 불가능하다는 것을 절실히 깨닫고 구원을 주시는 하나님을 바라며 의지하게 되는 것입니다.

이와 달리 하나님을 부정하는 사람들은 달리 구원의 길을 찾을 수가 없습니다. 그래서 모르는 가운데 해에게 빌고 달에게 빕니다. 또 바다에게 소에게…… 결국 어떤 이들은 어쩔 수 없이 인간 자신에게서 구원의 길을 모색하려고 나서게 됩니다. 마지막으로 자신에게서 찾지 않으면 찾을 곳이 없기 때문입니다. 그러한 가운데서 인간에 대한 탐구는 엄청나게 됩니다. 그렇기 때문에 그들에게는 인간론만 있는 것이고 실제로 그들의 인간론은 구체적인 인간이해에 상당한 통찰력을 주는 측면이 있습니다. 그러나 결국 인간 안에는 구원의 길이 없는데 그 인간만을 잡고 있는 그들이 참으로 안타깝습니다.

(3) 변증적인 태도의 우세

한국에서의 기독교는 여러 종교들과 맞부딪치면서 자라왔기 때문에 진리파수의 관점에서 나오는 변증법적인 전투적 태도가 우세하게 자리 잡고 있음을 봅니다.

그래서 언뜻 보기에 성경에서 출발된 것으로 보이지 않으면 우선 마음에서 저항이 일어나는 것입니다. 그러면서 구원론적인 관점 위에서 진리냐 비진리냐의 구도에서 모든 것을 판단하려 하는 경향이 짙습니다. 거기에서, 특별 계시적 의미에서의 진리의 개념이 아닌 일반 계시적 영역의 연구와 계발이 아주 소홀히 되어 왔다고 생각합니다. 개신교 선교 2세기를 지나고 있는 한국의 기독교의 중요한 과제 중 하나는 기독교문화의 창달인데 이를 위해 우리는 변증적인 태도가 강한 우리들을 잘 극복하여 갈 수 있어야 할 것입니다.

(4) 구원론적 관점의 우세

우리나라는 서구의 나라들과는 달리 기독교 역사가 일천하기 때문에 아직까지 '예수 천당'의 믿음의 초보를 크게 벗어나지 못하는 측면이 있습니다. 사실 복음이 처음 소개될 때는 '예수 천당'을 먼저 강조하게 되기도 할 것입니다. 그 과정 속에서 구원은 인간의 선행(노력)에 의해 받는 것이 아니라 하나님의 값없이 주시는 은혜로 말미암는 것이라는 아주 중요한 진리를 강조할 수밖에 없었습니다. 특히 인간만을 알아 인간 안에서만 구원의 길을 모색하고 또 구원의 길이 인간 안에 있다고 가르치는 동양종교, 철학의 영향력이 지대한 우리나라 같은 곳에서는 더더욱 하나님의 은혜가 강조될 수밖에 없었던 것입니다. 거기에 '자유주의-보수주의'의 대결구도가 강하게 구축되면서 '하나님의 은혜-인간의 선행'의 논쟁이 좀 더 길어지는 현상이 나타나게 되었습니다.

구원받은 자로서 온전한 구원을 향해 가는 여정에서는 성령 하나님의 간섭하심 가운데 자기의 최대한의 노력을 경주하여야 할 것입니다. 그런데 온전한 구원(성화)으로의 과정에서도 계속하여 (협의의) 구원에서의 '하나님의 은혜-인간의 노력(선행)'의 이원론적인 논쟁이 재연되는 것입니다. 성화의 과정에서 인간의 노력의 부분을 얘기하면 인본주의자라 하며 백안시하는 경향이 있는 것입니다. 참으로 가슴 아픈 일입니다.

구원은 당연히 전적인 하나님의 은혜로 말미암는 것입니다. 인간의 믿음의 참여도 있지만 구원에서의 하나님의 은혜가 차지하는 비중에 비하면 거의 무시될 수 있다고 하겠습니다. 또 중생된 자로서 하나님께서 원하시는 그 마지막의 성화의 목표로 향하는 데에는 성령 하나님의 간섭, 보호하심이 물론 절대적으로 강조되어야 할 것입니다. 그러나 하나님의 값없이 주신 무한한 사랑에 감격하여 하나님의 뜻에 맞게 살려는, 온 마음과 정성과 뜻을 다하여 기울이게 되는 자기의 노력도 함께 적절하게 강조되어야 한다는 것입니다. 그런데 그러한 중생에서 성화로의 연결이 쉽지 않게 되어 있는 것입니다. 하루 속히 그리스도인의 성화의 과정에 있어서 하나님의 은총과 인간의 노력의 부분들에 대해 균형 있게 생각하려는 시도들이 있기를 바랍니다. 또 그렇게 살아가는 삶의 모습들이 많이 보이기를 간절히 소망합니다.

그리스도인은 자기반성(자기성찰)에 뛰어나야 하겠습니다. 이상과 같은 지적들에 대해 진지하게 생각해 보면서 자신이 걸려 있는, 잘못 갖게 된 선입관과 편견들을 지혜롭게 수정해 가야 하겠습니다.

제5장

도움이 되는 마음의 원리 몇 개:
방어기제 Defense Mechanism

이제 우리들의 마음의 원리들에 대해 살펴볼 때가 된 것 같습니다. 정신의학을 통해 알게 된 것들 중에서 실제적으로 중요한 몇 가지를 설명드리도록 하겠습니다.

1) 투사 Projection

사례 11

제가 대학생 때의 일입니다. 집에서 예배당까지는 당시 버스로 50분 정도 걸리는 거리였습니다. 저는 어려서부터, 하나님을 예배하는 시간에는 절대 늦어서는 아니 되고 최소한 10분 전에는 도착하여 미리 마음을 예배하는 마음으로 준비하고 있어야 하는 것으로 신앙교육을 받아 왔습니다.

그래서 때때로 50분이라는 적지 않게 소요되는 시간은 저를 좌불안하게 만들었습니다.

어느 주일날이었습니다. 늦잠을 자서 아침도 거르면서 집을 나서는데 시간을 보니 예배시간 55분 전이었습니다. 큰일 났습니다. 예배 시작 10분 전에 들어가기는 힘들게 되었습니다. 달음박질하여 버스정류장으로 향하면서 생각합니다. '만약에 버스정류장에 뛰어가 바로 버스를 타게 되고 그리고 예배당까지 가는 데에 열여섯 개의 신호등이 있는데, 하나님의 은혜(?)로 빨간 신호등에 한 번도 걸리지 않으면 가능할 수도 있겠다.' 라는, 그전에도 여러 번 반복하여 가졌던 맹랑한 생각을 하였습니다. 정류장에 가까워가면서 살펴보니 제가 탈 버스가 사람을 태우고 있었습니다. 시간적으로 어렵게 느껴졌지만 사력을 다해 뛰어 보았습니다. 다행히 저보다 조금 더 가까운 골목에서 나와 뛰어가는 사람을 운전기사분이 백미러로 보고 기다리고 있었습니다. 그 사람을 태울 쯤에는 뛰어가는 제가 다시 백미러의 가시권에 들어갈 수가 있었습니다. 다행히 운전기사분이 기다려 주어 땀을 훔치며 저는 버스에 성공적으로 오르게 되었습니다.

무엇인가가 이루어질 것 같은 기분이 들었습니다. 첫 시작부터 이렇게 잘 되는 것을 보니 오늘은 특별히 하나님께서 간섭해 주실 것 같이 느껴지는 것입니다. 속으로 '하나님 아버지 감사합니다.' 를 연발합니다. 그러면서 신호대기에 한 번도 걸리지 않도록 간섭해 주시기를 기도 드렸습니다.

그런데 이게 웬일입니까? 네 번째 신호등까지 한 번도 걸리지 않게 되는 것이 아니겠습니까. 하나님의 간섭이 더욱 확실해졌습니다. 이제 이대로만 나가면 10분 전에 도착할 수 있게 되는 것입니다. 다섯 번째도, 여섯 번째도 무사통과였습니다. 신호등을 무사통과 할 때마다 '주여, 감사합니다.' 를 속으로 외쳤습니다. 오늘 아침을 생각해 보았습니다. 그리고 어제를- '하나님께서 이렇게 신나게 간섭해 주실 만한 일을 내가 했나?' 라는 식으로 살펴보는 것입니다. 특별한 것은 없는 것 같았습니다. '과연 오늘은 하나님의 간섭을 경험하는가?' 라는 것이 큰 궁금증으로 다가 왔습니다. 저는 '과연' 하는 기대를 가지고 그 다음의 신호등을 기다리게 되었습니다.

그런데 그 기대는 이내 깨지고 말았습니다. 일곱 번째에서 빨간 신호등에 걸리게 되었던 것입니다. 처음부터 하나님의 간섭이 아닐 수 있는 가능성이 생겨났습니다. 다시 계산이 되었습니다. 한 번 걸리기는 하였지만 앞으로 한 번도 걸리지 않고 기사분이 조금만 속도를 내준다면 10분 전에 도착하는 것이 불가능한 것만은 아니었습니다. 그러한 사정이 되니 자꾸 기사분을 쳐다보게 되었습니다. 앞에 가는 버스의 속도를 보니 조금만 속도를 높이면 추월할 수 있을 것 같은데, 기사분이 속도를 내지 않고 줄줄 뒤만 따라 가는 것이었습니다. 기사분의 운전이 짜증스럽게 느껴지기 시작하였습니다. '아니, 조금만 속도를 내면 되는데…….' 라며 말입니다. 마음속에서 불이 올라와 더워져 땀을 손으로 훔치곤 하였습니다.

아니, 거기에다 초반에는 걸리지 않았던 신호대기에 하나둘씩 걸리기 시작하는 것이었습니다. 이러다가는 예배시간 정각에 들어가는 것도 자신할 수 없을 것 같았습니다. 계속 같은 속도로 교통법규를 잘 지키면서 안전운행을 하는 기사분이 원망스러워져 갔습니다. '아휴, 이런 속도로 가다가는 늦겠다. 늦겠어.' 라며 더운 기를 휴휴 불어 대면서 스스로 화를 돋워 갔습니다. 버스에서 내릴 때 시간을 보니 정각입니다. 뛰어 가면서 걸리는 시간만큼 늦게 되었습니다. 생각은 또 다시 달라졌습니다. '아, 그때 그 버스만 추월하였어도 신호대기에 한 번은 걸리지 않을 수 있었는데. 그러면 정각에는 들어갈 수 있었을 텐데, 기사분이 늦게 운전하는 바람에 늦게 되는구나.' 라는 생각을 하면서 달음박질하여 예배당으로 뛰어 갔습니다.

어떻습니까, 여러분! 잘못이 누구에게 있을까요? 너무 자명한 질문일 것입니다. 잘못은 당연히 미리 미리 넉넉하게 준비하지 못한 저에게 있는 것이지요. 그런데도 시간이 지남에 따라 점차 원인이 운전기사 분에게 있는 것으로 생각하게 되는 저를 보게 됩니다.

(교통법규를 잘 지키며 안전운행을 하는 기사 분에게 문제가 있는 양 생각하는 저의 모습을 통해, 인간은 자기 사정 또는 이익에는 아주 밝으면서 상대방을 그것에 따라 보고 판단하는 것을 실감 있게 느끼셨을 것입니다. 사실적으로 인간은 저절로 자기 사정에는 밝을 수밖에 없습니다. 그러나 그러한 자기로서 그냥 말하고 행동하고 판단하는 데에는 문제가 있습니다. 타인 나름의 사정에 맞게 타인을 대할 수 없기 때문입니다. 인간은 저절로는 타인의 사정에 대해서는 모르게 되어 있습니다. '타인의 사정을 모르는 나'를 의식하지 못하면 타인에게 적절한 접근을 할 수가 없습니다. 그러한 나를 의식하고 타인의 사정에 대해 알려고 하는 '적극적인' 노력을 보이는 사람들이 많아졌으면 합니다. 타인의 사정은 소극적이고 수동적으로 있어서는 저절로 알아질 수 없기 때문입니다.)

이렇듯 실상 원인은 나에게 있는데, 마치 남에게 있는 것으로 뒤집어씌우는 것을 투사projection라 부릅니다. 자기에게 원인이 있는 것으로 되면 자기의 부끄럽고 수치스러운 모습이 드러나니까 다른 사람에게 전가하는 것입니다. 물론 이는 주로 닫힌의식에서 일어나는 현상입니다.

위의 예와는 반대로, 보통 50분 걸리지만 혹 신호대기에 특수하게 많이 걸리게 될 것을 감안하여 30분 먼저 즉 한 시간 이십 분 전에 출발한 적도 있었습니다. 그런 때는 넉넉합니다. 아무리 신호대기에 걸려도 20분 전에 도착할 수 있기 때문입니다. 이 때에는 운전기사분이 앞의 버스를 추월하지 않는 것은 물론, 다른 버스에 추월을 당할 만큼 천천히 가도 마음속에 아무런 짜증스러움을 야기하지 않습니다. 미리 넉넉한 준비를 하였기 때문입니다. 여러분들도 이와 유사한 경우를 많이 경험하였을 것이라고 생각합니다. 우리의 마음의 흐름이 이러한 것입니다.

＊ 우리는 하나님의 은혜로운 간섭을 기대하는 마음이 얼마나 큰지 모르겠습니다. 그러나 그렇다고 해서 위의 저의 경우와 같이 아무데나 하나님의 간섭을 갖다 붙이는 신앙의 소인배적인 모습들은 없어져야 하겠습니다. 이에 대해 다루어야 할 내용이 엄청납니다. 자기 자신을 살펴보시기를 바랍니다. 진정한 하나님의 뜻과는 무관하게 우리 스스로 붙이고 떼는 일을 얼마나 반복하고 있는지요. 여기서는 그냥 넘어 가겠습니다.

사례 12

제가 특강을 하는 경우였습니다. 특강을 시작한 뒤 어느 정도의 시간이 지났습니다. 청중의 반응을 살펴보았습니다. 여러 사람들이 강의에는 아랑곳하지 않고 서로 잡담을 나누고 있고, 졸고 있는 사람도 몇 명 눈에 띄었습니다. 이러할 때, 이러한 상황을 해석하는 경우의 수는 크게 두 가지가 있다고 할 수 있겠습니다.

그 첫 번째 해석은 저에게 문제가 있다고 보는 것입니다. '내가 잘 준비하지 않아서 또는 원래 아는 지식이 일천하기 때문에⋯⋯ 강의를 재미있게 하지 못하니까 당연히 청중들이 저러한 반응을 보이는구나.'라며 먼저 자기를 살피면서 자기에게 있을 원인제공을 검토하는 것입니다. 두 번째의 해석은 청중에게 문제가 있다고 보는 것입니다. 저를 살펴보지 않고, '저 사람들 왜 저래? 예의가 없는 사람들이구먼. 아니, 강의를 들으려 왔으면 제대로 들어야지 저런 식으로⋯⋯ 한 마디로 수준이 낮구먼.'이라며 특강의 분위기가 일그러지는 것에 대해 청중에게로 원인을 돌리듯이, 자기를 떠나 원인을 돌릴 대상을 찾는 것입니다.

물론, 실제 원인은 있을 것입니다. 강의하는 저에게 원인이 있을 수 있고 청중에게 있을 수 있습니다. 또는 양자에게 다 원인이 있을 수 있습니다. 양자에게 원인이 있다고 하여 똑같이 50%씩 책임이 있다고 하는 것은 아닙니다. 그럴 수도 있겠지만, 한 쪽에는 80-90%의 책임이 있고 다른 한 쪽에는 10-20%의 책임이 있을 수도 있습니다. 여하튼 제가 사실상 대부분의 원인 제공을 하게 되었는데, 청중에게 문제가 있다는 식의 후자의 해석을 하였다면, 바로 그때 그것이 투사가 되는 것입니다. 자기에게 원인이 있는데 남에게 원인이 있는 것으로 돌렸기 때문입니다. 먼저 자기를 살피는 '자기성찰 의식'이 깊은 사람에게서는 남에게 책임을 씌우는 투사와 같은 잘못된 일이 아주 드물 것입니다. 그러한 의식이 부족한 사람은 투사하게 되어 있는 타락한 마음의 원리에 매여 엉뚱한 사람에게 피해를 주는 일을 빈번하게 행하게 될 것입니다.

투사는 우리가 아주 주의를 기울여 저항하여야 하는 마음의 원리이기 때문에 사례를 더 들어 충분한 설명을 드릴까 합니다.

사례 13

(어디선가 읽은 것인데, 그 줄거리를 생각하면서 엮어 본 것입니다.)

대학을 졸업하고 2년 가까이 기다린 끝에 교사로 발령을 받게 되었습니다. 설레는 마음이 채 가시지 않은 상태에서 담임선생님으로 근무를 시작하고 있을 때의 일입니다.

첫 학기 2학년 3반의 세 번째 수업시간.

나는 전날 아이들에게 구구단을 열 번씩 적어 오라는 숙제를 내주어서 이를 검사하기 시작하였습니다. 모두들 구구단을 열심히 적어 왔습니다. 아이들이 저를 잘 따른다는 생각에 기분이 아주 좋았습니다. 그렇게 흐뭇한 기분으로 숙제검사를 해 가게 되었습니다. 이제 한 줄만 마치면 되는데, 마칠 즈음 체격이 뚱뚱하며 얼굴에 장난기가 가득하게 보이는 머리 빡빡 깎은 녀석이 빈 공책을 턱 펼쳐 놓고 있는 것이었습니다. 이름도 재미난 녀석입니다. '서 하나' - 3대 독자 집안에서 태어난 첫째 아들인데, 둘 셋 넷…… 계속하여 아들 낳기를 바라는 심정에서 이름을 '하나'로 지었다고 합니다.

"서 하나 학생, 앞으로 나가 손들고 있어요."

내가 그렇게 사랑을 가지고 성실하게 가르치려 하는데 내 마음도 모르고 숙제를 해 오지 않은 녀석이 있다는 것이 마음을 몹시도 상하게 하였습니다. 갑자기 기분의 전환이 오는 것이었습니다. 그 한 녀석만 숙제를 해오지 않았지만 나는 씁쓸하기만 했습니다.

"집에 무슨 일이 있었니? 왜 숙제를 못해 왔어?"

"……"

불쾌한 마음을 억누르면서 상냥하게 몇 번 반복하여 물었지만 대답이 없었습니다.

"왜 숙제를 해오지 못했냐고?"

결국은 억누른 나의 내면의 마음이 터지면서 몹시 짜증난 말투로 다그치게 되었습니다.

초반에 선생님의 마음을 기쁘게 했던 것은 무엇이라고 생각하시는지요? 물론 아이들이 숙제를 잘 해온 것입니다. 그 안으로 더 들어가 보겠습니다. 아이들이 숙제를 잘 해 와서 아이들에게 좋으니까 기뻐한 것입니까? 아마 어느 정도는 그렇기도 할 것입니다. 그렇기도 하겠지만 위의 초년 선생님은 숙제를 잘 해오게 된 것이 자기가 아이들을 잘 가르치기 때문인 것으로 느꼈을 것입니다. 그래서 그렇게 '잘 가르치는 선생님으로서의 자기'에 대한 만족감에서 기뻐했다고 해석될 수 있는 가능성이 높다고 하겠습니다. 왜냐하면 상황적으로 볼 때 위의 분은 이제 선생님으로서 막 출발하였기 때문입니다. 초년 선생님들에게는 '내가 정말 선생님으로서 잘 해낼 수 있을까?' 또는 '내가 설명하는 것을 아이들이 제대로 알아들을 수 있을까?' 라는 식의 걱정하는 마음과 함께 '훌륭한 선생님이 되어야 하는데.' 라는 소망의 마음이 있기 때문입니다.

'아이들이 자기를 잘 따른다는 생각에 기분이 아주 좋았습니다.' 라는 것에서 이 같은 마음이 있는 것을 읽을 수 있습니다. 햇병아리 선생님으로서 특별히 자기에 대한 자기의 기대가 충족되는 것 같으니까 더 기뻤을 것입니다. 이는 숙제를 해오지 않은 아이를 다루는 모습에서 확인될 수 있습니다. 숙제를 해오지 않은 아이로 인하여 일순간에 선생님의 기분이 변하는 것을 보게 되는 것입니다. 그 아이가 숙제를 못해 온 이유에 대해 묻기 전에, 그래서 아직은 이유를 알기 전에 기분이 나빠진 것에 유의를 하여야 합니다. 경험이 많으시고 좋으신 선생님의 경우에는 먼저 기분이 나빠지지 않고 '이 아이가 왜 숙제를 못했을까?' 라는 궁금증을 품으면서 그 이유를 알기 위한 그 다음의 작업으로 넘어갔을 것입니다.

'왜 숙제를 해오지 못했냐고?' 라는 맨 마지막의 말은 아마도 아이에게 한 것이 아니라 선생님 자기 자신에게 하는 얘기라 할 수 있습니다. 자기가 자기에게 걸었던 기대감이 무너지면서 자기에게 화가 나는 것을 아이에게 얘기하듯 표현하는 것입니다. 사실은 '자기가 기대한 자기'가 만족되지 못함으로 인해 자기에게 화가 나는 것이라 할 수 있습니다. 그런데 실제적으로는 아이에게 화를 내는 것이지요. 자기를 너무 높게 기대한 선생님 자신에게 문제가 있는데 아이에게 화를 낸다는 것입니다. 이렇게 자기에게 원인이 있는데 남에게 원인이 있는 것으로 돌리는 것을 투사라 합니다.

* 인간은 많은 경우 실제적으로는 자신으로 인해 기뻐하고 자신으로 인해 기분 나빠합니다. 그것이 인간 내면의 실상입니다. 자신에게 집중되어 있고, 자신에게 매여 있는 존재이기 때문입니다.

성경의 예를 하나 들어 보겠습니다.

사례 14

사무엘상 19장에 보면 사울이 다윗을 죽이려고 하는 내용이 나옵니다. 정황으로 미루어 보아 사울은 국민에 의해 점점 인기를 얻어 가는 다윗에 의해 자기의 왕좌에 대한 위협을 느꼈을 것입니다. 그렇기 때문에 다윗을 죽이려 하였습니다. 다윗을 죽이고자 하는 의도가 있었던 것입니다. 그런데 외견상으로는 다윗이 자기를 죽이려 한다며 다윗을 죽이려 합니다. 성경을 보면 다윗은 사울을 죽이려는 생각을 전혀 갖고 있지 않았습니다. 자기에게 상대방을 죽이려 하는 마음이 있는데 상대방이 자기를 죽이려는 마음을 갖고 있다고 뒤집어 씌우는 것도 역시 투사에 해당이 됩니다.

어린 아이들에게 화를 내는 부모님들의 대부분의 반응은 투사라고 말씀드릴 수 있습니다. 어른들이 아이의 수준에 맞게 생각을 못하기 때문에 일어나는 경우가 태반입니다.

길을 갈 때, "애가 빨리 빨리 따라 오지 못하고 뭐해."라고 하며 아이에게 뭐라 하는 경우를 적지 않게 보게 됩니다. 부모님들이 빨리 걷기 때문에 따라 가기가 벅찬 아이는 뒤쳐질 수밖에 없습니다. 부모님들이 빨리 걷기 때문에 일어나는 일인데도 아이에게 잘못이 있는 것으로 하여 야단을 치는 것입니다. 때로는 아이에게는 주위의 낯선 것들이 호기심을 자극하여 쳐다보느라 늦게 되는 것인데, 바삐 가야 하는 부모님들은 긍정적으로 살려 주어야 하는 아이의 호기심을 보지 못하고 늦게 오는 것만 보게 되기 때문입니다.

1등만 하여온 부모님들은 아이가 3등을 한 성적표를 가져 왔을 때 마음이 기쁘지 않을 수 있습니다. 아니, 아이에게 3등도 성적이냐며 꾸중하는 경우도 있습니다. 어른들이 늘 1등만 하여 왔기 때문에 자기들의 아이들도 당연히 그러할 것으로 여기는 기대감이 있는 것입니다. 그런데 그 기대감에 미달되는 결과를 보니 그렇게 되는 것입니다. 아이 자신의 능력을 충분히 고려하여 그 아이에 맞는 것을 기대하는 것이 아니라, 닫힌의식 속에서 자기도 모르게 형성된 자기 나름의 기대감을 가지고 아이를 대하는 것입니다. 그런 경우 어른들이 기분이 나쁜 것은 아이에게 원인이 있는 것이 아닙니다. 바로 자기도 자기 안에 있는지 잘 모르는 것으로, 자기의 닫힌의식에 아이에 대해 부적절한 기대감을 세워 둔 어른들 자신에게 있는 것입니다. 이 역시 전형적인 투사의 한 유형입니다.

36개월이 지난 아이에게 동생이 태어났습니다. 부모님들이 동생만 사랑해 주는 것 같아서 36개월짜리 형이 엄마가 보지 않을 때 동생을 꼬집어 울게 하였습니다. 동생이 웁니다. 엄마는 이내 달려와 큰 아이에게 꾸중을 합니다.

"아니, 형이 되어서 동생을 울리면 되니?"

36개월의 아이가 형이 무엇이고 동생이 무엇을 의미하는지 어떻게 알겠습니까? 자기도 아무것도 모르는 '아이'로서 엄마의 사랑을 충분히 받아야 하는데 말입니다. '36개월의 아이가 사랑을 받고 싶어서 그러는구나.'라고 생각하면서 자기가 혹시 작은아이에만 관심을 쏟은 것은 아닌가

하고 자기를 반성해 보는 엄마라면 얼마나 지혜로운 엄마일는지요. 편파적 사랑을 보이는 엄마 자신에게 원인이 있는데 36개월짜리 형이 동생을 울린다고 야단을 치다니요. 36개월짜리도 형으로서의 역할을 하기를 기대할 수 있는 것입니까? 역시 투사입니다.

이제 동생이 만 한 살이 되고 형이 만 세 살 반이 되었습니다. 무엇을 가지고 놀다가 서로 가지려고 하다 싸움이 났습니다. 힘이 부족한 동생은 울음을 터뜨리게 됩니다. 아빠가 달려옵니다.
"형이 돼서 동생에게 양보도 못하니?"
세 살 반짜리 아이가 양보에 대해 얼마나 알고 있을까요? 이러한 일화들은 바로 우리들의 얘기가 될 때가 많습니다.

자기도 모르게 큰 아이를 성인으로 착각하여 기대하는 닫힌의식의 영향 때문입니다. 둘째 아이를 가질 때까지는 36개월 아이가 정말 아이인 줄 알고 대해 줍니다. 그런데 둘째 아이를 가지게 되면 시각에 큰 변화가 오게 되어 있습니다. 이제 막 태어난 핏덩어리의 신생아를 보다 큰 아이를 보니, 그 36개월밖에 되지 않은 아이가 어른같이 느껴지는 것입니다. 당연합니다. 신생아와 비교하면 말입니다. 막 돌이 지난 아이를 보다가 세 살 반이 지난 아이를 보면 세 살 반짜리가 아이로 보이는 것이 아니라 어른으로 보이는 것입니다. 막내는 부모님들에게는 항상 아이이고 큰 아이는 항상 어른스럽게 느껴지는 것입니다. 또 그렇게 기대하는 것이지요.

그러한 자기의 기대감 때문에 화를 내게 되는 것이지 실제 아이가 아이의 수준에서 잘못을 하여 그것을 정확히 보고 화를 내는 것은 아닙니다. 그렇기 때문에 어른들의 아이들에 대한 화는 대부분의 경우 자기에게 원인이 있는 것을 아이에게 돌리게 되는 투사에 해당되는 것입니다.

여기서 자세히 다룰 문제는 아니지만, 둘째 아이를 보게 되었을 때 큰 아이에게 말과 행동-뽀뽀 등-으로 사랑을 표현하는 것을 의도적으로 하시기를 바랍니다. 이제 막 태어난 아이는 아직 그러한 것들의 의미를 알지 못하나 큰 아이는 알고 있기 때문입니다. 물론 사랑하는 마음이야 둘에게 똑같이 가져야 하는 것은 말할 나위가 없는 것이지요. 단지 '잠시적인' 것으로 두 아이의 성숙단계를 고려한 지혜라 할 수 있겠습니다. 또 아이를 언제까지 아이라고 할 수 있을까요?……큰 아이도 분명히 아이입니다. 아이를 벗어나는 그때까지 아이에 맞는 적절한 사랑을 주는 것을 잊지 않으시게 되기를 바랍니다.

사례 23에서 처음에 보였던 저의 반응에는 투사가 들어 있습니다. 제 안에 빌려 주고 싶지 않은 마음이 있었던 것입니다. 그런데 그것이 드러나는 것은 부끄러운 것이니 마치 차가 문제 있어서 그러는 것으로 이유를 댄 것입니다.

이상에서 투사가 무엇인가에 대해서 충분히 이해하셨을 것이라 생각됩니다. 다시 한번 정리한다면, 투사란 자기에게 어떤 부끄럽고 수치스러운 원인이 있는데 그러한 자기 자신을 있는 그대로 드러내기 보다는, 자기 밖의 다른 사람이나 다른 상황에게로 원인을 돌리는 것입니다. 그럼으로써 겉으로 자기는 아무런 책임이 없는 것으로 보이게 되어 마음 편히 눈가림할 수 있는 것입니다.

당연한 것이지만 하나 더 꼭 집고 넘어갈 것은, 투사는 항상 부정적이고 악한 일에 대해 일어나게 되어 있다는 것입니다. 긍정적이고 선한 일에 있어서 그 원인을 자기 밖으로 돌리는 것이 결코 아니라는 것입니다. 이는 프로이드에 의해서 발견된 마음의 흐름에 대한 법칙인데 얼마나 정확한 관찰인지 모르겠습니다. (좋은 일의 공을 다른 사람에게 돌리는 일은 전부 열린의식에서 일어나는 것으로 이러한 좋은 마음들의 원리에 대해서는 또 다른 좋은 용어를 계발하여야 한다고 생각하고 있습니다. 그리스도인으로서 저는 '새로운 피조물의 마음의 원리'들에 대해 연구하고자 합니다.)

> 더불어 생각...

투사를 극복한 예

> 사례 15

저와 같이 정신과를 전공한 친구의 얘기입니다. 그가 아들을 본 지 아마도 6개월이 되지 않았을 때의 일일 것입니다. 하루는 아이를 목욕시키려 하는데 아이가 우는 것이었습니다. 원인을 알 수 없었습니다. '애가 왜 울까?' 라는 궁금증을 가지고 가능한 원인들을 체크하기 시작하였습니다. '물이 뜨겁거나 차지 않은데.', '배가 고파서 우나? 아니, 엄마가 젖을 먹인지 한 시간밖에 되지 않았다고 했는데.' …… 하나씩 원인이 될 만한 것을 찾아보았으나 찾을 수가 없었습니다. 그런데도 아이는 계속하여 우는 것이었습니다. 친구는 '애가 왜 울어? 아빠가 지 위해서 목욕시켜 준다는데.' 라는 식으로 자기 위주로 생각하지 않았습니다. 무엇인가 까닭이 있으니까 운다고 생각하며 부모인 자기에 의해 생길 수 있는 원인을 찾아보는 것이었습니다.

이것저것 생각해 본 뒤 언뜻 '애가 혹시 내가 안은 자세가 불편해서 우나?' 하면서 아이를 올려놓은 손의 위치를 이렇게 저렇게 변화를 주어 봅니다. 갑자기 아이의 울음이 멈추었습니다. 어느 순간의 위치에서 울지 않은 것입니다. 친구는 '그래. 아빠가 너를 불편하게 했구나.' 하며 조심스럽게 그 자세를 견지하면서 아이의 목욕을 성공적으로 끝마칠 수가 있었습니다. 만약에 아빠 자신이 자세를 불편하게 잡아서 우는데도, "자기를 위해서 목욕시켜 준다는데 왜 우는 거야." 하면서 우는 것에 대해 원인을 아이에게 돌렸다면 영락없는 투사가 되는 것이지요. 저의 친구는 정신과의사로 자기성찰의 훈련을 받고 있었습니다. 그렇기 때문에 자기를 먼저 돌아보는 의식이 어느 정도는 성숙해 있어서 투사를 극복할 수 있었다고 할 수 있습니다.

투사에 대해 생각하면서 여러분의 마음속에서는 어떤 것들이 지나갔는지요? 어떤 분들은 다른 사람의 행동이 생각이 나면서 '아하 그 사람의 그것은 투사구나.' 하면서 우선 다른 사람들의 투사에 대해 생각하게 되지는 않게 되던지요? 저의 경험을 통해 말씀드린다면, 투사를 배우고 나면 다른 사람들의 투사가 눈에 정말 잘 띄게 됩니다. 그래서 동료들끼리 상대방의 언행을 놓고 서로 투사라며 한바탕 재미나는 논쟁을 벌이곤 하였습니다. 그렇게 배운 지식도 우선 자기 편하게 사용하게 되어 있는 것이 타락한 인간 본성인 것입니다. 여러분들은 그렇게 되지 않기를 바랍니다. '자기도 모르게 상대방을 향해 '따따딱' 총을 쏘듯이 투사를 하여 왔는지 모르겠구나.' 하는 주의하는 마음이 생겨나기를 바랍니다. 문제나 갈등이 있으면 먼저 자신을 살피는 마음들이 커졌으면 좋겠습니다. 위의 저의 친구와 같이 자기를 먼저 살피는 자기성찰의식이 깊어지기를 바랍니다.

2) 억압 Repression

사례 16

50대의 부인이었습니다. 자궁암의 증세를 호소하며 산부인과를 찾았습니다. 검사결과는 자궁암은 물론 아니고 특별히 다른 이상이 발견되지 않았습니다. 그래서 정신과로 전과되어 온 분이었습니다. 그분의 진료를 담당하면서 그분과 그분의 남편으로부터 재미나는 과제를 받게 되었습니다. 두 분은 금실이 비교적 좋은 분이었습니다. 그런데 이상한 것이 하나 있었습니다. 그것은 부인의 남편의 음주와 흡연에 관한 반응이었습니다. 보통의 여자들은 남자들이 술을 하는 것에 대해서는 남성상과 연관지어 비교적 호의적이고 담배를 피우는 것에 대해서는 상대적으로 싫어하는 데 비해, 이 부인은 그 정반대라는 것이었습니다.

남편이 담배를 피우면 '괜히' 기분이 좋아지면서 남편에게 그렇게 서비스가 좋을 수가 없다는 것입니다. 반면, 집에서는 술을 들 수 없는 것은 물론 혹 밖에서 회식이 있어 술을 한 잔 마시고 들어오는 경우에는 '전혀 이해할 수 없게' 냉담해지면서 토라져 아주 쌀쌀하게 된다는 것입니다. 대문만 열어주고 끝이라는 것입니다. 부인도 그러한 자기 자신에 대해 궁금해 있었고 남편은 회식할 때마다 걱정이 되어 가시방석이 된다며 이를 고칠 수 없느냐며 꼭 도와 달라고 하는 것이었습니다.

그렇게 되게 된 역사의 사연이 이러했습니다. 얘기는 부인의 초등학교, 중학교 그리고 고등학교 때로 거슬러 올라갑니다. 위로 언니가 하나, 아래로 여동생이 둘로 모두 네 자매의 집안이었고 아빠는 술고래이셨습니다. 평소에는 큰 문제가 없는 호인이셨는데 이상하게도 술만 마시고 집에 들어오시면 엄마에게 큰 소리로 욕하고 걸핏하면 구타하곤 하였습니다. 당시는 통금이 있었던 시절이었습니다. 아빠는 과음하신 후 통금시간 5초 전에 들어오시는 경우가 다반사였습니다.

어린 네 자매는 열시쯤이 되면 모두 잠이 듭니다. 그러다가도 열한시 사십분이 되면 다시 잠을 깨게 되는 것이 일상적인 것으로 되어 버렸습니다. 이제 조금 있으면 벌어질 불안한 상황 때문입니다. 아빠의 귀가가 바로 그것입니다. 열두시 통금시간이 가까워옵니다. 아이들은 불안한 마음을 움켜쥐고 기다리게 됩니다. 아빠의 주정하는 소리가 저 멀리서 조그맣게 들려옵니다. 쿵덩 쿵덩하는 심장의 고동소리가 느껴집니다. 그 고동소리는 아빠의 커지는 목소리와 함께 커져 갔습니다. 아빠가 문 앞에까지 오셨나 봅니다. 아빠의 발에 치이는 대문의 비명소리, 그리고 연이어지는 욕 – 엄마에 대한 욕들! 참으로 듣기 싫은 욕지거리였습니다.

아무런 불평 없이 없는 가계를 꾸려 오시는 그 착한 엄마를 아빠는 왜 그리도 모진 욕으로 수치를 가하시는지? 왜 빨리 나오지 않느냐고 괜한 호통을 치시는 아빠에게 한걸음에 달려가시는 엄마! 아니, 그런 엄마에게 아빠는 손찌검을 하시는 것이 아니겠습니까? 방문을 쬐금 열고 벌어지는 상황을 쳐다보는 아이들의 눈에는 이미 눈물이 흠뻑 고여 있었습니다. 그 눈물은 꼭 슬픈 눈물만은 아니었습니다. 착한 엄마를 아무런 이유 없이 욕하고 때리는 아빠에 대한 표현할 수 없는 분노를 삭이는 눈물이기도 했습니다.

아빠는 술도 많이 하신 분이셨지만 흡연도 못지않게 하셨습니다. 한바탕 소란을 피우신 아버지는 담배를 피울 준비를 하는 작업으로 넘어 가십니다. 당시에는 지금과 같이 낱개로 말아진 담배는 아주 귀한 것으로, 보통의 분들은 연초가루가 담긴 주먹만한 종이통을 가지고 다니시면서 담배를 피우셨습니다. 담배를 피울 수 있게 말아야 했기 때문에 담배를 피운다는 것이 지금과 같이 쉽지가 않았습니다.

자, 아빠가 연초가루가 들은 종이통을 안주머니에서 꺼내 마루에 내려놓습니다. 그리고 연초를 마를 종이를 마련하기 위해 신문지를 들고 적당한 크기로 접은 다음 찢기 쉽게 혓바닥으로 침을 칠합니다. 그러고 나서 찢습니다. 그 찢은 종이를 마루바닥에 놓고 그 위에 담배가루를 적정량 올려놓습니다. 다음 손으로 말아 담배개피 같이 모양을 만듭니다. 마지막으로 종이의 양 끝에 다시 혓바닥으로 침을 칠해 잘 붙도록 합니다. 작업이 다 끝났습니다. 이제 복잡한 과정을 통해 만들어진 담배개피를 입에 물고 불을 붙인 뒤 힘을 다해 오랫동안 들이 마십니다. 다 흡입하신 뒤, 화를 품어내듯이 담배연기를 길게 품어내십니다.

이상한 것은 그런 다음에 아빠의 태도가 상당히 누그러지는 것입니다. 마치 잠깐 정신이 나갔다가 제정신이 들어오는 사람같이 말입니다. 우선 엄마에게 퍼부어졌던 욕말이 사라지는 것은 물론이거니와 구타도 깨끗이 없어지는 것입니다. 집안에 평화가 깃들이게 되는 것이지요. 아마도 담배개피를 만드는 시간이 별 것 아닌 것 같은데 그 시간 동안에 흥분되었던 감정이 가라앉는데 도움이 되는 것 같습니다. 또 정성스럽게 마련한 후 담배연기를 한껏 들이키는 것이 진정효과가 있었던 것 같습니다. 그렇기 때문에 문틈 사이로 가슴 조이며 지켜보던 아이들은 그 요란하게 벌어지는 상황 속에서 아빠의 손이 담배를 피우기 위해 안주머니로 향하기를 몹시도 애타하면서 기다리게 되곤 하였습니다. 아빠의 손이 안주머니로 향하면 이제 상황은 끝이기 때문입니다.

부인은 어린 나이에 여러 해 동안 그런 상황 속에서 살아왔습니다. 그렇게 하여 이 부인에게는 술에 대해서는 알지 못하는 부정적인 태도가 그리고 담배에 대해서는 똑같이 알지 못하는 긍정적인 태도가 생기게 된 것입니다. 술에 대해서는 과음하신 뒤 이유 없이 엄마를 구타하시는 아빠를 보면서 피어난 아빠에 대한 분노가 연결이 되어 있었던 것입니다. 어린 여자아이였을 때 어떻게 그 막강한 아빠에게 감히 한마디라도 분노를 표현할 수 있겠습니까? 아니, 그러한 분노의 표현이 얼굴에 드러날까 봐 전전긍긍하였을 것입니다. 아이는 상대가 될 수 없으니 우선 제일 쉬운 방법으로 억압하는 것입니다. 그렇지만 마음 안으로 들어간 것이지 없어진 것은 아닙니다.

자라면서 그 구체적인 사실은 잊어져 닫힌의식의 깊은 곳으로 들어가게 됩니다. 그러면서 닫힌의식에서는 '술 = 분노를 일으키는 것'이라는 등식이 자리를 잡게 됩니다. 그래서 그 다음에는 술을 먹는 사람들을 보면 자기도 모르게 닫힌의식 속의 그러한 등식이 자극이 되는 것입니다. 그렇게 되면 어렸을 적에 아빠에게 향했던 그러나 표현할 수 없었던 분노의 마음이 이 부인을 사로잡는 것입니다.

그렇기 때문에 술을 먹고 들어왔을 때의 남편에게 보였던 그 냉랭함은 결국 아버지에게 갔어야 했던 분노라고 말씀드릴 수 있습니다. '술을 먹고 들어온 남편'에 대한 정당한 반응이 아니라, '엄마에게 이유 없는 욕설과 구타를 하였던 아빠'에 대한 반응인 것입니다. 그렇게 우리가 닫힌의식에 대해 모르면 상대방을 상대방 그 자신으로 대하지 못하고 과거의 누구를 대하듯이 대하게 됨으로 말미암아 관계에 왜곡이 생기게 됩니다. 우리는 각각의 모든 사람을 각각의 사람으로 대하는 능력을 날마다 배양하여 가야 할 것입니다. 그러려면 우선 '닫힌의식'의 개념과 함께 중요한 마음의 원리들에 대해 어느 정도는 알아야 합니다. 그 다음에는 구체적인 사례를 통해 그 개념을 자기 것으로 만들어 가는 훈련이 필요합니다. 이는 자기이해를 위해서뿐 아니라 상담자나 사람 앞에 서는 지도자급의 사람들에게는 절대적으로 필요한 것이라 하겠습니다. (훈련의 필요성은 한참 강조가 되어야 합니다. 경험적 깨달음은 훈련되지 않고서는 가능하지가 않기 때문입니다. 실제적으로 한 정신과의사 또는 상담가가 되기 위해서는 지식을 배우는 시간보다 구체적인 사례를 통한 훈련의 시간이 훨씬 더 많이 소요됩니다. 훈련을 통해 깨닫게 되는 것은 글이나 말을 통해서는 불가능합니다. 글은 이러한 한계를 갖는다는 점을 깊이, 정말 깊이 명심하시고 읽어 가시기를 바랍니다.)

술에 대한 반응에 대해서는 위와 같이 설명될 수 있습니다. 마찬가지로 동일한 원리를 적용하여 담배에 대한 부인의 반응을 이해하실 수 있으실 것입니다. 또 부인의 마음 흐름의 원리에 대한 접근을 스스로 하실 수 있으리라 생각되기 때문에 그에 대한 설명은 생략하기로 하겠습니다.

특별히 아빠에 대해 느끼는 감정을 이 부인이 어렸을 적에 자기도 모르게 처리한 것을 '억압'이라 합니다. 열린의식에서 받아들이기 곤란한 충동, 욕망, 감정, 생각, 소원, 환상, 기억 등을 닫힌의식으로 눌러 넣는 것을 말합니다.

이 부인에게 적용하여 설명 드린다면, 아빠에게 느끼는 분노심을 직접적으로 표현한다든지 또는 자기가 아빠에게 분노심을 갖는 그러한 나쁜 아이라는 것을 열린의식에서는 받아들이기가 어렵기 때문에 억압했다고 할 수 있습니다. 억압을 보통, 나중에 설명할 '방어기제'의 기초가 되는 가장 보편적이고 일차적인 것이라 합니다.

사례 23의 저의 경우는 기본적으로 억압이 사용됐다고 볼 수 있습니다. 빌려 주기 싫어하는 저의 마음을 억압한 뒤에 다음의 언행들을 보이게 된 것이지요.

사례 3의 여자 분의 경우도 어려서부터 억압을 많이 사용하여 왔을 것으로 보입니다. 어린 아이가 얼마나 뛰어 놀고 싶었겠습니까? 특히 그분의 경우에는 활달한 기질을 타고 났는데 말입니다. 자기로서는 옷이 더러워지는 줄도 모르게 장난하며 지내고도 싶었을 터이지만 외할머니와 어머니가 그러한 것을 기뻐하지 않으시고 막으시니 그럴 수 없었을 것입니다. 사랑하는 두 분에 의해 나쁜 아이 또는 버릇없는 아이로 판단되는 것은 어린아이에게는 진짜로 그러한 아이가 되는 것으로 여겨지기 때문입니다. 그래서 아이로서 아이같이 지내고자 하는 자연적인 자기의 마음을, 나쁜 아이나 갖는 것으로 알게 되는 것입니다. 나쁜 것으로 판단된 자기의 마음을 밖으로 내보일 수 없게 되는 것이지요. 결국 억압하게 되어 있습니다.

> 더불어 생각...

성에 대하여 : 그리스도인의 성의 억압과 관련하여

사실 억압은 그리스도인들에게 빈번하게 일어나는 방어기제입니다. 이 책의 다른 부분에서 설명되어 있듯이 그리스도인은 지향적 목표에 빨리 노출됨으로 인해 그에 미치지 못하는 자기의 현재적 부족한 모습을 억압하게 됩니다. 그 다음으로 외관상으로나마 그렇게 보이려고 하는 위선의 유혹을 심하게 받기 때문입니다. 특히 성에 대한 억압으로 인해 문제를 갖는 사례들을 많이 경험하게 됩니다.

> 사례 17

30 후반의 그리스도인인 부인이었습니다. 다른 문제로 만나게 되었는데 시간이 흐르면서 내면의 깊은 애기들을 하나둘씩 꺼내시게 되었습니다. 나중에는 성생활에 대한 애기까지 나오게 되었습니다. 제게 평가되기로는 그 또래의 그리스도인으로서는 신앙이 상당한 수준에 오른 분이었습니다. 그런데 부끄러워하면서 한편으로는 마치 죄책감을 가진 사람 같은 표정으로 애기를 하는 것이었습니다. 그 표정이 그분의 예상되는 신앙의 수준에 비추어 볼 때 무엇인가 거리감이 느껴졌습니다. 무엇이 거리감을 낳는 것일까 생각하며 궁금한 마음으로 다음 애기를 기다리게 되었습니다.

그분은 자기에게 문제가 있는 것 같다고 말씀하셨습니다. 그것도 신앙적인 위선의 모습을 하고 있는지 모르겠다는 것이었습니다. 내용은 다름 아니라, 하나님을 믿는 사람으로서 성에 대해 너무 밝힌다는 것이었습니다. 사람들과 대화를 하다보면 객관적인 타당성을 가지지 않고 자기 나름대로 자기를 판단하는 경우가 많이 있습니다. 그래서 자기에 대해 왜곡된 이미지를 갖고 있는 경우가 적지 않기 때문에 그 내용을 좀 자세히 설명해 달라고 하였습니다.

그분은 초등학교에 다니는 아이 둘에다가 다섯 살의 막내둥이 등 세 명의 아이들을 둔 어머니였고 교회에서 존경받는 장로인 남편을 둔 아내였습니다. 무엇보다도 모태신앙으로 출발하여 큰 탈 없이 신앙적 성숙을 하여 왔고 그러면서 여전도회의 일 등 교회직분을 맡아 섬기는 독실한 신앙인이라는 의식이 강하게 자리 잡고 있었습니다. 그런데 그러한 자기라면 '육적인 것'은 뛰어 넘어야 할 텐데, 그 '악한 성적 욕구'가 자기에게 너무 심하게 일어난다는 것입니다. 자기를 순결한 여인으로 생각하고 있을 남편에게 욕구대로 성관계를 원할 수 없다는 것이었습니다. 결혼한 후 5, 6년이 지나면서 더 심해지는 것 같다며 자기의 신앙에 무엇인가 문제가 있어서 그런 것 같다고 판단하는 것이었습니다. 하나님께 성적 욕구를 없애 달라고 수 없이 기도도 드려 봤다는 것입니다. 그래도 변화가 없으니, 자기를 죄악시 보게 되는 경향이 막 자라날 때였습니다.

지금은 그래도 많이 나아졌지만 우리 그리스도인들에게는 성(이 단어를 협의의 의미가 아니라, 광의의 의미로 다루겠습니다.)을 자녀를 갖기 위한 것으로만 보는 경향이 있습니다. 하나님께서 인간에게 주신 즐거워할 수 있는 좋은 선물이라는 생각이 조금은 부족한 것이 사실입니다. 성에 대한 일반적인 태도가 다소 아니, 때로는 심각하게 부정적이라고 할 수 있습니다. 그것은 무엇보다도 성경에서 성에 대한 부정적인 예를 많이 싣고 있기 때문입니다. 그것을 저는 다음과 같이 이해합니다.

성경은 물론 창조에 대한 기사도 다루고 있지만, 정량적으로 보아 많은 양을 인간의 타락에 대해 할애하고 있습니다. 특히 이스라엘 민족을 들어 하나님께서 그렇게 사랑을 베푸시는데도 불구하고 하나님을 거역하는 쪽으로 나아가게 되어 있는 인간의 적나라한 타락상을 보여 주는 것입니다. (물론 같은 내용으로 먼저 말하고자 하는 것은 이스라엘 민족의 그러한 악함에도 불구하고 거듭되는 하나님의 무한한 사랑과 신실하심 등을 통해 진정 살아 계시는 분으로 하나님은 과연 어떤 분이신가를 보여 주기 위한 것이 첫째 되는 목적임을 믿습니다. 이러한 것을 전제하면서 이야기를 진행시키고 있음을 꼭 염두에 두시기를 바랍니다. 제가 하나의 목적을 가지고 성경이 말하는 내용 중 부분적인 것을 언급하는 것을, 마치 성경을 일반적으로 그렇게 이해한다는 식으로 오해하시지 않기를 바라는 마음 간절하여 또 이 귀중한 지면을 할애합니다.) 그런데 그 인간의 타락상을 보여주는 수단으로 성경은 성의 영역에서의 타락의 예를 아주 중요하게 그리고 많이 다루고 있습니다.

여기서 주의하여야 하는 것은 성경은 성 자체를 절대로 부정한 것으로 말하지 않는다는 것입니다. 어디도 그러한 말씀을 또는 암시라도 주는 말씀을 발견할 수 없습니다. '성은 악한 것이다.' 라고 선언하지 않는다는 것입니다. 단지 타락하여 왜곡되어 나타나는 예를 다루고 있다는 것입니다. 인간 타락의 그 심각함을 성의 왜곡을 통해 증명하는 것입니다. (본질적으로 들어가 인간의 타락과 성 자체와 어떤 관련이 있는가에 대해서는 연구과제로 남기고 넘어 가겠습니다.) 그렇게 성의 영역을 통해 인간의 타락상을 적나라하게 증명하려는 성경의 방법으로 인해 우리들은 자기도 모르게 성은 멀리하고 보지 않아야 하고 억눌러야 하는 부정적인 것으로 보게 되는 것입니다. 같은 식으로 이 부인은 성에 대해서 전반적으로 금욕적인 태도를 지녀 왔던 것입니다. 제가 교회의 중등부에 다닐 때에는 이성 교제하는 것을 죄라고 단정 짓는 장로님을 부장 선생님으로 모셨습니다. 수양회에 가서 이성교제는 죄가 아니라고 겁 없이 장로님과 열띤 논쟁을 벌인 적이 기억이 납니다.

또 하나 그 부인은 알아야 하는 객관적인 지식을 모름으로써 자기에 대해 왜곡된 태도를 강화시키게 된 것으로 보입니다. 성 생리에 관한 것입니다. 대략적으로 성욕의 강도는 남자의 경우 20대 후반을 최대치로 하여 앞뒤로 상승과 하락을 하고, 여자의 경우는 30대 후반에 최대치를 갖습니다. 부인의 경우 이러한 지식의 결여로 인해 30대 후반 들어 강도를 더해 가는 성욕을 제대로 해석하여 다룰 수 없었던 것입니다.

이렇게 이 부인이 자기에게 정상적인 성적 욕구를 부정적으로 생각하게 된 것은, 그 동안 성에 대해 지나치게 억압적인 태도를 지녀왔던 것이 영향을 주게 되었던 것입니다. 전반적으로 성을 부정적으로 보니 성욕도 당연히 부정적인 것으로 알게 되었을 것입니다. 그러니 그러한 부정적인 것을 품은 자기를 어떻게 밖으로 드러낼 수 있었겠습니까? 억압을 하였던 것이지요.

성경이 인간의 타락을 성의 영역을 통해 많이 나타내고 있다고 말씀을 드렸는데, 한 가지 덧붙이고 싶은 것이 있습니다. 성이 그만큼 인간에게 있어서 중요한 것이라는 사실입니다. 글쎄요, 성만큼 인간적인 것이 없다고 하면 지나친 표현일까요? 실제로 성경을 창세기로부터 쭉 읽어 가시면서 관심을 가지고 보시기 바랍니다. 의외로 많이 자세하게 기록되어 있음을 알게 될 것입니다. 적지 않은 믿음의 사람들이 어처구니없이 넘어지는 것을 봅니다. 성만큼 인간에게 힘을 행사하는 것도 많지 않을 것입니다. 그만큼 인간에게 가까이 있다는 얘기이겠지요. 각계각층의 사람들이, 남자나 여자나 할 것 없이, 마음 아픈 사실로서 요사이는 나이에도 큰 관계없이…… 말입니다.

　인간관계에서 성이 차지하는 비중은 실로 굉장합니다. 저는 사람을 만나는 것을 직업으로 하는 사람으로서 저의 경험을 비추어 말한다면 정말로 성은 만만하지 않은 주제입니다. 인간의 삶의 근본을 이루는 것으로 인간과 아주 밀착되어 있고, 인간에게 긍정적이고 그리고 부정적인 힘을 엄청나게 행사하는 것이라고 말씀드릴 수 있습니다. 인간에게 그렇게 중요한 주제이면서도 인간이 잘 모르고 있는 것이 성인 것입니다. 실제로 그 신비를 제대로 안다는 것이 어렵다고 할 수 있습니다.

　이 점에서 인간을 주로 '성'으로 풀려고 했던 프로이드는 상당히 정확한 인물입니다. 주로 거기에 머무르는 돌이킬 수 없는 오류를 범하기는 하였지만 말입니다. 당시 다른 사람들은 하기 어려운 발견을 하고 그것을 담대하게 드러낸, 어떤 면에서는 용기 있고 깊이가 있는 사람입니다. 그의 학설이 서구세계에, 나아가 전 세계에 끼친 영향이라는 것은 아주 대단한 것입니다. 그 만큼 그의 학설이 인간에 대해 상당히 정확했기 때문입니다.

　제가 얘기를 덧붙이고자 하는 의도는 사실을 정확히 보자는 것입니다. 성을 그저 부정적인 것으로만 보아 신앙인과는 별로 관계없는 것으로 억압하여 무시하지 않기를 바랍니다. 억압을 한다면 닫힌의식으로 들어가 나중에는 예상치 못한 그 막강한 힘에 압도당하게 될 가능성이 높아지기 때문입니다. 그러나 프로이드보다도 성경은 먼저 성의 중요성에 대해 벌써 대략 4,000년 전부터 언급하고 있음을 깨달아야 합니다. 성경의 원저자는 하나님이신데, 하나님께서는 인간을 지으신 분으로 인간에 대해 가장 잘 아시기 때문에 당연한 것입니다. 생각할수록 창조주 하나님 앞에 무릎을 꿇게 됩니다. 앞으로 인간에게 아주 중요한 주제인 성을 제대로 균형 있게 다루는 시도들이 교회 안에서 지혜롭게 일어났으면 하는 마음 간절합니다.

   성경에 보면 창조를 마치신 하나님께서는 모든 것이 보기에 좋은 것으로 느껴져 하나님은 만족하셨습니다. 그런데 꼭 하나가 좋게 보이지 않았습니다. 아담이 독처하는 것이었습니다. 그리하여 배우자로 이성인 하와를 지어 주셨습니다. 이제 모든 것이 아름답고 만족스러우셨습니다. 얼마나 강조를 할 수 있는지 잘 모르겠지만, 하나님의 보기에 좋은, 창조의 완성은 사람이 성적으로 완성이 됨으로 이루어집니다. 성이라는 것이 얼마나 중요한 것일까요? 여하튼 굉장히 중요한 것이라는 것은 알 수 있겠지요. 그런데 그 굉장한 것을 하나님께서는 부정적인 것이 아니라, '좋은 것'으로 주셨다는 것입니다. 하나님의 법도 안에서의 성은 하나님의 인간에 대한 굉장한 선물인 것입니다. 아담이 얼마나 기뻐하였는지요!(창 2:23) 이런 긍정적인 부분이 충분히 회복되는 일이 있었으면 합니다.

   옛사람을 벗어 던지고 새사람을 입는 역동적인 작업을 계속하여 가는 이 세상 속의 그리스도인들은, 인간에게 아주 가까이서 막강하게 힘을 행사하는 성을 무시하지 않게 되기를 바랍니다. 그러면서 단순히 미화만 시키지도 않고 그렇다고 부정적으로만 보지도 않는 균형 있는 자세를 세워가야 하겠습니다. 이러한 교육을 위해 어른 된 그리스도인들은 고민하여야 할 것입니다. 위에서도 잠깐 언급하였지만, 인간의 타락과 성 또 성의 타락의 관계에 대한 연구도 같이 행해져야 할 것입니다.

   위의 사례에서 성에 대한 잘못된 인식만을 지적하고자 하는 것은 아닙니다. 그와 함께 생각하고 싶은 것이 있습니다. 소위 우리가 '신앙적으로 생각한다는 것'이 얼마나 허구적일 수 있는가 하는 것입니다. 그렇기 때문에 우리는 우리 자신에 대해 얼마나 엄격하여야 하는가를 깨닫게 됩니다. 우리 사고의 경직성을 조심하여야 할 것입니다. 그리스도인들은 '진리싸움'이라는 생각 때문에 남보다 더 경직된 사고의 경향이 있음을 봅니다. 절대적으로 지켜야 할 진리와 그렇지 않은 것을 지혜롭게 분별한다는 것은 불완전한 인간에게는 평생에 걸쳐 짊어지고 가야 하는 긴장의 과제라 할 수 있습니다. 게을리 하지 않는 노력만큼 그 지혜의 깊이는 차이지게 되어 있습니다. 엄밀한 자기성찰 의식을 키워 가는 우리 모두가 되도록 하여야 하겠습니다.

> 더불어 생각...

억압과 관련하여 기독교 교육에 대해

억압을 다루면서 신앙교육에 대해 한 가지 함께 생각하고 싶은 것이 있습니다. 기독교 집안의 아이들은 신앙적으로 자라면서 여러 가지 건강한 물음을 가질 수가 있습니다. 그런데 때때로 너무 교조적인 분위기의 교회의 지도자 또는 부모님들은 물음을 받을 때 마치 신앙에 대해 회의를 품는 것으로 판단하는 경우가 적지 않음을 보게 됩니다. 그렇기 때문에 아이들은 자기 안에서 자연스럽게 가질 수 있는 건강한 물음을 억압하면서 신앙에 대해 암기하듯이 배우게 되는 경우가 적지 않습니다. 이런 아이들은 결국 신앙적 사고의 유연성이 떨어지게 됩니다. 이들은 나이가 들어 여러 가지 다양한 상황들을 겪게 될 때 신앙적으로 적절하게 대응하기가 어려울 것입니다. 실제적으로 좀 어려운 물음에 봉착하였을 때 그렇지 않았던 사람들 보다 진통을 훨씬 더 심하게 겪게 되고 심지어 신앙의 길에서 떠나게 되는 경우들을 종종 보아 왔습니다.

자라는 아이들에게 여러 가르칠 것이 많지만 그 중에서도 아주 중요한 신앙의 정직성과 개방성을 키워 주는 교육환경이 조성되기를 바랍니다. 이는 아이의 수준에서 함께 생각하고 고민하는 많은 시간들을 통해서 가능하게 될 것입니다. 우리나라는 아직도 유교적인 수직적 인간관계가 강하게 영향을 주고 있기 때문에, 성숙하지 못한 어른에 의해 아이들의 자연스럽고 건강한 모습의 억압이 더더욱 많이 일어날 수 있음을 마음에 두고 지혜롭게 대처할 수 있었으면 합니다.

여기에 기독교 지도자들이 담당해야 할 중요한 과제가 하나 있습니다. 그것은 한 그리스도인이 어려서부터 성인으로 자라가면서 각 단계에서 겪을 수 있는 정상적이고 자연스러운 문제들을 면밀히 분석하는 것입니다. 그런 후에 그 각각의 문제들을 향한 지혜롭고도 바른 접근이 어떻게 되어야 하느냐 하는 숙제를 풀어가는 것입니다. 우리 기독교 교육이 신앙인의 성숙에 따른 교육목표 또는 과제를 설정하는 데 아주 미진합니다. 교육은 피교육자의 성숙에 따라 늘 변하면서 적절한 목표를 가질 수 있어야 할 것입니다.

사례를 통해, 자라면서 겪을 수 있는 정상적인 문제를 예를 들어 보겠습니다. 이제 막 대학교에 들어 온 자매가 있었습니다. 그 동안 입시로 인해 삶의 많은 부분을 포기하여 왔는데 자유로운 대학생활은 그녀에게 삶을 진정으로 사는 기쁨을 주었습니다. 열심히 여기저기를 뛰어 다니며 많은 것을 배우고자 하였습니다. 새로운 지식을 알아 가는 것이 그녀에게는 큰 즐거움이었습니다. 그런데 발랄하게 자유로운 생활을 즐기던 그녀에게 예상하지 못한 도전이 오게 되었습니다.

그것은 기독교는 배타적 성격이 강하다는 비판에 대한 것이었습니다. 역사학 강의시간에 우리나라에 기독교가 들어오지 않았던 시대에 살았던 사람들의 구원문제를 꺼내면서, 기독교에만 구원이 있다는 것은 받아들이기 어려운 배타적인 사상이라고 교수가 기독교의 절대성을 비판하는 것이었습니다. 그 얘기를 듣고 자매는 무척 놀랐습니다. 어려서부터 교회교육을 받고 신앙생활을 해 오면서 그때까지 그런 문제제기를 자기 스스로 해본 적이 없을 뿐 아니라 외부로부터 문제제기를 받은 적도 한 번도 없었기 때문이었습니다. 교수의 얘기를 듣고 생각해 보니 기독교가 너무 배타적인 것 같고 속이 좁은 것 같은 인상을 쉬 지워 버릴 수가 없었습니다.

속으로 끙끙 앓다가 아는 목사, 전도사, 그리고 친구들에게 상담을 하게 되었습니다. 그런데 불행하게도 그 사람들의 대체적인 반응은 이 자매가 절대로 가져서는 안 될 생각을 가진 것처럼 대하면서, 그런 생각을 해서는 안 된다는 식으로 얘기를 했다는 것입니다. 또 자매가 신앙에 대해 회의를 하는 것으로 판단하여 자매가 진정 중생하였는지에 대해 의심하는 눈초리를 보였다는 것입니다. 자매는 자기를 대하는 그들의 태도로 인해 어려움이 더욱 가중되었습니다. 괴로워하는 자매(사람)는 보지 못하고 물음만을 가지고 자매(사람)를 판단하는 것이었습니다.

정신과의사로 신학을 좀 공부했다는 얘기를 듣고 저를 찾아왔습니다. 진지한 시간을 가지면서 자매는 그 도전을 비교적 건강하게 받아 낼 수 있었습니다. 중단했던 주일학교 교사를 다시하게 되었고, 믿음의 형제자매들과 관계를 회복하여 좋은 만남을 가질 수 있게 되었습니다. 저는 여기서 자매와 가졌던 시간에 대해 자세히 언급하지 않을 것입니다. 강조하고 싶은 것은 그리스도인이 성장해 가면서, 인간과 세상을 알아 가면서 하나님 안에서 정상적으로 건강하게 궁금해 할 수 있는 것들이 있다는 것을 말하고 싶습니다. 아울러 먼저 상대적으로 깊은 신앙의 성숙의 단계에 있는 자들이 아직 어린 신앙의 단계에 있는 형제자매들을 위한 준비된 배려가 있어져야 할 것입니다.

> 더불어 생각...

'육적인 것' 은 성경에서 크게 두 가지 뜻으로 쓰인다.

바로 위의 부인은 성경에서 '육적인 것'으로 표현된 것은 나쁜 것을 일컫는다는 것을 알고 있었습니다. 그런데 성적인 것은 육체적인 것이기 때문에 '육적인 것 = 나쁜 것'이라는 등식이 바로 적용이 되어 성이라는 것은 나쁘다는 결론을 얻게 되었을지 모르겠습니다.

우리나라 성경에 나타나는 '육적인 것'에는 실제로는 아주 다른 두 가지 의미가 있습니다. 그 하나는 '하나님의 뜻을 거스리는 인간의 부패한 성품'의 의미이고, 다른 하나는 '신체적인 것'으로서의 의미입니다. 물론 신체적인 의미로 사용된 경우에는 결코 부정적인 의미로 사용되지 않았습니다. 사용되는 빈도수는 전자의 의미로 사용된 적이 압도적으로 많습니다. 허나 후자의 신체적인 뜻으로도 간헐적으로 사용되었습니다. 의미가 전혀 다르지만, 쓰이는 단어는 한 가지이기 때문에 발생하는 오류가 심각할 경우가 많습니다.

더욱이 우리의 일상적인 언어사용 습관으로 볼 때 육이라는 한자어는 신체를 가리키고 있지 않습니까? 그렇기 때문에 우리의 경우에는 신체적인 것을 성경에서 아주 부정적인 것으로 사용되는 육적인 것으로 알아, 신체적인 것과 관련된 것을 죄악시하는 경향이 아주 강하게 자리 잡고 있는 것이 현실인 것입니다. 더 깊이 다루지는 않을 것입니다. 언어사용의 오해로 인한 오류들이 하나둘씩 제거되기를 바라는 마음 간절합니다. 특히 하나님의 뜻을 거스리는 인간의 부패한 성품의 의미로서 사용되는 '육적인 것'의 개념은 기독교의 핵심사상을 설명하는 데 중요하게 그리고 아주 빈번히 사용되는 것이기 때문에 더더욱 주의를 요한다 하겠습니다.

* 한국적인 것-상대적인 것-에 의해 절대적인 하나님의 말씀이 왜곡되는 영향을 받을 수 있습니다. 사실은 유교적인 것인데 그것이 체질화된 우리는 마치 그것이 성경적인 양 생각하는 것들이 적지 않습니다. 우리는

우리를 잘 알아야 하겠습니다. 그럼으로써 한국적인-유교, 불교, 토속종교, 기복종교,……등을 망라하는-옷을 입고 있는 한국적 기독교에서 성경적이지 않은 한국적인 것을 벗겨 낼 수 있을 것입니다. 또 한국적인 것으로 성경적인 것을 긍정적이고 적극적으로 받아들이는 데에도 도움이 될 것이라 생각합니다. 결국 하나님의 말씀이 온전히 지켜지는 데 일익을 감당하게 될 것입니다.

3) 합리화Rationalization

사례 18

오래 전, 설교 시간에 거의 빠뜨리지 않고 '자존심'이라는 용어를 사용하셨던 목사님을 알고 있었습니다. 잠깐, 여러분들이 들었던 설교를 생각해 보시기 바랍니다. 어떻습니까? 아마도 자존심이라는 단어가 한 번도 설교 상에서 나타나지 않는 경우가 훨씬 많을 것입니다. 그런데 그분은 그렇지가 않았습니다. 사용하는데 그것도 거의 틀림없이 '자존심을 죽여야 합니다.' 라는 식이었습니다. 많은 경우 설교의 전체적 진행과 무관하게 툭툭 튀어 나오곤 하였습니다.

무관하게 튀어 나오는 점에 주의하시기 바랍니다. 물론, 자존심을 죽이는 것이 그리스도인에게 중요한 목표가 되기도 하지요. 만약 그렇게 생각하여 강조하기 위해서였다면 설교의 전체적 맥락과 일치할 것입니다. 그러나 그분의 경우는 전혀 관계없이 나오는 것이었습니다. 그렇기 때문에 그분의 설교문에는 그런 내용은 들어 있지 않고 순간순간 자극이 될 때마다 내뱉듯이 말하게 되는 것으로 보입니다. (지금은 자신의 문제를 많이 극복하셔서 설교 상에서 이유 없이 자존심이라는 단어를 사용하는 경우가 거의 사라진 것을 봅니다. 감사한 일입니다.)

　그분의 평소의 성격을 살펴보면 그런 특이한 모습을 이해하는 데 결정적인 도움을 받을 수 있습니다. 그분은 소위 말하여 자존심이 강한 사람이었습니다. 그러나 여러 면에서 그렇게는 뛰어나지 않으신 분이기 때문에 자존심에 상처를 받는 경우가 적지 않았습니다. 자기에게 적절하지 않게 높은 자존심을 가지신 분들은 대부분 비교의식이 강하고, 특히 열등의식이 강하게 자리 잡고 있다고 말할 수 있습니다. 그분의 경우가 그러하였습니다. 자기 수준보다 높이 세운 부적당한 자기 자존심을 다른 사람들이 만족시켜 주지 않으니까 자주 자존심이 상하게 된 것이었습니다. 그래서 그것이 하나님 안에서 신앙생활을 하는 데 큰 지장이 되고 있었습니다.

　따지고 보면, 자기가 자존심을 부당하게 높게 세워 자기가 자기에게 상처를 주는 셈이기 때문에 자존심을 높게 세운 자기에게 문제가 있는 것이지요. 그런데 그러한 자기를 그대로 인정한다는 것이 그분에게는 어려운 일이었습니다. 부끄러운 자기의 모습은 닫힌의식으로 꽁꽁 숨어 들어갔습니다. 그러나 그것이 사라진 것은 아닙니다. 설교 단상에서 설교를 하다가 그러한 닫힌의식의 내용들이 자극이 될 때마다 사실은 자기 얘기인데 메시지의 일부분으로 하여 전하는 것이었습니다. 그분이 자주 자존심이라는 단어를 쓸데없이 말했던 것은 그만큼 자존심이 상해 기분이 나빴던 것으로 볼 수 있습니다. 자기의 기분이 상한 원인은 자기에게 있기 때문에 자기에게 '자존심을 죽이라.'고 하여야 하는데, 부끄러우니 그렇게는 못하는 것입니다. 그럴 듯하게 설교의 메시지로 하여 성도들에게 전하는 형식을 취하는 것입니다. 이는 주로 닫힌의식에서 일어나는 것임을 명심하여 이해하시기 바랍니다.

　합리화란 이렇게 우리들의 언행이 밖으로 내보이기에는 부끄럽고 수치스러운 원인 대신에 열린의식에서 받아들일 수 있는 '그럴 듯한' 이유를 대는 것입니다.

　사례 23에서 전형적인 합리화의 모습을 볼 수 있습니다. 사실은 제가 빌려 주기를 꺼려하는 것인데, 차에게 문제가 있다는 그럴듯한- 저나 상대방에게-이유를 대었던 것이지요. 합리화는 우리의 간증문화에서 빈번하게 나타납니다. 무엇인가 결과가 세상적으로 보아 좋으면, 그 전에 잘못한 모든 것들이 마치 하나님의 섭리 가운데서 나중에 좋은 결과를 주시기 위한 과정으로서 그랬다는 것이지요. 하나님 앞에서 잘못한 것은 잘못한 것입니다. 결과가 좋아 보인다고 하여 잘못한 것이 잘된 것으로 둔갑이 될 수는 없는 것입니다. 잘못한 것에 대해서는 분명히 잘못한 것으로, 회개하는 심정으로 정확히 얘기되어야 합니다. 그래야만 듣는 자들이 사실을 통해 배울 수 있는데 그렇지 못하니 신앙의 왜곡이 일어납니다.

　하나님께서는 우리의 잘못에도 불구하고 우리를 그 잘못한 가운데 두시지 않으십니다. 우리가 잘 되기를 원하시는 가운데서 은혜로 간섭하여 주셔서 우리의 잘못이 약이 되게끔 하시기도 하십니다. 이때 결과가 우리에게 약이 되었다고 우리의 잘못 자체가 긍정적으로 받아들여져서는 아니 되는 것이지요. '우리의' 잘못을 긍정적인 것으로 새롭게 보아야 하는 것이 아니라, 그럼에도 불구하고 우리를 사랑하셔서 잘 되게 하시는 '하나님'을 보아야 하는 것이지요. 특히 로마서 8장 28절의 말씀이 그리스도인들의 왜곡된 합리화의 근거로 쓰이는 안타까운 경우들을 많이 보게 되는데, 이러한 성경의 왜곡된 적용들이 빨리 퇴치되기를 바라는 마음 간절합니다.

사례 19

초등학교 5학년의 남자 아이였습니다. 엄마가 생각하기에 아이가 어린 아이답지 않게 일방적으로 공부만 한다는 것이 주요한 문제였습니다. 공부만 하기 때문에 성적은 항상 전체에서 1, 2등을 다투었습니다. 그런데 아이의 얼굴엔 정말 아이 같은 표정이 하나 없이 아주 무표정하면서도 긴장이 오래 되어 굳어 버린 듯한 느낌을 주는 아이였습니다. 엄마 말에 의하면, 담임선생님께서도 공부를 잘해 좋기는 한데 그 이외의 활동에서는 거의 관심을 보이지 않는 것을 걱정하신다는 것이었습니다. 특별히 체육 시간에는 거의 참여를 하지 않는다는 것이었습니다.

공부 잘하면 모범생이고 다른 잘못하는 모든 것들이 용서되는 한국의 교육 풍토에서 그 아이가 정신과에 올 수 있었던 것은 흔히 있는 일은 아닙니다. 아직은 잘못된 인식 때문에 썩 좋은 기분을 주지 못하는 곳에까지 올 수 있었던 것은, 아이의 성장을 전인격적인 개념을 가지고 보는 엄마를 둔 덕이었다고 말씀드릴 수 있습니다.

아이와 친해지기가 쉽지 않았습니다. 많은 시간이 흐른 다음에 그를 이해하게 되었습니다. 그는 머리는 뛰어나게 좋은 데 비해 폼을 가지고 하는 동작성 영역 쪽으로는 발달이 또래 아이들 보다 상당히 뒤져 있었습니다. 지적인 부분에서는 거의 1등을 하여 다른 아이들과 어른들의 칭찬을 한 몸에 받지만, 운동 등 동적인 활동영역에 있어서는 아주 못하는 아이가 되는 것이었습니다. 그래서 언젠가부터 아이는 공부하는 시간을 더 늘려 갔습니다. 누가 물으면 공부가 취미라고 얘기를 하였습니다. 실제 공부를 뛰어나게 잘 하기 때문에 주위의 사람들은 공부만 하는 이 아이를 '쟤는 공부를 너무 좋아하기 때문에' 라는 식으로 대해 왔습니다.

운동을 '안 하는 것', 친구와 어울려 뛰놀지 '않는 것' 등등 '안하는 것'을 보지 못하고, 공부를 많이 '하는 것'만 보아 온 것입니다. 공부 쪽에서 보면 '하는' 것이지만, 운동 쪽에서 보면 '안 하는' 것이었던 것인데, 후자 쪽을 상당기간 동안 보아오지 못해 왔던 것입니다. 그렇게 한참 시간이 지난 뒤에 '안한' 것들에 의한 후유증이 눈에 띄게 나타난 다음에야 문제로 보게 되었던 것이지요. 중학생, 고등학생으로 넘어 가기 전에 치유의 창으로 들어 온 것이 감사한 것이라고도 할 수 있습니다. 그렇게 사실은 자기의 열등함이 나타나기 때문에 동적인 활동에 참여하지 않았던 것인데, 마치 공부를 좋아해서 그러는 것으로 합리화를 시켰다고 할 수 있습니다.

    자기의 이름을 내기 위해 그리고 교회의 직분을 따기 위한 목적에서 헌금을 하고 교회의 활동에 참여하는 경우가 또한 그러합니다. 겉으로는 먼저 하나님의 나라와 그의 의를 구해서 그러는 것으로 말하지만 말입니다. 교만한 자기 성격 때문에 사회에서 제대로 인정을 받지 못하는 것을 자기를 목사의 길로 인도하시는 하나님의 섭리로 생각하는 사람. 역시 자기의 원만하지 않은 성격과 부족한 능력으로 사업에서 실패하고 또는 직장에서 인정을 받지 못한 것인데 그것을 신학교 가라는 소명으로 여기는…… 합리화 합리화들! 국내에서 목회에 실패했을 때 원인을 자기 안에서 찾아보려는 노력이 전혀 없이 외국선교가 자기에게 주신 소명이라고 말하는 사람들. 실제로 그렇게 하여 나간 사람들에 의해 옥토와 같았던 선교지가 풍비박산 났다는 얘기들을 다른 선교사들을 통해 여러 번 들어 왔습니다.
    그런 사람들에 의해 참 신자, 목사, 그리고 선교사가 수난을 당하는 것은 어제 오늘의 얘기가 아닙니다. 우리 그리스도인들은 합리화에 약할 수 있습니다. 우리에게는 '지향적 목표'가 너무 분명하기에 더욱 그러합니다. 스스로가 주의할 뿐 아니라, 주위의 그리스도인들을 지혜롭고 정확하게 분별할 수 있는 통찰력을 키워 가야 하겠습니다. 사실을 볼 수 있는 힘들이 우리 안에 자라가기를 바라는 마음 간절합니다. 겉을 보게 되어 있는 우리들이지만, 중심을 보시는 하나님을 본받아 그렇게 되도록 애쓰는 노력들이 있기를 바랍니다.

이런 목적을 위해 이렇게 인간의 마음의 흐름의 원리를 알아가는 것들이 부분적으로 도움이 되어, 하나님의 나라가 온전히 세워지는 데 부분적으로 기여하기를 기대해 봅니다. 비둘기처럼 순결을 유지하면서 뱀처럼 지혜롭기를 사모하는 마음입니다.

4) 전위 또는 전치Displacement

사례 20

고등학교 여학생이 불안을 문제로 하여 찾아오게 되었습니다. 면담이 진행이 되면서 재미나는 현상이 하나 발견되었습니다. 하얀 색을 기피하는 것이었습니다. 자신이 입는 옷에는 하얀 색의 옷이 전혀 없으며 또 하얀 색의 옷을 입는 사람들을 기피하는 경향이 있어 왔습니다. 미술시간에 그림을 그릴 때 하얀 색을 거의 사용하지 않았습니다. …… 그렇게 하얀 색과 관계된 것들을 자기도 모르게 멀리 해왔습니다. 이제 이 정도가 되면 그녀에게 어떤 과거의 사연이 있을까 하는 건설적인 궁금증이 여러분의 마음속에서 생기고 있을 것이라고 생각합니다. 또 그렇게 되기를 바랍니다. 한걸음 더 나아가 혹시 하얀 색과 관련이 있는 사연일지 모르겠다는 데까지 생각이 미치시는 분까지도 있을 것입니다.

그렇습니다. 사연은 다음과 같습니다. 그녀는 세 살 때쯤 해서 심각한 병을 앓았습니다. 입원을 하여 수술을 받게 되었습니다. 그러는 과정에서 담당의사에 의해 피를 여러 번에 걸쳐 뽑히게 되었습니다. 큰 수술이어서 보통의 정맥으로는 수액을 공급하기가 부족하여서 팔뚝 쪽의 안에 있는 굵은 정맥을 찾는 작업까지 벌여야 했습니다. 그것은 부분마취를 하고 해야 하는 작은 수술인 셈입니다. 이러한 내용은 특별히 그녀의 기억 속에 생생하게 자리 잡고 있었던 것이어서 소개할 수 있는 것입니다. 그 이외 여러 가지 검사를 하여 여러 번에 걸쳐 피를 뽑혔습니다. 입원 중에 아이는 담당의사에 의해 여러 차례 수난을 겪은 셈입니다. 그래서 담당의사가 들어오기만 하면 울기 시작했습니다. 그가 들어오기만 하면 무엇인가 자기를 아프게 하는 일들이 일어나기 때문입니다. 어린 아이에게 그는 단순히 아픔을 주는 사람으로 비춰질 뿐이었습니다.

시간이 지나니 피를 뽑아 놓은 것을 가지러 온 병리기사를 보고도 울기 시작하였습니다. 담당의사와 비슷한 하얀 가운을 입고 있었기 때문입니다. 담당 의사를 무서워하게 된 아이는, 의사는 하얀 가운을 입는 까닭에 하얀 가운을 입은 모든 사람을 무서워하게 되었습니다. 그리고 퇴원하여 시간이 흘러가면서는 그 일의 복잡한 정황은 닫힌의식의 저 깊은 곳으로 자리를 잡게 되면서 '하얀 색 = 무서운 것'이라는 단순한 등식이 자리 잡게 되었던 것입니다. 그렇게 하여 '왠지 모르게' 행해졌던 그녀의 행동을 이해하게 되었습니다.

그렇게 어떤 생각이나 이미지가 그것과 감정적으로 연관이 있는 다른 것으로 대치가 되고 또는 전체가 부분에 의해 표현되거나 그 역으로 표현되는 것을 전위 또는 전치라 합니다.

사례 2의 청년에게서 이성에 대해 나타난 현상도 이에 해당하는 것입니다. 비교적 쉬운 개념이기 때문에 이 정도로 생략하겠습니다. 하나 덧붙이고 싶은 것은 사례 20에서 지혜로운 의사였다면 아이가 그러한 마음의 응어리를 가지고 퇴원하지 않도록 노력했을 것입니다. 아이와 친해지려는 노력말입니다. 노력 끝에 아이의 마음을 얻게 되면 의사선생님이 자기를 무섭게만 하지 않는 사람이라는 것을 알게 될 것입니다. 그러면 '의사 = 무서운 사람'이라는 등식이 생기지도 않을 것이고, 당연히 '하얀 색 = 무서운 것'이라는 왜곡된 등식도 그녀의 닫힌의식 안에 자리 잡지 않게 되었을 것입니다. 우리가 이렇게 사람의 마음의 원리들에 대해 알아 가면 우리의 삶이 지금보다는 훨씬 건설적이 되게 하는 사려 깊고 지혜로운 언행들이 나타나게 될 것입니다.

말이 나온 김에 한 가지 더 언급하고 싶습니다. 어떤 아이가 아빠와 함께 처음으로 목욕탕에 가게 되었습니다. 아빠가 아이를 안고 온탕으로 들어갔습니다. 아이는 발가락이 물에 닿는 순간 뜨거워 – 그렇게 뜨겁지는 않았지만 – 놀라 울어 제치기 시작하였습니다. 아빠도 깜짝 놀라 얼른 나오게 되었습니다. 그 아이는 그 뒤로 아빠와는 같이 목욕탕에 가지 않으려 할 뿐더러, 물에 들어가는 것 자체를 꺼리게 되었습니다. 부모님들은 아이가 그래서 웬만큼 더럽지 않고서는 목욕을 시키려 하지 않았습니다. 조금 커서도 아이는 웬만큼 더러워지지 않으면 목욕하라는 얘기를 부모님으로부터 듣지 않게 되었습니다. '걔는 그래요.'라는 식으로 대해 왔던 것이지요.

그때 아이에게는 전위 또는 전치가 일어났고 닫힌의식에 남게 되었다고 할 수 있습니다. 이때도 그냥 그렇게 되도록 내버려 두어서는 아니 됩니다. 아빠가 각고의 노력을 하면서 아이의 마음을 사서 우선은 미지근한 물에 몇 번은 울더라도 함께 들어가는 접근을 하여야 할 것입니다. 나중에는 처음에는 뜨겁게 느껴지는 목욕탕 물도 사실 처음만 잘 넘어 가면 참지 못하게 뜨거운 것이 아니라는 것을 깨닫게 해주어야 합니다. 그러면서 닫힌의식에 왜곡되어 남게 될 마음의 응어리를 풀어 주어야 할 것입니다. '저 애는 원래부터 저래.'라는 것들이 있는 아이들을 잘 살펴 이해를 시도하고 그것을 긍정적이고 건설적으로 풀려고 하는 일들이 많이 일어났으면 하는 마음 간절합니다. (아마 그 작업이 만만하지 않을 것입니다. 여러 가지로 궁리를 하여야 할 것이고 충동적으로 일어나는 화를 잘 참아낼 수 있어야 할 것입니다.)

이상에서 우리는 투사, 억압, 합리화, 그리고 전위에 대해 공부하였습니다. 이러한 것들을 프로이드는 방어기제defense mechanism라 불렀습니다. 그리고 불안, 죄책감, 갈등, 고민, 드러내 보일 수 없는 욕구들 등 자기에 대한 여러 위협들에게서 자신을 보호하기 위해 쓰이는, 마음에서 일어나는 반응 양식이라고 정의를 내립니다. 방어기제의 종류는 더 많이 있으나 우선 실제적으로 우리에게 제일 많이 도움이 될 것으로 생각되는 네 가지만 소개하였습니다. 원래 방어기제는 닫힌의식에서 – 자기도 모르게 – 일어나는 것으로만 알려졌는데, 경험이 쌓여 가면서 열린의식에서도 – 자기가 아는 가운데 – 일어나는 것으로 주장되고 있습니다. 물론 저는 열린의식에서도 일어난다고 생각합니다.

그리고 방어기제는 하나만 독립적으로 사용되기보다는 둘 이상 여럿이 함께 사용됩니다. 사례 23의 경우는 억압을 기본으로 투사와 합리화가 사용된 경우이고 사례 11의 경우에도 똑같은 세 개의 방어기제가 사용된 경우입니다. 제가 네 경우만 들었기 때문에 여러 방어기제가 한꺼번에 사용되는 사례를 드는 데는 어느 정도 한계가 있음을 알고 이해하시기를 바랍니다.

여러분 중에는 지금까지의 방어기제에 대한 저의 설명이 혹 역겹게 느껴지는 분들이 생겼을지 모르겠습니다. 저는 정신과의사가 되는 훈련과정 중에 방어기제에 대해 공부를 하면서 이런 관점에서 '만' 인간을 분석하는 환원적 시도들에 대해 상당한 거부감과 역겨움을 느꼈습니다. 물론 저에게 그러한 측면으로 해석될 수 있는 측면이 없는 것은 아닙니다. 그렇지만 그렇게만으로는 저 하나도 충분하게 설명될 수 없었기 때문입니다. '아직은 가는 도상에 있는 존재지만 저에게 악을 행하는 사람에게 선을 행하려고 하는 마음이 분명히 있는데…… 그럼 이런 마음은 어떻게 해석할 것인가?' 하는 물음이 있었던 것입니다. 그것은 사실은 남에게 잘 보이기 위한 것으로 '합리화'로는 설명이 안 되는 것이었습니다.

중학생이었을 때였을 것입니다. 하나님의 살아계심에 대한 믿음을 새롭게 얻음으로 인해 꽤나 열심히 신앙생활을 하고 있었습니다. 그때, 한 전쟁영화를 본 것이 기억이 납니다. 무엇보다도 저에게 도전이 되었던 것은, 조국을 위해 싸우다 저 이름 없이 죽어가는 많은 무명용사들이었습니다. 무명용사들이 두려웠습니다. 아니, 사실은 무명이 두려웠던 것이지요.

'국가를 위해 생명을 아끼지 않는 저 무명용사들처럼 나는 과연 하나님을 위하여 아무도 알아주지 않는 가운데서 이름 없이 죽어갈 수 있을까?'

생각만 해도 아득하게 느껴졌습니다. 물론 그런 수준에 도달하려면 아직도 한참 가야 할 것입니다. 그렇지만 그때부터 나의 이름을 위해서가 아니라 하나님의 이름을 위하여, 구체적으로는 나 아닌 다른 사람들을 위해 이름 없이 죽어가기를 소원하며 기도해 왔는데, 정신분석의 이론은 저의 이러한 부분을 전혀 설명해 주지 못하는 것이었습니다.

방어기제를 포함한 정신분석이론이 인간에 대해 상당한 통찰력을 주는 이론이긴 합니다. 허지만 저라는 한 인간조차도 넉넉하게 설명해 주지 못하는 것을 통하여 심각한 허점이 있는 것임을 알아채게 되었습니다. 그러면서 그 뒤로 심하게 저항을 했던 것이 사실입니다. 문제의 실체를 보지 못하여 저항하지 못하면 실제적으로 타락한 인간관에만 익숙해지게 됩니다. 그러면 그러한 눈으로 사람을 보게 되는 위험을 안게 될 것입니다. 그리하여 성숙한 그리스도인의, 하나님과 이웃을 먼저 생각하고 사랑하는 삶을 이제는 많이 지나가 버린 옛사람의 - 저급의 - 인간관으로 환원하게 되는 것입니다. 겉으로는 사랑을 얘기하지만 속으로는 자기중심적이고 이기적인 계산이 있어서 그렇다는 것으로만 분석한다는 것입니다. 이 얼마나 어처구니없는 일인지요 그렇기 때문에 훈련을 받으면서 가능하면 그러한 용어자체도 사용하지 않으려 저항하였습니다.

그렇습니다. 정신분석에서는 그렇게 인간을 지독히도 자기중심적인 존재, 이기적일 수밖에 없는 존재로 보는 것입니다. 사실 타락한 자연적 인간은 그렇지 않습니까? 아주 철저하게 타락한 인간상을 다루고 있음을 볼 수 있습니다. 이러한 측면에서 한편으로는, 인간의 타락을 증명하는 데 있어서 프로이드를 비롯한 여러 정신분석가들이 꽤 도움이 된다고 말할 수 있습니다. 그들은 인간에 대해 아주 정확한 사실들을 관찰해 내기도 하는 것입니다. 문제는 거기서 더 나아가지 않고 타락한 인간상만을 다루면서 그것으로만 인간을 분석하려고 하는 것이지요.

정신분석적 인간 분석이 성숙한 그리스도인들에게는 다소간 역겨움을 주는 데에서, 예수님의 대속의 은총을 통한 새 피조물로서의 모습은 거의 고려되고 있지 않음을 쉽게 알 수 있습니다. 그리스도인들이 이에 속아 넘어 가서는 아니 될 것입니다. 그리스도인은 특히 정신분석의 이론을 서투르게 사용하지 않도록 주의하여야 할 것입니다. 성경을 통해 가르쳐 주시는 인간에 대한 상위의 원리들을 꼭 마음에 새겨 두어, 그 상위의 원리 아래에서 적절하게 자유자재로 사용할 수 있도록 자기를 키워 가야 하겠습니다.

하나님 안에서 예수 그리스도를 통해 거듭나게 되는 그리스도인들의 '새사람의 인간관'이 실제적으로 그리고 적극적으로 소개되어져야 하겠습니다. 그 본연의 모습으로 점진적으로 회복되어 가는 인간관에 대해 널리 알려야 함을 깨닫게 되는 것입니다. 타락한 자연적 인간을 통한 인간관이 인간에 대한 모든 것을 설명해 준다는 식의 엄청나게 잘못된 편견에서 벗어나도록 우리 그리스도인들이 책임 있게 나서야 될 것입니다. 바로 이것이 복음을 위한 부분적인 기본적 정리 작업이 될 수 있을 것이라 생각합니다. 그렇게 섬겨지기를 바라는 마음 간절합니다.

이제 방어기제에 대한 내용을 끝마치면서 다소 반복이 되지만 간단히 정리를 하고 넘어 가고자 합니다.

방어기제는 주로 닫힌의식세계에서 일어난다는 점에 주의하여야 합니다. 아직 남아 있는 옛사람의 모습으로 인하여 타락한 마음의 원리들이 '나도 모르게' – 닫힌의식에서 – 작용할 수 있음을 깨우치는 의식이 열린의식의 한 구석에 튼튼하게 자리 잡고 있어야 할 것입니다. 그러한 의식이 없다면 '자기도 모르게' 하나님의 나라에 해를 끼치고 또 형제자매들에게 상처를 주게 되기도 할 것입니다. 그러한 의식이 강하면 강할수록 자기도 모르게 일어나는 부정적인 마음의 흐름들 – 투사, 합리화 등과 같은 – 이 있을 때, 그 흐름들을 그만큼 빨리 그리고 정확히 보도록 도와 줄 것입니다. 자신은 자기도 모르게 자기의 부정적인 마음의 흐름들의 영향을 받을 수 있다는 의식을 열린의식세계 내에 강하게 세워 둔다는 것이 얼마나 중요한지를 모르겠습니다. 이것은 앞으로 자기 자신을 적절하게 치유적으로 다루어 갈 수 있는 좋은 조건을 만들어 두는 것이라고도 말할 수 있겠습니다.

저의 예를 들어 보면 정신치료를 행할 때 저도 모르게 저의 닫힌의식에서 치료적 상황과 관계없는 얘기를 할 때가 있습니다. 그러나 조금 과장해서 얘기한다면 그런 닫힌의식의 얘기가 저의 입에서 떨어짐과 동시에 닫힌의식의 내용인 줄을 알게 됩니다. 그래 그 뒤를 바로 쫓아가 주어 담고 이를 시정하게 되는 능력이 점점 더 강해져 가고 있음을 분명히 말할 수 있습니다. 저희들은 그렇게 되도록 훈련을 오랜 기간 동안 받아 왔기 때문입니다. 여러분들도 배울 것을 먼저 배운 뒤에 훈련을 받게 되면 그렇게 되어져 갈 것입니다. 그렇게 되면 실수를 악화시키지 않고 바로 교정할 수 있게 되어질 것입니다. 그 첫 작업이 앞에서 말씀드린 의식을 강하게 세워 놓는 것입니다.

그 다음으로는 하나님 앞과 자기 앞에서의 정직성을 회복하려는 의지를 다져야 합니다. 타락한 자연적 인간의 마음은 우리를 정직하지 못하게 만듭니다. 우리가 정직성을 회복한다면, 왜곡된 우리의 마음의 흐름의 많은 부분이 바로 잡혀질 것입니다. 물론 정직성은 그냥 정직성을 회복하라고 하여 생기는 것은 아닙니다. 부족하더라도 정직하게 있는 그대로의 모습으로 나아오는 것을 기뻐하시는 하나님 그리고 혹 죄를 지었다 하더라도 회개하면 용서해 주시는 하나님에 대한 믿음이 깊어질 때 그렇게 될 수 있습니다. 그렇듯 사실은 인간이 왜곡된 것을 바로 잡아가는 데에는 하나님과의 바른 관계의 회복과 깊어짐이 필수적인 것임을 분명히 짚고 넘어 가겠습니다. 인간이 그 본연의 모습을 찾아가는 온전한 힘은 결국 하나님과, 하나님과의 관계가 회복된 사람(그리스도인)인 나에게서 오기 때문입니다.

제6장

그리스도인들이 공통적으로 겪는 문제
― 성경의 '지향적 목표에 빨리 노출되는 그리스도인' ―

다음은 기독 상담가로서 그리고 정신과의사로서 일해 오면서 경험한 우리 그리스도인들의 다수가 공통적으로 겪는 문제점을 살펴보기로 하겠습니다.

사례 21

신앙생활에 열심을 내었던 아주 잘생긴 대학 4학년생이었습니다. 언젠가부터 모든 일에 관심을 잃기 시작하여 학교생활을 전혀 할 수 없는 상태가 되었습니다. 할 수 없이 부모님이 나서서 휴학계를 내어 휴학처리가 되니 바로 병역을 위한 신체검사 통지서가 나오게 되었습니다. 헌데 그의 무기력함이 문제가 되었는데 신체적으로는 아무 이상소견이 나오지 않아서 정신과로 정밀감정을 위해 입원하게 된 경우입니다.

그는 대학교 1학년 때 어느 대학생 선교단체를 통해 예수님을 영접하게 되었습니다. 세상이 온통 바뀌어 보였습니다. 하나하나가 기쁘고 감사했습니다. 모든 일에 열심을 내게 되었습니다. 공부뿐 아니라, 신앙생활에도 아주 열심을 내게 되었습니다. 죽을 수밖에 없는 죄인을 구원하여 주신 하나님의 사랑에 감복하여 살아갔습니다. 진정 누가 5리를 가자 청하면 10리를 가려했고 겉옷을 달라 하면 속옷까지 벗어줄 정도의 정신으로 살았습니다. 그런데 시간이 가면서 말씀대로 사는 것이 어려워지는 것을 느꼈습니다. 그러나 첫사랑을 생각하면서 자신을 다그쳐 지내오게 되었습니다.

4학년이 되었습니다. 졸업 후의 진로에 대해 생각하게 되었습니다. 공부를 더 하기로 마음을 먹고, 외국과 국내에서의 대학원 진학을 함께 준비해 가기로 하였습니다. 시간표를 짜보니 시간적 여유가 많지 않았습니다. 시간을 내어 도왔던 과내 기독모임의 활동이 힘겹게 느껴지기 시작하였습니다. 전에는 일을 같이 하기로 한 형제가 게으름을 펴서 혼자 해도 원망이 없었는데 이제는 전과 다르게 형제의 티가 눈에 들어오기 시작하였습니다. 슬슬 원망의 마음이 생기는 것이었습니다. 그래도 처음엔 '원수까지 사랑하라 하셨는데, 형제를 미워하면 어떻게 하나?' 라는 마음으로 원망이 되지만 사랑하려고 노력하였습니다. 그런데 그 노력이 점차 식어지는 한편, 미워하는 마음이 강해지는 것이었습니다.

그러나 원수까지 사랑하려고 노력해 왔는데 원수도 아닌 형제를 미워하는 자기를 인정할 수 없었습니다. 그런 자기를 부정하였습니다. 미워하는 마음은 분명 존재했으나 외관으로는 사랑의 모습을 띠는 시간이 어느 정도 흘렀습니다. 점차적으로 미워하는 마음을 부정하기가 어렵게 되어 갔습니다. 미워하는 대상이 한 형제에서 여러 형제로 확대되어 가기 시작하였습니다.

더 이상은 형제를 미워하는 자기를 외면할 수가 없었습니다. 정말로 괴로웠습니다. '예수님께서 원수까지 사랑하라 하셨는데, 형제를 미워하다니. 내가 정말 예수님을 믿는 것일까?' 라는 식으로 자기의 신앙에 대한 근본적인 도전으로 연결이 되었습니다. 분명 자기는 예수님을 영접하였습니다. 그런데 '원수까지 사랑하라시는 예수님을 믿는다는 사람이 형제도 사랑하지 못하다니······.' 라는 생각을 하면 믿음과 현재적 자기를 연결 지을 수가 없는 것이었습니다. 교회에서 예배를 드리는데 악을 악으로 갚지 말고 선으로 이기라는 설교를 들었습니다. 그런데 그 말씀 자체보다는 그렇게 못하는 자기만 눈에 들어오는 것이었습니다.

과거 원수를 사랑하려 했고 아니, 원수까지 가지 않더라도 미워하는 형제를 사랑하려고 했던 자신이 가식적이고 위선적으로 느껴지기 시작하였습니다. 나아가 신앙생활을 처음 할 때부터 내었던 열심도 위선적이고 이기적인 것으로 느껴졌습니다. 그러한 자기를 혐오하게 되었고 점차 자기를 예수를 믿는 사람이라 내세우기가 어려워졌습니다. 신앙에 회의의 큰 회오리바람이 불어 닥치기 시작하였습니다. 점차 자기는 예수님을 진정으로 믿는 신자가 아닌 쪽으로 결론지어 가게 되었습니다. 자기 존재기반이 흔들리면서 일상적인 모든 활동이 급격히 저하되어 갔습니다. 딛고 일어설 자기를 잃게 되었습니다. 죽음에 대해 생각하는 시간이 많아져 갔습니다. 자기에 대해 소망을 전혀 둘 수 없으니 누구에게도 도움을 청할 수가 없었습니다. 자기의 기도는 하나님께서 받으실 것 같지도 않았습니다. 자살을 생각했고 구체적으로 어떻게 죽을 것인가에 대해서도 생각하게 되었습니다. ······ 그러는 과정 속에 입원이 되었던 것입니다.

여러분은 이러한 분을 만나면 어떠한 접근을 하시겠습니까? 다음으로 넘어가기 전에 자기 나름대로의 생각을 먼저 정리해 보시기를 권합니다. 물론 실제적인 상황에서는, 제가 해석을 가하면서 설명 드린 내용을 전혀 모르면서, 전혀 아무것도 하지 못하는 지극히 자포자기하는 사람을 만나는 경우가 되겠지요.

꾸준하게 관심을 기울이면서 접근하는 노력을 기울인 시간이 상당히 흐른 뒤에 그는 저에 대해 어느 정도 신뢰를 하게 되었습니다. 그 신뢰를 바탕으로 저하고만이지만 웬만한 대화는 가능하게 되었습니다. 회복되어지는 사고의 흐름에 맞춰 점차적으로 그와 함께 '성경을 통해 지향적 목표에 빨리 노출되는 그리스도인'에 대해 함께 생각해 갔습니다. 여기서 이에 대해 생각해 보기로 하겠습니다.

1) 영적으로 거듭남은 성화를 향한 시작

우리는 초등학교에서 산수를 배울 때 맨 먼저 더하기에 대해 배우게 됩니다. 그 다음은 빼기이고 그 다음은 곱하기, 나누기이지요. 학년이 올라가면서 점차 더 높은 산수를 배우게 됩니다. 중학교, 고등학교에서는 인수분해, 미적분, 집합…… 등등의 고차원적인 수학을 '단계적'으로 배우게 됩니다. 대개의 교육은 그러합니다. 배움에는 '단계'가 있고 또 각 단계별로 배워야 하는 '과제'가 있습니다. 더하기를 배울 때 미분에 대해서는 전혀 듣지 못하고 들을 필요도 없습니다. 그럼 우리 그리스도인의 성숙 – 성화 – 은 어떠한지요? 그리스도인에게 적용되는 '성숙'이나 '성화'에 대해 들어 보셨는지요? 그리스도인에게 성숙이 있는 것인지요? 또는 성숙이 있어야 하는 것인지요? 때로 '구원'만 알지 그런 개념에 대해서는 잘 모르시는 분들을 만나게 되기도 합니다.

그리스도인이 되었다는 것 – 중생 – 은 무엇을 의미하는지요? 한편에서 보아 그것은, '전에 자기 자신 또는 세상으로 향해 있던 사람이 이제는 하나님을 또는 하나님의 나라를 향해 방향을 바꾸어 서게 되는 것'이라고 말할 수 있습니다. 타락한 자연적 인간은 태어날 때부터 하나님을 떠나 자기만을 위하여 세상적으로 살게 되어 있습니다. 그런데, 자기는 죄로 인하여 영원히 죽을 수밖에 없는 존재임을 깊이 깨달아 하나님께 회개하고 자기를 위해 돌아가신 예수 그리스도를 자기의 구주로 영접하게 됩니다. 이제 그 베풀어 주신 은혜에 감사하여 앞으로는 하나님을 위하여 살겠다고 삶의 지향을 바꾸는 것으로 부연하여 설명 드릴 수 있겠습니다.

그런 의미에서 중생은 또는 협의의 구원은 진정한 그리스도인의 삶의 '출발점'인 셈입니다. 하나님께서 원래 원하시는 것은 구원 자체만이 아니라고 믿습니다. 이제 그 구원을 은혜로 받은 사람이 살면서 점진적으로 회복해 가는 그 온전한 인간성을 함께 원하신다고 말씀드릴 수 있습니다.(빌 2:12, 벧전 2:2, 등등) 그 온전한 인간상이란 다음과 같습니다: 인간은 피조물로서 창조주이신 하나님께 마땅히 가져야 하는 경외하며 겸손히 순종하는 마음이 있어야 합니다. 그리고 죄인이었는데 독생자를 보내 주신 그 무한한 사랑의 구주되시는 하나님을 감사하며 사랑하는 마음이 있어야 할 것입니다. 그 가운데서 하나님께서 성경을 통하여 갖추게 되기를 바라는 성품-원수를 사랑하고 오리를 가자 하면 십리를…… 악을 악으로 갚지 않고 선으로 악을 이기는 등-들을 하나님의 인도하심 가운데 갖추게 되는 그리스도인을 말합니다.

아마도 이 세상의 어느 누구도 죽을 때까지 그 온전한 인간상을 완벽하게 이루지 못할 것입니다. 다만 하나님께서 주신 목표를 향해 가고자 하는 것이요, 실제로 가까이 가게 되는 것이라 생각합니다. 하나님의 나라에서의 우리는 이 땅에서의 우리와 연속성이 있을는지 아니면 연속성이 없이 모두 성숙한 어떤 사람들로 비약할런지에 대해서는 성경에서 구체적으로 얘기하지 않고 있습니다. 분명한 것은 성경에서는 이 땅의 그리스도인들에게 분명히 지향적 목표가 있다는 것을 가르치고 있다는 것입니다. 하나님께서는, 완전하지는 않지만 하나님께서 바라시는 모습들이 조금씩이나마 회복되어지기를 바라시는 것으로 믿습니다. 물론 이 또한 하나님의 은혜 없이는 전혀 불가능한 일입니다. 다만 여기서 강조하고자 하는 것은 그러한 과정 속에서 인간이 책임을 져야 하는 영역에서 최선을 다하도록 격려하고자 하는 것입니다.

이상에서 보듯이 구원을 통해 중생되었다는 것은 그리스도인으로서의 첫 출발입니다. 이제 하나님께서 바라시는 그 온전한 인간상을 향해 나아가는 길목에 서게 된 것입니다. 여기서 분명히 짚고 넘어 가고자 하는 것이 있습니다. 그것은 우리가 중생 되었다고 하여서 우리의 성품 자체가 갑자기 180도로 변해지지 않는다는 것입니다. 물론 경우에 따라서는 다른 사람보다 '많이' 변하는 사람이 있기는 하나, '완전히' 변화되는 사람은 없는 것입니다. 다른 설명보다도 그리스도인인 우리 자신들을 돌아보면 쉽게 알 수 있습니다. 어느 분이 예수 그리스도를 믿게 되시는 순간에 원수를 사랑하게 되고 오른 뺨을 맞으면 왼 뺨을 대주고 겉옷을 달라 하면 속옷까지 벗어주게 되고…… 되는 완벽한 변화를 맞이하셨는지요? 아무도 아무도 그렇지 않으셨을 것이고 현재적으로도 그리하시지 못하실 것입니다. 그렇게 방향은 바뀌었으나 인격적 성품 자체는 크게 달라진 것이 없는 것입니다.

'원수를 사랑하라'는 등의 말씀을 대하게 됩니다. 원수를 사랑하라는 말씀은 이제 중생한 그리스도인에게 현재적으로 당장 그리하라는 것을 요구하시는 말씀이 아니라, 그러한 것을 목표로 삼아 살아가라는 의미에서의 '지향적 목표'인 것입니다. 신앙의 걸음마를 배워야 하는 아이가 신앙의 성인도 이루기 어려운 목표를 당장에 자기의 것으로 하려고 하게 되는 경향이 있습니다. 바로 위의 사례가 그러합니다. 그러한 의미에서 저는 '성경의 지향적 목표에 빨리 노출되는 그리스도인'이라는 문구를 사용하게 되었습니다. 아마도 여러분들의 대다수가 비슷한 문제로 고민하였을 것입니다. 어느 누구도 현재적으로는 성경말씀이 가르쳐 주는 지향적 목표대로 완벽하게 살지 못하기 때문입니다.

　그런데 말씀 그대로는 살지 못하는 자기를 어떻게 다루어 오셨는지요? 이웃이 굶주려 밥 한 숟가락을 달라 했을 때, 차마 아직은 집에 들어와 같이 식사하자고는 하지 못하는 우리 자신들을 어떻게 처리하셨는지요? 하나님 앞에서 어떻게 말씀드리고 장로로서 권사로서 또 목사로서, 아니 예수님을 믿는 그리스도인으로서 살아가고 있는 것인지요? 우리들의 실제적이고 정직한 마음을 서로 나눌 수 있었으면 좋겠습니다.

2) 성화로의 성숙에 있어서 일어날 수 있는 부작용

　우선 '성경의 지향적 목표에 빨리 노출되는 그리스도인'에서 일어날 수 — '그리스도인에게서 일어나는' 식의 일반화가 아니라 — 있는 부작용에 대해 세 가지만 생각해 보기로 하겠습니다.

(1) 외식에의 유혹

　그리스도인은 성경을 통해 지향적 목표에 '빨리' 노출되기 때문에 목표에 미달되는 자기의 실제적 모습과의 괴리를 심각하게 느끼게 됩니다. 거기서 자기의 실제적 모습에 정직하기가 쉽지가 않습니다. 부정하거나 부인하게 될 가능성이 높아지는 것이지요. 결국 현재적 자기 모습을 등한시 하고 간과하면서, 그 목표적 삶을 살기를 강렬히 소망하는 가운데 자기의 내적 모습을 감출 외관(외식, 위선)을 갖추게 되는 유혹을 받을 수 있게 됩니다. 그리하여 자기의 실제 모습은 닫힌의식 속으로 꼭꼭 숨어들게 됩니다. 어떤 의미에서는 자기 분열이 일어나는 것이라고 할 수 있겠습니다. 실제적으로 그리스도인은 중생 이후에 '승리의 삶'을 살기 위해 어떻게 행동하고 생각하고 그리고 느껴야 하는지에 대해 배우게 됩니다. 그리고 자기가 속한 교파 또는 단체의 독특한 규범의 기준과 이상에 맞추려고 자기의 삶의 스타일을 변형시키려는 노력을 하게 되기도 합니다.

그러는 가운데, 자신의 진정한 모습-특히, 감정-을 정직히 대하고 드러내는 것을 희생시키고, 그리스도인으로서 (남으로부터) 기대 받는 그리고 (자기가 자신에게) 기대하는 외적 의관을 입게 되기도 하는 것입니다. 세상에서 우리 그리스도인들은 (아직은) 비그리스도인으로부터 '말을 잘하는 사람'으로 얘기되어지는 것을 많이 듣지 않습니까? 거기에 담긴 함축의 의미는 우리가 잘 알고 있습니다. '삶보다는 말이 앞서는 사람', '자기는 그렇게 살지 못하면서 바른 얘기-지향적 목표-만 잘하는 사람'의 의미로서가 아닙니까? 겸허하게 그러한 비판의 소리에 귀를 기울일 수 있어야 하겠습니다. 아니, 우리가 먼저 그리스도인이라는 사람들로부터 그러한 가식적인 모습을 보고 여러 번 실망하지 않았습니까? 그러면서 '그리스도인이 된다는 것의 참된 의미 또는 내용은 무엇일까?'라는 자문을 적지 않게 되풀이 하여 오셨을 것입니다.

(2) 자기를 기다려 주기가 어렵다

위의 사례에서 보듯이 자기를 지금 당장 지향적 목표들을 이루어야 하는 사람으로 보기 때문에 그렇지 못하는 자기를 견딜 수 없게 됩니다. 그리고 지향적 목표를 향해 자라가기를 기다려 주지 못하게 됩니다. 목표와 실제를 바르게 분별하지 못하는 데에서 오는 현상입니다. 신앙교육이 '목표의 나'에 대해서는 얘기를 들려주지만, '실제적인 나'를 다루어 주지는 못하기 때문에 이러한 혼란이 야기됩니다. 내가 자라기를 기다려 준다는 가르침은 별로 없으니, 나 역시 나를 기다려 주기가 어려운 것입니다. 현재적으로 자기를 판단하여 끝내는 것입니다. '나는 원수를 사랑하지 못하는' 그런 존재로 규정하여 버리는 것입니다. (이를 앞으로는 '존재화' 하는 것으로 부르겠습니다.)

(3) 남을 기다려 주지 못하고 판단한다

배운 것도 지향적 목표에 대해서만 주로 배웠고 자기 자신도 실제적 자기의 모습을 간과한 채 지향적 목표를 당장에 이루어야 하는 사람으로 보게 되니, 이제는 지향적 목표가 사람을 보는 판단의 척도가 되어 남을 보게 됩니다. 그러니 연약할 수밖에 없는 사람들을 기다려 주지 못하는 것입니다. 연약함을 함께 아파해 주는 것이 아닙니다. 연약함을 이해하고 따뜻하게 받아주면서 세워 주는 권면의 마음이 있는 것이 아닙니다. 바로 그 시점에서 '그런 사람'으로 판단해 버리는 것입니다. 어느 누구가 그 판단의 자를 만족시킬 수 있겠습니까? 그러니 자연히 냉소적이 될 가능성이 많은 것입니다. 지금은 어리나 점점 지향적 목표에 가까이 자라가게 될 것이라고 생각하면서 기다려 줄 마음이 자리 잡을 공간이 없는 것입니다. 지향적 목표에 대해서는 잘 알기 때문에 혹 똑똑하다는 말을 들을지는 모르나 따뜻한 마음을 잃어 차가운 사람이 되는 것입니다.

3) 기독 인간관에 대한 고찰

여러분, 위의 청년이 '그래 나는 형제도 사랑하지 못하는 사람이니 그리스도인이 아니다.'라며 자살하려 한다면 내버려 두시겠습니까? 유대인들이 돌로 쳐 죽이려 했던 간음한 여인이 자기는 죽을 죄를 지었다며 죽어 버린다면 이를 예수님께서 원하시는 것일까요? 그렇지 않지 않습니까?

어떤 분의 안타까운 고백을 들은 적이 있습니다. 자기는 네모꼴인데 성경(설교 포함)을 통해 원꼴이 되어야 한다는 가르침을 받아 원꼴이 되려고 노력하였다고 합니다. 그런데 원꼴은 되지 못하고 세모꼴이 되더라는 것입니다. 세모꼴은 분명 자기는 아니고 또 바라는 원꼴도 아니고 해서 깊은 갈등을 하였다고 합니다. 그러면서 자기 인생이 아니면서 만족할 수 없는 세모꼴의 인생을 살아간다는 것에 대해 거부감을 느끼게 되면서 자연히 신앙생활에 대해서 회의를 갖게 되었다고 하는 내용이었습니다. 그런 분들을 어떻게 도와 줄 수 있을까요?

이제 이미 앞에서 다루어진 내용들을 종합하여 바람직한 접근에 대해 같이 생각해 보기로 하겠습니다. 먼저 기독 인간관이 바로 설정이 되어야 할 것인데, 앞으로 다루는 내용들은 그것에 대한 것 중 일부라 할 수 있겠습니다.

(1) 그리스도인은 과정적 존재이다

앞에서 설명 드린 바와 같이 그리스도를 구주로 영접하여 거듭 태어나게 된 그리스도인은 그리스도인으로서의 출발점에 서게 된 것입니다. 그리고 그 이후로 하나님께서 기대하시는 목표를 향해 가는 과정에 있는 존재인 것입니다.빌 2:12, 빌 3:12-14, 벧전 2:2 특별히 빌 2:12의 구원에 대해 언급하고자 합니다. 여기서의 구원은 하나님께서 은혜로 주시는 영생을 얻게 되었다는 의미의 구원이 아니라, 이제 이미 구원받은 자로서 하나님께서 원하시는 온전한 성품을 이룬다는 또는 완성한다는 의미에서의 구원인 것입니다. 그렇기 때문에 모든 그리스도인들은 갓난아이의 그리스도인에서 온전히 성숙한 그리스도인으로 되어가는 '과정' 속에 있다는 것입니다. 이 '과정적 존재'로서의 설정이 바로 되어야 합니다.히 5:12-6:2 온전한 성화를 향해 나아가는 점진적인 성숙의 개념이 우리에게 있어야 하겠습니다. (협의의) 구원은 하나님의 은혜로 단번에 이루어지지만, 거듭난

자로서 그리스도인의 성화를 향해 가는 성숙은 점진적이라는 것입니다.

이제 그러한 설정이 마음속에 자리 잡게 되면 어느 한 순간의 나를 (또는 남을) '그러한 사람'으로 존재화 시키지 않고 목표를 향해 가는 존재-과정적인 존재로 보게 됩니다. 위의 사례에서 보듯이 '형제를 미워하는 사람'이 아니라 '아직은 형제를 미워하는 사람'으로 보게 된다는 것입니다.

어느 대학부에서 특강을 마친 뒤 특강에 대한 반응을 묻는 앙케이트에서 다음과 같은 내용을 받은 적이 있습니다.

> '과정을 존재로 생각하지 말라는 말씀이 와 닿았습니다. 지금 생각해 보면 과정을 존재로 쉽게 생각해 버린 것이 많았던 것 같습니다. 물론 그 말씀을 통해 단지 위로를 받으려는 마음에서가 아니라, 존재로 생각해 버림으로써 자기 자신을 쉽게 막아버리지 않았나 하는 생각이 들기 때문입니다.'

'사례를 통해서 그 동안 나 자신이 가졌던 나에 대한 열등감이나 절망되는 것을 다시 점검해 보았던 시간이었습니다. 선생님의 말씀을 들으며, 나 자신을 과정 중에 있다기보다는 그런 사람으로 존재화 시키는 데에서 커다란 실망을 느꼈던 것을 공감하게 되었던 것 같습니다.'

그렇습니다. 우리 자신들은 목표로 인해 닫혀 버리는 것이 아니라 목표를 향해 열려 있는 존재인 것을 깨달아야 합니다. 이것은 성경을 통해 하나님께서 인간을 어떻게 대하시는가를 알아 가면서 깨닫게 되는 원리인 것입니다.

그렇게 되면, 목표를 기준으로 알아 자기를 (그리고 남을) 그 시점에서 판단하여 끝내 버리는 왜곡된 잘못들은 많이 줄어들게 될 것입니다. 아직은 5리를 가자 하면 3리밖에 갈 수 없는 크기의 사람이 있습니다. 그분이

10리를 가지 못하니 자기는 진정한 그리스도인이 아니라고 판단하면서 그의 수준에서는 정상적인 모든 신앙생활을 멈추어 버린다면 어떻게 하시겠습니까? 그러한 '잘못된 죄책감'에서도 어느 정도는 자유로울 수 있게 될 것입니다. 헛된 기대 그리고 그에 따르는 헛된 좌절이나 절망도 우리를 괴롭게 하는 데서 힘을 잃게 될 것입니다.

물론 우리 중 어느 누구도 그의 생의 기간 동안 성경이 가르쳐 주는 그 지향적 목표를 "다 이루었다."고 말할 수 있는 사람은 없을 것입니다. 사는 날 동안 이에 늘 미치지 못하는 자신들의 모습을 마주하게 될 것입니다. 그때마다 자신은 평생 목표점을 향해 나아가는 과정적 존재임을 잊지 않아야 할 것입니다. 과정 속의 자기를 있는 그대로 하나님께서 받아 주시듯, 자기도 그런 자기를 받을 수 있어야 합니다. 더욱이 우리는 우리의 것이 아니라, 하나님께서 예수님의 핏값을 주고 사신 하나님의 것이 아닙니까? 자기를 자기 마음대로 다루어서는 아니 됩니다. 우리 자신보다도 우리를 더 잘 아시는 하나님께서 우리를 대하시듯 대하여야 할 것입니다.

기억하여야 할 것은 하나님께서는 각 사람의 수준에 맞추어 – 과정적으로 – 대해 주신다는 사실입니다. 과정적 존재라는 것에는 각자가 속해 있는 신앙적 성숙의 수준이 있다는 의미가 담겨 있습니다. 다윗의 간음에 대해, 다윗이 회개하였지만, 하나님께서는 큰 재앙의 벌을 주셨습니다. (물론 다윗은 교사죄도 지었습니다.) 간음한 여인에게 하나님이신 예수님께서는 다윗에게 내리셨던 벌을 주시지 않으셨습니다. 똑같은 간음죄를 지은 사람들인데 하나님께서 다루시는 것이 다름을 볼 수가 있습니다. 깊이 있는 믿음을 가진 다윗이 간음죄를 짓는다는 것은 그 죄의 책임을 중하게 물어야 하는 것입니다. 다윗에게는 그의 믿음에 상당하는 기대의 삶이 있기 때문입니다. 그러나 예수님 앞에 선 간음한 여인은 아직 믿음의 초보에도 들어서지 못한 사람입니다. 그녀에게는 그녀의 수준에 맞는 접근을 하셨던 것입니다.

이렇게 놀랍게 사람을 대하시는 분은 사람의 본질적인 모든 내용을 아시는 분이 아닐 수 없습니다. 그러시려면 사람을 지으신 분이 아니고서는 불가능한 일입니다. 그렇기에 성경의 하나님은 진정 사람을 지으신 분이 아닐 수 없는 것입니다. 하나님께서 그리스도인을 과정적인 존재임을 알고 그렇게 대해주신다는 것을 알게 될 때 우리는 자기에게 그리고 하나님께 정직해질 수 있게 됩니다. 더 이상 외식적이고 위선적인 외관을 입을 필요가 없게 되는 것입니다. 있는 그대로의 모습으로 정직하게 하나님께 나아가고 그렇게 살아가는 것입니다. 신앙을 이루는 주요한 요소들 중 하나는 이 정직이 되어야 한다고 믿습니다. 신앙은 그러한 정직에서 나오는 자연스러운 것이어야 합니다. 자, 이제 정직하고 자연스러운 그리스도인의 성숙을 이루어가도록 하지요.

그리스도인의 이 '과정적 존재성'을 제대로 다루지 못하고 풀지 못한다면 기독교는 어떤 사람들이 지적하듯이 '기독교는 억압적이다.' 라는 비난을 피하기 어려울 것입니다. 늘 지향적 목표만 얘기하면서 그렇게 되어야 한다고만 가르치는 선생님 밑에서 교육을 받는 학생들의 마음은 어떠할까요? 부모자식 간에 있어서도 마찬가지입니다. 그 지향적 목표에는 분명 미달이 되는 부족한 것이지만 현재적 자기의 수준에서는 자연스럽고 건강한 것을 억압하게 될 것입니다. 6리 가는 성숙을 10리를 '못 가는' 잘못된 것으로 부정적으로만 판단한다면, 6리를 '가는' 자기를 남에게 내보이려 하지 않고 자기 또한 그러한 자기를 보지 않으려고 할 것입니다. 그렇게 바로 정상적이고 자연스러운 자기 자신인 자기를 보이지 않게 억압하는 경우가 너무나 많습니다. 이것은 우리가 꼭 풀어야 하는 과제, 중요한 과제입니다.

우리에게 열려야 하는 눈이 있습니다. 그것은 전혀 안 가지는 않고 그래도 그의 현재적 분수인 6리를 '가는', 그 '과정에 있는 상태'를 긍정적으로 보아주는 눈입니다. 위에 서서 현재적으로는 올라 설 수 없는 수준으로 올라서라고만 하지 않고 과정을 함께 풀어가는 마음들이 많아져야만 하겠습니다.

물론 위와 같은 억압뿐 아니라 실제에서는 영적인 것과 비영적인 것을 그르게 구분하는 잘못된 도식적인 이분법적 사고가 그리스도인을 지나치도록 엉뚱하게 옭아매고 있습니다. 그런 잘못된 사고들이 기독교의 참모습을 다르게 변질시켜 결국 기독교를 왜곡되게 이해하여 기독교를 떠나고, 그렇지 않으면 심한 회의의 과정을 남모르게 겪게 합니다. 기독교는 사람을 자유케 하건만…… 그 자유함을 누리도록 하지 못하고 오히려 억압하게 하다니 …… 잘못된 이분법적 사고는 또 하나의 커다란 주제가 되기 때문에 여기서는 자세히 언급하지 않고 넘어 가기로 하겠습니다.

(2) 그리스도인은 '지향적 (방향성을 갖는) 존재' 이다

그리스도인을 과정적인 존재로만 보는 관점은 자기의 연약성에 대한 합리화의 논리로 사용될 수가 있어 부작용이 심하지 않겠는가라는 생각을 당연히 하게 됩니다. 실제 그러한 부작용을 보이는 사람들을 만나게 되기도 합니다. "저도 인간입니다……."라고 말문을 열면서 자기의 잘못을 당연한 것으로 돌리는 사람들을 적지 않게 만나지 않으시는지요? 교역자가 설교 단상에서 그러할 때는 참으로 안타까운 마음입니다.

그렇습니다. 기독 인간관은 거기서 끝나지 않습니다. 아니, 끝날 수가 없는 것입니다. 과정적 존재라면 어디를 향하는 과정적 존재인가라는 물음이 자연스럽게 따라 나오듯이, 과정적 존재라는 것은 이미 그 안에 목표점을 갖고 있다는 것을 전제하고 있는 것입니다. 그렇기 때문에 그 목표점을 향해 가는 '지향적 존재' 임이 당연하게 드러나게 되는 것입니다.

이는 성경이 명백하게 말하고 있는 내용인 것입니다. 마 5:48, 고후 3:18, 빌 3:12-14, 골 3:9, 벧전 1:14-16, 4:2, 벧후 1:4

영적으로 거듭났다고 하더라도 그 동안 자기 안에 왜곡되어 알 수 없었던 또는 결국 회복하여야 하는 본연의 성품-지향적 목표-을 저절로 알게 되는 것은 아닙니다. 그리스도인이라 하여도 자기의 본연의 모습을 제대로 모르고 살아가는 형제자매들이 참으로 많습니다. 바로 그 본연의 우리의 모습을 알기 위해 성경을 공부하여야 합니다. 하나님께서 성경을 통해 가르쳐주시는 그 모습에 정통해가야 하겠습니다. 그렇게 성경공부는 일면 자기의 본연의 온전한 모습을 알아가는 의미가 있습니다. 잃었던 자기를 알아 가고 찾아가는 재미를 만끽하는 즐거운 성경공부가 되기를 바랍니다.

우리들 각자의 신앙역사를 생각해 보시지요. 보면, 신앙이 어릴 적에는 지향적 목표에 대한 의지적 추구가 미숙하여 '의지적 측면'이 두드러지게 의식되지 않았습니까? 그래 목표와 실제 모습과의 괴리의 불협화음이 들려와 마치 위선자 같고 이중인격자 같은 느낌이 드는 것을 떨쳐 버리기가 어려웠던 경험들이 있지 않습니까? 그러나 그 숱한 갈등과 번민에도 불구하고 '바로 이 길이 하나님께서 원하시고 기뻐하시는 길이 아닌가?' 하는 확신이 있었습니다. 또 예수님을 영접한 후 알게 되어 소망하게 되는 그 본연의 나를 향한 지향성을 놓치지 않으려고 애써 왔습니다. 그러는 가운데 제대로 해석하기 어려운-지향적 목표대로 살지 못하는-자기를 끌고 씨름하며 보낸 날들이 숱하지 않았는지요? 참으로 어려운 일입니다. 무엇보다도 '나만으로서는 할 수 없지만, 성령 하나님께서 역사하여 인도하여 주심으로 인하여 결국 목표에 도달하게 될 것이다.' 라는 믿음의 기대가 모순투성이의 우리들을 지켜주지 않았던지요?

그렇습니다. 우리 그리스도인들에게는 그렇게 하나님께서 보여 주시는 목표와 우리들의 현재 모습 사이에서의 괴리로 인한 '긴장' – 괴로워하는 마음 – 이 있을 수밖에 없습니다. 이 긴장을 풀어 가는 것이 쉽지가 않습니다. 한마디의 말로 해결될 수 있는 성격의 문제가 아닙니다. 허나 저는 이 긴장이 바로 그리스도인의 살아있음을 또는 건강성을 나타내는 지표로 생각합니다. 긴장은 지향성이 있기 때문에 가능한 것입니다. 이 긴장이 전혀 없는 그리스도인이라면 죽어 있는 그리스도인이라 얘기될 수 있을 것입니다. 이 긴장이 그리스도인의 표시 중 하나인 것입니다. 영적으로 거듭 태어난 그리스도인이라면 성경이 제시하는 목표에 대한 지향성을 갖지 않을 수가 없습니다. 지향성이 없다면 중생은 없었다고 해도 틀린 말이 아닐 것이라고 생각합니다. 이러한 측면에서 과정성과 지향성 중 더욱 그리스도인적인 개념은 지향성이라 하겠습니다.

어느 교회에 가서 특강을 마친 후 질의응답 시간을 갖게 되었습니다. 30대 중반으로 보이는 부인이 일어나, "예수님을 믿고 난 후 긴장과 갈등이 더 심해져서 힘든 면이 있습니다."라는 솔직한 얘기를 하셨습니다. 예수님을 믿은 지 얼마 되어 보이지 않는 분이었습니다. 그렇습니다. 예수님을 알기 전에는 친구에 대해 좀 미워하는 마음이 있어도 괜찮았습니다. 그런데 믿고 나니 원수까지 사랑하라고 하시는 말씀의 거울에 자기가 비춰져 훨씬 미달되는 자기를 보게 되니 마음이 편할 수가 없는 것입니다. 5리를 가자고 하면 10리를 가라는 말씀의 거울에는 또 어떻게 비춰지고요? 그렇게 목표와 우리 실제 사이에 긴장이 있을 수밖에 없고 거기서부터 갈등이 일어나지 않을 수 없는 것입니다. 이러한 마음을 다루어 주는 마음들이 그리고 사람들이 있어야 하는 것입니다.

저는 그 부인에게, "자매님, 자매님은 언제 정말 참된 기쁨을 느끼시는지요?" 라고 물었습니다. 그러면서 여러 가지를 함께 생각해 갔습니다. 우리 자신들을 살펴보기를 원합니다. (우리 자신들을 자세히 살펴보면 새롭게 발견되는 사실들이 많이 있음을 보고 신기하게 생각되어지는 때가 적지 않습니다.) 예수님을 믿기 전에 친구를 미워해도 잘못인 줄을 모르니까 마음 편해했던 때가, 예수님을 믿고 난 후 말씀의 거울을 비춰 보아 불편한 마음을 가지게 된 때보다 진정 더 좋은 것입니까? 전자의 경우가 사람들에게 참된 기쁨을 주나요? 그때가 자기가 진정으로 원하는 기쁨의 때인가요? 그런 것이 우리 자신이 온전하게 동의하는 평안인가요?…… 그런 때로 돌아가기를 원하는 것인가요?

그렇지 않을 것입니다. 결단코 그렇지 않을 것입니다. 그것은 우리가 진정으로 의도하여 바라는 것이 될 수가 없습니다. 그것은 우리가 원해서 가지게 된 평안이 아닙니다. 그저 자기도 모르게 그냥 살아오게 되었는데, 나중에 예수님을 믿어 신앙의 길을 걸어가다 보니 비교되어 생각되어지는 '생각 속의 평안'일 뿐입니다. 실제로 누렸던 평안은 결코 아닌 것입니다.

사실, 때때로 신앙생활을 하다 보면 '그때가 오히려 편안하지 않았던가?' 라고 생각되어지는 때가 있을 수 있습니다. 그럴 정도로 우리의 옛사람이 지독히도 타락하여 부패해 있는 것이지요. 그러나 어찌 친구를 미워하며 지내면서 그 순간에 평안하다고 할 수 있는 사람이 있겠습니까? 그런 편안을 의도적으로 바라는 것인가요? 아닐 것입니다. 그렇게 타락한 자연적 인간은 자기가 진정으로 원하지 않는 것을 편안하게 느끼고 살아가게 되는 성향을 갖고 있는 것입니다. 자, 이것은 다른 부분에서 다루어질 것이니 여기서는 이쯤 하고 넘어가겠습니다.

목표와 실제 사이에서 괴로워하는 그 긴장의 마음, 그것은 살아 있는 그리스도인이라는 표시 중 하나가 된다고 말씀 드렸습니다. 이는 우리에게 목표로 향하는 지향성이 바로 서 있을 때 가능한 일입니다. 진정한 중생을 한 사람에서만이 가능하다는 것입니다. 신앙이 성숙해지는 만큼 바로 본연의 나-목표를 다 이룬-로 나아가고자 하는 마음이 강해질 것입니다. 그런 가운데 우리의 발걸음은 점차 목표에 가까이 다가설 것이고, 우리의 성숙만큼 의지적 추구가 '의지적 측면'이 덜 의식되면서 자연스럽게 행해지게 될 것입니다.

신앙이 어렸을 적에는 누가 5리를 가자고 하면 10리는 못 가고, 힘들어 하는 가운데서 하나님의 말씀이니까 순종하는 마음으로 자기를 몰아치는 가운데 3리, 4리, 5리, …… 를 갔었을 것입니다. 그러나 상당히 성숙하여 8리를 갈 수 있는 신앙인이라면 6리쯤은, '하나님의 말씀이니까.' 하면서 의지를 총동원하여 가게 되는 것은 아닙니다. 그렇게 하는 것이 이제 자기에게서는 자연스럽게 행해지는 것으로, 자연스럽게 행할 것입니다. 그에게 그만큼 영적 생명이 자란 것이지요. 어린 아이가 힘들게 드는 물건을 어른은 별로 힘들지 않게 들게 됩니다. 그러하듯 우리의 성숙이 깊어지면 깊어질수록 지향적 목표를 따라 사는 것이 자연스러워져 갈 것입니다. 그렇기 때문에 똑같은 것을 행할 때 누가 더 의지의 거침을 심하게 느끼지 않으면서 자연스럽게 행하느냐 하는 것이 그리스도인의 성숙의 척도가 될 수 있을 것입니다.

성숙이 깊은 사람의 또 하나의 모습은 그에게는 그의 바깥의 일들이 영향을 크게 주지 못한다는 것입니다. 상대방이 악으로 대한다 하더라도 그에게서 악을 이끌어 내지 못합니다. 앞에서 설명 드린 방어기제 따위의 마음의 원리의 지배에서 자유로워진다는 얘기입니다. 이제 새사람의 원리가 자기 것으로 자리 잡아 상대방에 따라 움직이지 않고 인간 본연의 모습을 회복해 가는 자로서 그 회복의 자기 자신 모습 그대로를 드러낼 뿐입니다. 자기가 바로 세상의 빛이요 소금이기 때문입니다. 성경이 가르쳐 주는 목표에 대한 지향성을 가지고 나아가는 가운데 우리들은 그러한 수준에까지 이르게 될 것입니다.

이렇게 '과정적이고 지향적인 존재'인 그리스도인을 바로 알게 되면 나와 다른 형제자매들에 대해 어떤 마음을 가져야 하는 것이 밝히 드러나게 됩니다. 우리의 목적은 현재의 잘잘못을 따져 그 판단에 머무르는 것이 아닙니다. 판단하는 것이 아니라 지향적 목표를 향해 그 사람이 성숙되어지기를 바라게 될 것입니다. 사람을 기다릴 수 있게 될 것이고 기다림도 적극적인 기다림이 될 것입니다. 모든 사람들의 출발점은 바로 그 순간의 그 사람 자신입니다. 각각의 단계(수준)에 있는 '그 사람'은 언제고 존중되어져야 하고 그 다음에 지향적 목표로의 격려가 따라야 할 것입니다.

그렇기 때문에 우리 모두는 현재적으로 나쁘고 비정상적인 것이 상대적으로 많다 하더라도 그 상대적 많음에 압도당하지 아니합니다. 좋은 미래를 위해 비빌 데가 하나 밖에 없다 하더라도 그 하나의 가능성을 찾아 나서는 탐색가가 되고 그 하나가 제대로 자라날 수 있는 환경을 꾸며 주는 건설자가 되기 때문입니다. 자, 현재에 대해서는 정직, 정확하면서, 되어질 존재에 대해 관심을 갖도록 합시다. 목표와 실제 사이의 긴장을 함께 나누는 가운데 현재를 비판적으로 안으면서 지향적 발걸음을 멈추지 않도록 합시다.

그리스도인이 가져야 하는 인간관의 주요 부분으로서 위와 같은 내용이 있음을 그 청년(사례 21)에게 설명하였습니다. 그러면서 그가 가지는 갈등은 그리스도인들에게 많이 있을 수 있는 정상적인 것임을 확인하여 주었습니다. 또한 그것은 그리스도인으로서의 건강성을 드러내 주는 것임을 거듭 강조하였습니다. 그런 견지에서 그의 반응에는 지나치면서 왜곡된 측면이 있었음에 마음을 같이 할 수 있었습니다.

우리는 과정적이고 지향적인 존재로서, 과정 중에서 다 이루었다는 위선적 교만에 빠지지도 않고 남보다 조금 앞서 있다는 것으로 허세를 부리지도 않아야 할 것도 나누었습니다. 그렇다고 다 이루지 못함을 인하여 헛된 절망에 빠지지도 않는, 정직하고 자연스러운 지향적 발걸음을 재촉하는 도상의 존재로서 살아가야 한다고 서로를 격려하였습니다. 그러면서 그 모든 과정 속에서 하나님의 섭리를 예상하고 인정하여 받아들이면서 성령님의 인도하심을 간절히 사모하는 것이 그리스도인의 가장 기본적이고 바람직한 자세가 된다는 것을 덧붙였습니다.

그에게 가장 본질적인 문제가 해결되면서 그는 점차 회복하여 갔습니다. 그의 얼굴에서 밝은 모습이 살아나는 것을 보고 참으로 기뻤습니다. 그러나 이 순간에도 얼마나 많은 그리스도인들이 왜곡된 인간관으로 인해 넘어지고 있는지요? 또 얼마나 많이 위선적 외관을 입고 살고 있고요, 잘못된 죄책감으로 신앙의 방황을 하고요, …… 얼마나들 괴로워하는지?…… 먼저 안 자들의 책임이 막중함을 깨닫게 됩니다.

제 7 장

인간에 대한 전체적 이해의 시도

1) 인간관

여기서 인간관에 대해 좀 더 자세히 언급하고자 합니다. 우선 전체적인 온전한 인간관은 둘로 나누어집니다. (아직은) 비그리스도인과 그리스도인은 서로 다른 두 세계에 속해 있기 때문 입니다.고후 5:16-17, 엡 4:22-24, 골 3:9-10 이는 그리스도인은 성령하나님이 거하시는 하나님의 전이라는 점에서 명백하게 드러납니다. 고전 3:16

(1) 타락한 자연적 인간에게 적용되는 인간관

이는 성경적인 용어를 빌린다면, '옛사람 또는 겉사람에 대한 인간관'이라 말할 수 있습니다. 실제적인 측면에서 보면, 앞에서 살펴 본 바와 같이 이에 대해서는 프로이드보다 더 정통한 인물이 없다고 생각합니다. 그는 타락한 상태 그대로 사는 인간만을 알고 분석해 갔습니다. 타락한 자연적 인간(옛사람)으로 태어나 존재하는 그 자체에 아무런 판단을 가하지 않고 긍정하는 것입니다. 그에게서 존재는 긍정을 의미하는 셈입니다. 진화론적이고 유물론적인 그의 인간론을 분명하게 드러내는 장면입니다. 자기중심적이고 이기적으로 태어난 인간은 또 그렇게 살 수밖에 없기 때문에 긍정될 수밖에 없다는 것이지요. 타락한 본성을 평생 '내것화' 하는 것입니다. 물론 예수님을 통한 중생을 모르는 사람은 타락한 본성대로 살 수 밖에 없습니다.

이러한 인간관의 영향은 실제적으로 엄청난 영향을 사회에 미치고 있습니다. 예로서 신문의 정치 분석을 생각해 보겠습니다. 정치인과 정치적인 세력의 말과 활동을 분석하는 데 있어서, 그 개인 또는 그 단체가 조금이라도 다른 사람을 또는 다른 집단을 위해서 말하고 활동한 것이라고 분석한 예를 한 번이라도 보신 적이 있는지요? 가까이 있었던 대통령선거 때를 생각해보시기 바랍니다. 그 후보들의 말과 행동을 한 번이라도 '나라와 국민을 위해서' 또는 '상대편을 진정으로 위해서'라고 한 정치 분석을 한 번이라도 보셨는지요? 거의 모든 정치 분석은 모든 정치가의 언행을 자기중심적인 이기적인 계산에 의한 것으로 처음부터 전제하고 행해지는 것임을 볼 수 있습니다.

물론 정치인들이 실제적으로 그러하기 때문에 그렇게 분석하지 않을 수 없는 측면이 있기도 하지만 인간을 분석할 때 옛사람의 인간관에 사로잡혀 있기 때문입니다. 아무런 대가 없이 그저 순순하게 좋은 것을 행하는 존재로서 인간을 생각하지 못하는 것이지요. 그렇게 자기중심적이고 이기적인 옛사람의 인간관이 이 사회에 엄청난 영향을 미치고 있는 것입니다. 이것은 단순히 부정될 수 없는 엄연한 사실인 것입니다. 실제 많은 사람들에게 적용될 수 있는 인간관인 셈입니다.

문제는 그러한 인간관을 일반화시키는 데 있는 것입니다. 프로이드는 타락한 자연적 인간에 대해서만 안 것인데 그것을 인간 전체인 것으로 여겼던 것이지요. 환원 (reduction)인 것이지요. 지나가는 말이지만 저는 세 명의 후보자의 말과 행동에 있어서 국가와 국민을 전혀 고려하지 않고 완전히 자신들의 사욕만을 위하여 그랬다고 생각하지는 않습니다. 아마도 거의 없을지도 모르겠지만 아주 극소수라도 그런 마음이 있기는 있을 것이라고 생각합니다.

(2) 중생한 그리스도인에게 적용되는 인간관

인간은 타락한 자연적 인간으로 끝나서도 안 되고 끝날 수도 없습니다. 그러한 인간에 대한 하나님의 사랑의 간섭이 있기 때문입니다. 이러한 인간에 대해서 성경적 용어로 말한다면, '새 사람 또는 속사람에 대한 인간관'이 되겠습니다.

성경은 그리스도인에게 있어서 예수님의 대속을 통한 질적인 변화-또는 신분의 변화-를 분명히 얘기하고 있습니다. 그 변화에는 특히 하나님의 은혜로 말미암아 하나님이 주신 (영적인) 목표를 향해 지향성을 갖게 되었다는 것이 핵심적인 변화라 얘기할 수 있습니다. 새사람에게는 중생 이전의 과거의 모습(옛사람 또는 겉사람)으로만 분석(해석)할 수 없는 다른 모습들이 있는 것입니다. 위에서 설명 드린 '과정적이고 지향적인 존재'의 측면을 갖는 것입니다. 과거 옛사람의 인간관만을 적용받아서는 아니 되는 '새로운 피조물'인 것입니다. 세속적 정신분석은 이에 대한 고려가 없는 것이지요. 물론 아직도 그리스도인에게 과거의 인간관이 적용될 수 있는 부분도 있겠으나 중생 이전의(옛사람의) 인간관만을 가지고 그리스도인을 보는 눈은 당연히 포기되어져야 하는 것입니다. 전체적으로 볼 때 새사람의 인간관 아래에서 옛사람의 인간관을 함께 고려하는 것이 균형 잡힌 자세라 생각합니다.

실제적으로 성경은, '(진행형으로) 옛사람을 벗고 새사람을 입는다.' 라는 그리스도인의 역동적인-아직 옛사람의 모습이 살아 있긴 하나 점차적으로 새사람을 입어감으로 말미암아 새사람의 모습이 점점 강성해지는-인간관을 말하고 있습니다. 여기에 긴장이 있습니다. 존재적으로 또는 신분적으로는 분명히 새로운 피조물이나, 신분이 분명하게 차이 나듯이 내용(인격)이 그렇게 차이 나지 않는 것이 우리를 어렵게 합니다. 그렇기 때문에 내용적으로는 그리스도인에게는 옛사람과 새사람의 두 인간관이 함께 그러나 분별 있게 적용되어야 한다고 생각합니다. 이는 신학적으로도 상당히 심각한 주제인데 더 자세한 논의는 차후의 과제로 미루고 넘어 가겠습니다.

(3) 온전한 인간관을 위한 제안

그러므로 실제적 접근은 그리스도인과 (아직은) 비그리스도인을 나누어야 하는 것이 아닌가 합니다. 그리스도인의 인간관을 (아직은) 비그리스도인에게 적용하는 데에는 이론적이고 실제적인 어려움이 있습니다. 여기에서 기독 정신과의사 또는 상담가는 주의하여야 할 것입니다. 우리는 이론적으로는 전체적 인간관을 가질 수 있지만 실제적 적용에 있어서는 구원 또는 중생이라는 절대적 분수령으로 인하여 차등적으로, 상기의 두 인간관을 자유롭게 (아직은) 비그리스도인과 그리스도인에게 적절한 적용을 하여야 할 것입니다. 그리스도인과 (아직은) 비그리스도인 각각에게 적용되는 인간관에 정통하여야 한다는 얘기입니다. 여기에서 기독교의 독특성이 나타납니다. (아직은) 비그리스도인들은 모든 인간에게 적용되는 인간관을 찾아 나서고 그리고 어떤 것을 그렇다고 주장합니다. 그러나 우리는 하나의 전체적 인간관 안에 구원이라는 절대적인 분수령에 의해 엄격히 구분되어지는 두 인간관이 있음을 보는 것입니다.

그렇기에 (아직은) 비그리스도인들과 같이 구분 없이 모두에게 실제적으로 적용할 수 있는 단일한 인간관을 찾아 나서는 우매한 몸짓은 보이지 않아야 할 것입니다. 정신분석이론의 인간관을 동일한 지평에서 우리의 것과 비교, 비판하는 것은 잘못된 시도라고 말할 수 있습니다. 우리의 것 중 중생 이전의 타락한 자연적 인간에 대한 인간관과 비교, 비판하여야 할 것입니다. 그러면서 저들의 인간관이 부분적임을 지적하는 것을 놓치지 않아야 합니다.

> 더불어 생각...

사례를 통한 타락한 자연적 인간관의 일반화에 대한 비판 하나 : 영적 영역의 심리적 영역으로의 환원

정신분석학의 인간관과 기독교의 인간관에 대한 고찰이 어느 정도 이루어진 김에, 정신분석학의 '영적 영역의 심리적 영역으로의 환원'에 대한 사례를 통해 두 인간관의 뚜렷한 차이를 머리 속으로나마 경험하게 되시기를 바랍니다.

> 사례 22

40대 초반의 여자 분이었습니다. 두통, 집중력의 약화, 그리고 무기력을 문제로 하여 방문하였습니다. 여러 정신과의원을 방문하였던 경험이 있는 분으로 얼마 동안 병원에 가지 않았었습니다. 그러다가 다시 증상이 점차 심하게 되어 가까운 병원을 찾는다는 것이 제가 근무하고 있었던 병원을 방문하게 되었던 것이지 저를 알고 찾아오신 분은 아니었습니다. 아주 고운 얼굴에 귀한 우아함이 풍겨나는 분이었습니다. 그런 분의 얼굴에 표정이 없고 밝지 못한 것이 보여 어디서 이러한 어울리지 않는 조합이 생겼을까 궁금해 하면서 만남이 시작되었습니다.

그분은 그전까지 여러 정신과의사에게 자기의 얘기를 반복해 왔기 때문에 또 얘기를 해야 하는 것에 대해 많이 지쳐 있었습니다. 그러면서 정신과의사와 얘기를 나누어도 크게 도움이 안 되는 것을 경험적으로 느끼고 있어서 그냥 증상에 대한 약만 타가기를 원하였습니다. 환자분의 마음이 그러하니 궁금한 마음을 자제하면서 우선 처음 얼마간은 증상에 도움이 되는 약을 처방하여 드리기만 하였습니다. 약으로 인해 증상이 거의 소실이 되었습니다. 증상이 없어지니 다소 정신적 여유가 생기면서 얼굴에 조금 생기가 돌게 되었습니다. 허나 근본적인 분위기에는 큰 변화가 일어나지는 않았습니다. 증상에서 자유롭게 되고 약 만 타가는 형식의 방문이었지만 만남을 더해 오면서 어느 정도 저를 신뢰하게 되어서 자기 내면의 얘기를 조금씩 꺼내게 되었습니다.

그분은 자기의 증상의 원인에 대해 잘 알고 있었습니다. 여러 정신과의사들의 분석을 통해서입니다. 정신과의사들은 비교적 쉽게 원인을 찾아내었다고 합니다. 그것은 한 번의 외도였습니다. (자세한 설명은 생략하겠습니다.) 그 사건을 잊지는 않았지만 신체적 증상이 그것과 연결이 될 것이라고는 전혀 생각해보지 못했었습니다. 그런데 그때 이후의 자기의 역사를 정신과의사와 함께 자세히 살펴보는 가운데서 그 사건과 증상이 연결이 된다는 것을 알게 되었습니다. 그러나 원인을 알았다고 해서 증상이 사라진 것은 전혀 아니었습니다. 실제적으로 정신과의사들이 꼭 이렇게 접근하지는 않았겠지만 그분의 얘기를 들어 보면 그들은 대개 다음과 비슷한 접근을 하였다는 것입니다.

'당신은 한 번의 외도에 대해 너무 지나친 죄책감guilt feeling을 갖고 있는 것이 문제이다. 요새 사람들을 봐라. 옛날시대 같이 성을 생각하는 사람은 없다. 당신보다 더 많은 경험을 하는 사람들도 얼마든지 있다. 지나친 죄책감은 병을 낳게 할 수 있으니 그렇게 생각하지 않도록 하라.'는 식이었다는 것입니다. 그렇게 생각해 보도록 시도도 해보았지만 그분에게는 도움이 되지 않았습니다. 아니, 그렇게 될 수가 없었습니다. 그분은 그렇게 독실하지는 않았지만 그래도 하나님을 섬기는 분이셨기 때문입니다.

그분의 표현대로라면 정신과의사들이 치료적인 원리로 삼았던 것은 보편화 또는 일반화generalization였습니다. 너나 나나 할 것 없이 모두가 그러니 그런 것에 대해 지나친 반응은 보일 필요가 없다는 식으로 생각하게 하는 것입니다. (물론 정신과의사들이 이렇게만 접근하지는 않는다는 것을 꼭 강조하여 주지하고자 합니다.) 이것은 기본적으로 정신분석학의 인간관이 영적인 영역을 포함하지 않고 배제시킨 데에 기인하는 것입니다. 단순히 심리적 인간관만 있기 때문입니다. 결국 심리 이외의 모든 것을 심리화 시키는 오류가 범해지게 되어 있습니다.

죄를 지었다는 것은 분명히 영적인 영역에서 일어난 것입니다. 이는 그분이 그리스도인이기 때문에 더욱 의미가 있는 것입니다. 그분의 괴로움은 단순히 심리적인 차원의 것이 아니라 영적인 것이었습니다. 그것을 심리화 시켜 처방을 내렸으니 치유가 일어날 수 없었던 것입니다. 영적인 세계에 대해 모르는 사람은 영적인 영역에서 일어나는 것들을 절대로 적절하게 다룰 수가 없습니다. 영적인 것을 다루는 것이 아니라 영적인 것 -그들이 생각하는- 에 대한 심리를 다루면서 그들은 마치 그것이 전부인양 말합니다. 물론 이것은 인간을 영적인 존재로 보느냐 그렇지 않느냐 하는 인간관과 직접적인 관계를 가집니다. 인간관이 다르면 여타의 인간에 대한 접근은 달라질 수밖에 없습니다.

이것은 정신분석학 또는 심리학의 결정적인 한계입니다. 정신분석학이 인간의 마음을 분석할 수는 있으나 인간에게 있는 어떤 사실을 해결할 수는 없는 것입니다. 예를 들어 죽음에 대한 '심리'는 다룰 수 있으나 죽음 자체를 다룰 수는 없는 것입니다. 그런데 죽음에 대한 심리만을 다루면서 마치 죽음을 다루는 양 하기도 하는 것입니다. 분석은 죽음을 넘어갈 수 없습니다. 죽음을 넘어 가게 하여 주지 못합니다. 하나님의 심판에 대해서도, 영원한 하나님의 나라에 대해서도 마찬가지입니다. 인간에게 있는 엄연한 사실을 결단코 넘어갈 수 없습니다. 심리를 다루는 것과 사실을 다루는 것에는 건너갈 수 없는 엄청난 차이가 있는 것입니다. 그렇듯 인간에게 엄연한 사실인 영적 세계는 정신분석에 의해 다루어질 수 없습니다. 그것은 믿음의 눈을 갖춘 자만이 다룰 수 있습니다.

그렇듯 죄책감과 죄책의 차이는 엄청난 것입니다. 죄책감은 심리적 영역에 있고 죄책은 영적인 영역에 있기 때문입니다. 본질적으로 전혀 다른 영역에 있는 것입니다. 거기에는 기본적으로 인간관을 비롯하여 치유적 접근 등에 있어서 결코 메울 수 없는 골이 있습니다.

저는 그분을 만나 오면서 그분이 괴로워하는 것은 단지 느낌-죄책 '감' guilt feeling-이 아니라 영적으로 진정한 죄책true guilt임을 알게 되었습니다. 그리고 특히 그분은 그리스도인이었기 때문에, "당신께서는 죄를 지으신 것입니다. 그 죄로 말미암아 신체적인 영역뿐 아니라 여러 영역에서 부정적인 반응들이 일어나고 있는데, 먼저 죄를 분명히 회개하셔야 하겠습니다."라며 그분이 지은 죄를 지적하고 회개를 권할 수 있었습니다. 그리고 회개를 받으시는 무한하신 하나님의 사랑에 대해 성경의 예를 들어 가면서 설명하였습니다. 그분은 자기의 죄를 인정하신 후, 그렇게 따르겠다고 하셨습니다.

그 뒤로 그분과 신앙의 세계에 대한 얘기를 많이 나누게 되었습니다. 그러면서 그분의 얼굴에 밝은 생기가 살아나고 간간이 미소가 머금어지는 것을 보게 되었습니다. 당연히 진정한 원인이 치유적으로 다루어졌기 때문에 신체적 증상은 점차(원인이 제해졌다고 해서 신체적인 회복이

'당장'에 오는 것만은 아닙니다.) 소실되게 되면서 약의 용량을 줄여 가게 되었습니다. 얼마 후에 스스로 이제는 혼자서 견딜 만 하다며 약을 끊고 지내 봤으면 하는 희망을 피력하였습니다. 동의를 하면서 그렇게 하기로 하였습니다. 물론 그 뒤로 잘 지내셨습니다.

이와 같이 우리는 잘못된 심리적 환원에 대해 주의를 하면서, 영적인 것을 바르게 분별하는 능력을 키워 가야 하겠습니다.

(4) 타락한 자연적 인간관의 영향

그런데 가슴 아픈 분명한 사실은, 그러한 심리적 환원은 잘못된 것이기 때문에 인간에게 그저 아무런 힘을 발휘하지 못하는 허수아비에 지나는 것이 아니라는 것입니다. 그것은 실제적으로 사람들에게 상당한 영향력을 행사하고 있습니다. '사실'만 인간에게 영향을 주는 것은 아닙니다. '거짓'도 인간에게 엄청난 영향을 미치는 것입니다. 여기서 인간에게 그 거짓에 반응할 수 있는 부분이 있어 그렇게 된다는 것을 충분히 상정할 수 있을 것입니다. 인간이 그러한 존재인 것입니다. 그러한 존재임을 피할 수 없기 때문에 그런 심리적 환원이 많은 사람의 불안을 가라 앉혀 주고 있는 것이 사실인 것입니다.

정신분석적 이론을 들어, 성적 욕구를 억압하는 것은 여러 문제를 낳기 때문에 적절하게 충족이 되어야 한다며 실제적으로 범하는 많은 간음을 합리화시키는 사람들을 보아 오고 있습니다. 물론 그런 합리화도 없이 간음하는 사람들이 더 많지요. 그런데 그들은 위의 부인이 가졌던 죄책이 없으며 죄책을 바르게 해결하지 못함으로 오는 문제들로 어려움을 당하지 않는 것입니다. 거짓된 부분적 인간관에 의한 일종의 세뇌작용의 왜곡된 영향 때문이라고 말할 수 있습니다.

정신분석학은 '죄'를 인정하지 않습니다. 죄라는 개념이 없습니다. '사람들이 죄라고 하는 것' – 정신분석가들이 일컫는 식으로 말하자면 – 에 대한 심리를 또는 감정을 다룬다는 것입니다. 죄를 심리 또는 감정으로 취급해 버리는 셈입니다. 바로 심리화, 심리적 환원인 것입니다. 이것이 거짓이면서도 사람들에게 엄청난 영향력을 행사하고 있다는 것이 얼마나 아이러니컬한 것인지 알 수가 없습니다. 우리는 이러한 실제를 보아야 합니다. 거짓은 거짓이니까 실제적으로 힘을 행사하지 못할 것으로 아는 분들이 많이 있습니다. 그렇지 않은 것입니다. 실제적으로 엄청난 영향력을 행사하고 있기 때문에 이를 저지하기 위해서는 거짓에 대해서도 잘 알아야 하는 것입니다. 거꾸로 실제적인 영향력을 가지고 있다는 것이 꼭 옳은 원리임을 증명해주는 것이 아니라는 것도 마음에 새겨두어야 할 중요한 지식입니다.

> **더불어 생각...**

정신분석학의 영향으로 인해 구축될 수 있는 신앙과 실제 생활과의 이중구조를 걱정하며

제가 고등학교를 졸업할 때까지는 학교에서 다윈의 진화론을 배웠습니다. 인간의 기원에 대해서는 그것이 답인 것으로 알고 시험을 그렇게 치렀습니다. 제가 대학에 들어와서 여의도에서 열린 대집회의 창조과학이라는 소분과에 참석하기까지는 진화론을 과학적으로 비판할 수 없었습니다. 전혀 배우지 못했기 때문입니다. 교회에서는 성경의 창조론을 학교에서는 진화론을 함께 안고 살아가야 했던 긴 생활이, 신앙생활과 사회생활을 따로 따로 생각하게 만드는 데 기여하지 않았을까 생각해 봅니다. 신앙은 신앙이고 과학은 과학이라는 식으로 말입니다. 그러면서 신앙은 꼭 과학적인 것은 아니라는 의식이 스며들었겠지요. 우리의 신앙의 내용과 정반대의 것이라면 틀림없이 잘못된 것일텐데 이에 대해 속수무책이었던 상태로 방치해 두었던 것이, 알게 모르게 우리 신앙인이 사고의 이중구조, 나아가 생활의 이중구조를 갖게 되는 데 상당한 영향을 주었으리라 생각합니다.

기본적으로 유물론적이고 인본주의적인 인간관에서 출발하는 정신분석학에 있어서도 제대로 비판, 분별하는 노력이 없으면 동일한 결과는 계속하여 반복될 것입니다. 이는 정신과의사이면서 그리스도인인 분들의 상당수가 신앙생활과 정신과의사로서의 활동을 따로 따로 생각하고 행하는 데에서 엿볼 수 있습니다. '신앙은 신앙이고 실제적 인간이해는 정신분석학을 통해서' 라는 식의 이중구조가 염려됩니다. 정신분석학의 인간이해가 진화론과 같이 그리 만만하지 않은 것입니다. 실제적인 인간을 이해하는 데 있어서 실제로 큰 도움이 되는 것입니다. 물론 근본적인 문제를 안고 있기는 하지만요.

그렇기 때문에 정신분석학적 인간이해가 현 사회에 끼치는 막대한 영향을 고려할 때 이를 바르게 비판하면서 인정할 것을 인정하는 가운데 실질적인 대안을 우리 그리스도인이 내놓아야 할 것입니다. 그렇지 못한다면 진화론으로 인한 영향과 마찬가지로 인간이해에 대한 통합된 사고를 할 수 없음으로 인하여 전혀 바람직하지 않은 사고와 생활에서의 이중구조가 심화되지 않을까 하는 염려가 되는 것입니다.

나아가 믿음의 내용을 단지 믿음의 영역에서만 알려 하고 실제적인 영역에서는 적용할 것이 되지 못한다는 사고를 키워 주게 될까 염려가 됩니다. '믿음의 영역 따로, 실제적인 영역 따로' 라는 잘못된 이원론적 사고가 굳어지게 될 것입니다. 이러한 부정적인 상태가 그대로 흘러간다면 신앙의 사문화로 이어져 신앙을 떠나게 되는 사람들도 나타나게 될 것으로 예상됩니다. 아니 그러한 결과를 저는 몇몇 사람들에게서 보고 있습니다. 그리고 기독교 신앙을 받아들이는 것을 어렵게 만들게 하는 주요 요소가 되고 있기도 하지요. 그렇기 때문에 우리 그리스도인들이 (실제적) 인간 이해에 대한 기독교적 대안을 제시하는 것에 깊은 책임을 통감하면서 이에 적극적인 노력들이 있어지기를 바라는 마음 간절합니다.

각 전문분야에서 이러한 연구들이 활발히 일어날 수 있도록 격려하며 지원하여야 하겠습니다. 작금의 한국의 기독교의 중요한 과제 중 하나는 바로 이 신앙과 각각의 구체적 삶의 영역과의 통합적 연결이 아니겠는가 생각해 봅니다. 이 과제를 제대로 완수하지 못하면 한국의 기독교는 상당한 위기를 당할 것으로 판단됩니다. 그만큼 우리의 기독교가 성숙해진 것이지요. 그에 따르는 이 당연한 과제를 잘 완수하게 되기를 바라는 마음 간절합니다.

2) 인간의 (타락한 자연적) 본성에 대한 경험적 접근

인간관을 다루었는데 인간의 본성에 대해 간단하나마 언급하고 싶은 내용이 있습니다. 본성이라는 용어를 사용할 때는 사실상 두 가지 의미가 있기 때문에 분별 있게 사용하는 것이 아주 중요하다고 생각합니다. 보통의 경우는 아담이 죄로 인해 타락한 이후로 갖게 되는 타락한 자연적 인간의 본성으로서의 본성을 의미합니다. 다른 하나는 하나님께서 맨 처음 인간을 지으실 때 인간에게 있게 된 타락 이전의 본성, 또는 영적으로 거듭난 이후로 계속하여 회복하여 결국 온전히 회복하게 될 그 궁극의 본성으로서의 본성의 의미가 있습니다. 그냥 본성이라 혼용하여 사용하면 오류가 일어나게 마련입니다. 그렇기 때문에 저는 전자의 의미로서 본성이라는 용어를 사용하고 특별히 강조할 때는 '타락한 자연적 인간의 본성'

이라 일컫고, 후자의 의미로서는 '본래적 본성'이라 부르고 있습니다.

사실상 이 둘의 관계에 대해 정확히 분별한다는 것은 아주 어려운 작업이라 할 수 있습니다. 둘의 관계를 설명하는 용어도 충분히 연구되지 않고 있다고 말씀드릴 수 있습니다. 저는 우선 다음과 같이 간단히 설명 드리고 싶습니다.

인간이 하나님의 창조로 존재하게 되면서 갖게 된 '본래적 본성'이 있었습니다. 그런데 창조주이신 하나님의 뜻을 거스름으로 인해 타락하게 되면서 그 본래적 본성에도 타락의 영향이 미치게 되었습니다. 그래서 갖게 된 타락 후의 본성을 본래적 본성과 어떻게 연결시키나 하는 것이 어려운 과제입니다. 저는 우선 본래적 본성에 왜곡이 생기게 되었다고 말씀드리겠습니다. 그래서 우리는 뒤틀려진 본성을 갖게 되었습니다. 그 뒤틀려진 '타락한 자연적 본성'은 앞서 살펴본 대로 아주 이기적이고 자기중심적인 성향을 갖고 있습니다.

타락한 이후에는 그 타락한 본성의 영향이 압도적이어 의식의 전면에 부상이 되면서 본래적 본성을 가리게 되기 때문에 보통 사람들은 타락한 본성이 본성의 전부인 줄 알게 됩니다. 사실은 하나님께 받은 본래적 성품이 없는 것이 아니라 죄로 인한 타락의 영향으로 가려져 있는 것인데 말입니다. (이러한 것은 꼭 신학적 표현은 아닙니다.)

역시 앞에서 살펴 본대로 (아직은) 비그리스도인들에게서 선한 모습이 불완전하게나마 나타나는 것을 통해서 이러한 사실은 알 수 있습니다. 때때로 본래적 성품이 우리를 자극할 때 또는 본래적 성품의 흔적이 드러나려고 할 때 (솔직히 아직은 어떤 표현을 써야 할지를 자신하지 못하겠습니다.) 우리는 그것을 본래적으로 자연적인 본성에 속한 것으로 받아들이기보다는 본성과는 다른 영역인, 예를 들어 사유의 산물로-프로이드의 경우에는 초자아superego-취급해 버리게 됩니다. 마치 진정한 자기의 것이 아닌 것으로 여기는 셈이지요. 이는 다른 측면에서 본다면 진정한 자기를 외면하는 것이라고 볼 수 있습니다.

그 진정한 자기에 대한 관심이 일어날 수 있었으면 하는 마음 간절합니다. 그것은 본래적 본성의 회복으로 나타나게 될 것입니다. (아직은) 비그리스도인들에게 이러한 메시지를 전해야 할 것입니다. 그런데 타락한 자연적 본성에서 본래적 본성으로의 회복에는 절대적으로 하나님의 은총에 의한 영적 거듭남-구원-이 있어야 함을 증거하여야 할 것입니다.

이쯤 하고 본론으로 들어가겠습니다. 여기서는 후자인 타락한 자연적 인간의 본성에 대해 경험적으로 접근해 보고자 합니다.

(1) 악을 행할 때와 선을 행할 때를 통해

먼저 악을 행할 때를 살펴보기로 하겠습니다. 우리 자신들을 잘 살펴보기로 하지요. 누구에게 욕을 하고 구타를 가하고 거짓말하고 컨닝하고 속이고 등을 할 때를 먼저 살펴보겠습니다. 그럴 때에 의지가 발동이 되는지 생각해 보시기 바랍니다. 의지적으로 악을 행하게 되느냐는 것입니다. 예를 들어 비올 때 길을 가는데 지나가는 차가 행인에게 피해줄 것을 전혀 주의하지 않고 물이 고인 웅덩이를 빠르게 지나감으로 인해 흙탕물을 흠뻑 덮어 쓰게 되었다고 상상해 보시기 바랍니다. 자연적으로는 그 운전사에게 전혀 욕하고 싶은 마음이 들지 않는데 의지를 행사하여 힘들게 욕을 하게 되는지요? 아마도 그렇지 않을 것입니다. 욕은 흙탕물이 튀기자마자 자동적으로 자연스럽게 튀어 나가게 되었을 것입니다.

자동차 운전을 할 때의 자기를 살펴보면 실감 있게 느낄 수 있을 것입니다. 집에서 늦게 출발하여 출근시간에 늦을 것 같아 과속으로 운전하여 가고 있었습니다. 그런데 옆에서 가고 있던 자동차가 깜빡이도 넣지 않고 갑자기 자기 앞으로 들어 올 때 우리들은 어떤 반응을 보이게 됩니까? 아무렇지 않은 분도 있긴 하겠지만, 대부분의 사람들의 입에서는 '아니, 저…….' 라는 식의 욕이 튀어 나오지 않는지요? 그럴 때 생각해 보니, 앞의 운전사가 잘못했다고 판단되어 '그러면 욕을 해주어야겠구나.' 하여 의지적으로 욕을 하게 되는지요? 대개는 그렇지 않을 것입니다. 의지나 사고가 개입할 여지도 없이 자동적으로 즉 본능적으로 욕이 튀어 나갔을 것입니다. 자기중심적이고 이기적인 모든 악들 – 거짓말, 폭력 등 – 을 행할 때 마찬가지 현상이 똑같이 일어나는 것입니다. 그렇게 인간은 악을 자동적이고 자연스럽게 행하게 되어 있습니다.

다음, 선하고 의로운 것을 행할 때를 살펴보기로 하겠습니다.

용서를 생각해 보겠습니다. 버스 안에서 누군가에 의해 발을 심하게 밟혔는데 밟은 사람이 "죄송합니다."라고 했을 때 자동적으로 자연스럽게 용서가 되던지요? 아마도 자동적으로 되지는 않을 것입니다. 용서한 사람의 마음 안에서는 '붐비는 버스 안이니까 그럴 수 있겠지.' 라는 이해와 함께 의지가 발동이 되었을 것입니다. 인내하는 것도 그렇습니다. 저절로 인내가 되지 않는 것이 인간인 것입니다. 인내에는 의지가 개입되게 되어 있습니다. 사랑의 경우도 마찬가지이지요. 모성애의 경우도 그러합니다. 엄마는 어떤 경우에도 아이를 자동적으로 사랑하게 되어 있지 않습니다. 물론 다른 경우의 사랑과 비교할 때 선천적인 측면에서 자동적인 성격이 강한 점은 있습니다. 그러나 완전히 자동적으로 행해지는 것은 아닙니다. 그렇다면 그것을 사랑이라고 부르지도 아니하겠지요. 그렇게 선한 것이나 의로운 것을 행할 때는 '의지의 행사' 가 꼭 들어가게 되어 있습니다.

이상에서 알게 되는, '자연적 인간에게 편하고 자연스러운 것은 악하고 불의한 것이고, 선하고 의로운 것을 행하는 데에는 꼭 의지의 행사가 있게 된다.'는 것은 인간의 본성의 타락상을 이해하는 데 아주 중요한 실마리가 된다고 할 수 있겠습니다. 물론 성숙한 사람일수록 그만큼 의지의 거침을 느끼지 않고 자연스럽게 행하게 될 것입니다. 이것은 성숙의 의미 있는 척도로 사용될 수 있습니다.

(2) 내면에서 일어나는 즉각적인 반응을 통해

사례 23

몇 년 전에 제가 미국에서 공부하고 있을 때였습니다. 차가 없이 형과 같이 생활을 하다 형이 잠깐 고국을 방문하게 되어 형의 차를 사용하고 있었습니다. 어느 날 100km 남짓 걸리는 거리에 있는 교회의 전도사로 섬기고 있던 형제가 차가 고장 났는데 차를 빌릴 수 있겠느냐고 물어 왔습니다. 언뜻 먼저 대답한 것이 "파워 핸들 기름이 샌다."였습니다. 기름이 새어 늘 기름의 양을 체크한 후 차를 타곤 하였는데 먼 곳을 계속하여 운전을 하여 가는 경우에는 위험할 수도 있으니 빌려 주기가 어렵다는 식으로 반응을 보인 것입니다. 그 형제는 저의 그러한 반응에 "그렇다면 다른 사람에게 알아보겠다."고 하며 더 이상 빌려 달라는 요청을 하지 않았습니다.

저의 첫 번째 반응은 그러하였습니다. 순간적이었지만 내가 불편할 것이 마음속에 먼저 떠올랐고 또 보험에 운전자로 올라 있지 않은 형제이니 혹 사고라도 나면 어떡하나? 특히 형의 차인데 잘못하여 원하지 않은 어려움을 당하게 되는 일이 일어나면 어떻게 하나? 라는 걱정이 머리를 스치고 지나가는 것이었습니다. 그렇게 저의 내면에서 일어나는 부끄러운 마음을 직접 전달하면 저의 자기중심적이고 이기적인 모습이 드러날 것 같으니까, 평소에 '조금' 생각하고 지냈던 파워 핸들의 문제를 '크게' 부각하여 애기를 하게 되었던 것입니다.

제가 마음을 살펴 자세히 설명을 드리니 이렇게 늘어진 설명이 되는 것이지 실제의 상황에서는 이는 거의 순간적으로 일어나는 마음의 발로입니다. 의지가 개입되지 않은 본능적인 차원의 반응이라는 것입니다. 사람들의 내면에서 일어나는 즉각적인 반응을 살펴보면 선한 마음보다는 이렇게 이기적이고 자기중심적인 '사악한 마음'이 본능적으로 먼저 발동이 걸리는 것입니다. 여러분, 누구로부터 돈을 빌려 달라든가 또는 보증을 서달라는 요청을 받았을 때 즉각적으로 내면에서 일어났던 마음의 반응을 살펴보시기 바랍니다. 우선 발생할 수 있는 부작용이 먼저 생각되어 마음이 불편해지지 않습니까? 우리의 본성이 그러한 것입니다. 물론 그러한 어려움이 예상되는데도 불구하고 의지적으로 돈을 빌려 주고 보증을 서는 것은 또 다른 문제입니다.

(그렇게 하여 형제와 헤어진 뒤 저의 내면의 마음을 살펴보니 위와 같은 모습을 발견하게 되었습니다. 형제의 편리를 먼저 생각하는 것이 아니라 예상되는 저의 불편 또는 사고로 인한 어려움을 즉각적으로 느끼는 나, 그런 후 저의 부끄러운 마음을 교묘하게 숨기면서 겉으로는 그럴듯한 이유를 둘러대는, 어쩔 수 없는 저를 안타까워하면서 하나님께 회개의 기도를 드리게 되었습니다. 그러고 나서 차에 대해 잘 아는 형제에게 파워 핸들 기름이 새는 문제에 대해 물어 보았습니다. 수시로 기름의 양을 체크하여 필요한 양을 채워주는 주의를 기울이면 큰 문제는 없을 것이라는 애기를 들었습니다. 그래서 차를 필요로 하는 형제의 집으로 찾아가 위에서 설명 드린 저의 마음의 흐름을 그대로 설명하면서 용서를 빌었습니다. 그 다음에 파워 핸들 기름에 대해 들은 바를 전하고 보험의 문제를 애기하면서 주의하여 운전해 줄 것을 부탁하였습니다. 다행히 형제는 저의 잘

못을 용서해 주었고 자기 차를 고칠 때까지 형의 차를 사용하게 되었습니다. 사고는 나지 않았습니다.

저는 '그만큼'이나마 된 것을 하나님께 감사하였습니다. 저에게 아직도 그리도 부패된 모습이 힘 있게 자리 잡고 있는 것이 사실입니다. 그렇지만 이내 자기를 정직하게 보고 사악한 반응을 확인한 뒤 하나님께 회개를 드리고 그 타락한 자기를 교정하려는 노력 끝에 실제적인 행동으로 옮길 수 있게 된 것도 하나님의 은혜 아래 있는 저 자신에게서 나온 것입니다. 부족한 사람에게 그래도 하나님의 생명의 기운이 역동하고 있기 때문입니다. 이렇게 우리 그리스도인들은 옛사람의 인간관만으로는 설명될 수 없는 생명의 모습이 있는 것입니다. 그 형제하고는 지금도 좋은 관계를 유지하고 있습니다.)

(3) '자기'의 개입으로 인한 마음의 흐름의 변화를 통해

사례 24

어느 날 제 2차 세계대전 전후를 배경으로 하는 영화를 보고 있었습니다. 폴란드에 독일군이 침범하였습니다. 독일군의 갑작스러운 침범으로 인해 많은 사람들이 죽고 피난 가다가 가족이 서로 헤어지게 되고…… TV를 보는 저의 마음에는 독일군에 대한 분노가 일어나고 있었습니다. 이 일을 놓고 영국, 프랑스, 미국 등 여러 나라가 참전 결정을 타진하고 있었습니다. 그때 저는 독일이 아무런 잘못이 없는 폴란드를 쳐들어 왔기 때문에 다른 나라들이 당연히 참전해 줄 것을 기대하고 있었습니다. 그때 참전여부에 대한 국민의 의사를 알아보는 인터뷰 기사가 나왔습니다. 미국 여인 둘에게 물었습니다.

그런데 저의 예상과는 전혀 다르게 그들은 그 전쟁을 정말 남의 일로

여기고 있었습니다. 전쟁의 소식에 대해 너무 태연한 것이었습니다. 마치 매일의 날씨에 대한 뉴스를 대하듯 하는 것이었습니다. 당연히 참전에 반대한다는 것입니다. 독일의 불의한 행태에 의로운 분을 발하면서 그러한 악의 세력은 징멸하여야 한다는 식으로 참전을 주장하는 대화가 전혀 나오지 않는 것입니다. 그리고 이내 일상적인 자기 일로 들어가는 것이었습니다. (물론 미국의 모든 사람들이 그렇지는 않겠지요.) 거기서 분노해야 할 것에 대해 분노하지 못하는 그래서 정의로운 일을 행하는 것에 동의하지 않는 그 여인들에게 분노를 느끼는 저 자신을 보게 되었습니다.

다시 돌이켜 올라가 생각해 보았습니다. 자연적인 나의 예상과 다른 모습을 보이는 그 여인들 사이에서 차이를 낳게 하는 것은 무엇일까? 인간의 본성적인 측면에서 생각해 볼 수 있는 한 가지는 그 전쟁이, 그 전쟁을 '영화'로 보는 저에게는 직접적인 이해관계가 전혀 없는 데 반해 여인들에게는 직접적인 이해관계가 얽혀 있다는 아주 중요한 차이가 있다는 것을 발견하게 되었습니다. 저는 이해 당사자가 아니라 삼자적인 입장에 서 있다는 얘기입니다. 그러한 입장에 있기 때문에 의로운 분을 쉽게 낼 수 있게 되어 있는 셈입니다. 그러나 참전을 하여야 하느냐 마느냐 하는 결정의 기로에 놓여 있는 이해 당사자의 그 여인들에게는 그것이 그리 간단한 문제가 아닌 것이었습니다. 참전이라는 것은 자기들의 형제나 아들들이 전쟁에 나서는 것과 또 실제적인 경제적 손실을 각오하여야 한다는 것을 의미하는 것이 되기 때문입니다.

그렇게 자기가 직접적인 이해 당사자의 위치에 서게 되면 인간은 달라지게 되어 있는 것입니다. 자기가 관련되면 시각이 굴절되게 되어 있습니다. 그때는 자기중심적이고 이기적인 본성이 제 모습을 완연하게 드러내게 되어 있는 것입니다. 우리가 만약 모든 일에 있어서 제 삼자적인 입장에서 생각할 수 있다면, 우리의 사회는 지금과는 전혀 다른 세계가 되어 있을는지 모릅니다. 아니 그러했을 것입니다. 삼자적인 입장이란 결국 자기중심적인 그 '자기'를 넘어서는 것을 의미합니다. 그 자기를 넘어서면 세상은 참으로 좋은 세상이 될 것입니다. 그런데 '자기' 그리고 그 자기의 조금 확장인 '작은 우리' – 혈연, 지연, 학연, 등등으로 형성된 무리 – 를 온전히 넘어 선다는 것은 타락한 자연적 인간으로서는 불가능한 것입니다. 그러한 본성을 갖고 있다는 것이 타락한 자연적 인간의 실상이요 불행의 근원입니다.

저는 예수님께서 선지자는 자기 고향에서 대접을 받지 못한다고 하신 말씀을 그러한 맥락에서 받아들입니다. 아마도 거기에는 협의의 의미에서의 영적인 의미보다는, 인간의 본연의 성질에 대한 교훈이 있는 것이라고 생각되어 집니다. 그런 관점에서 언급하고 싶은 한 가지는 자기가 비교의 대상이 되면서 동시에 판단자가 되는 상황에서는 자기보다 뛰어난 상대방을 올바로 평가한다는 것은 웬만한 성숙의 사람이 아니면 어려운 일이라는 것입니다. 바로 자기 자신이 관련되어 있기 때문입니다. 자기가 비교되어 드러나기 때문입니다. 그 결과로 어떤 사람들에게 있어서는 자신에게서 피어나는 경쟁심 또는 열등감이 자신의 내면의 흐름을 왜곡되게 만들게 됩니다. 그 사람의 눈을 흐려 놓게 되는 것이지요. 예수님께서도 그러한 본성으로 인해 갇히는 고향의 사람들로부터 대접을 받지 못하신 것입니다. 그렇게 '자기'가 묻게 되면 올바른 객관적 판단을 내리기가 어렵게 되어 있는 것이 자연적 인간입니다.

* 우리는 사람을 평할 때, 자기에게 잘해주면 좋은 사람으로 그리고 잘못해주면 좋지 않은 사람으로 얘기하는 경우가 많이 있습니다. 객관적이고 전체적인 조명보다는 자기의 선호에 따라 판단이 결정되는 경우가 참으로 많습니다. '자기'가 묻은 판단의 자를 휘두르는 것을 주의할 수 있었

으면 좋겠습니다. 자기라는 벽을 넘어서기 위한 노력을 늦추지 않으시기를 바랍니다. 자기를 찌르는 아픔이 있을 때가 있습니다. '작은 우리'가 관련이 될 때 그 작은 우리를 넘어 정직하고 공평한 판단을 한다는 것은 모진 고난과 오해를 감수해야 하는 경우가 적지 않을 것입니다. 이 일을 우리 그리스도인이 감당하여야 할 것입니다. 혈연, 지연, 학연 등으로 형성된 단체, 여러 가지로 자기가 속한 어떤 단체 등의 작은 우리의 이익이 아니라 '전체 우리'의 이익을 위한 판단과 결정을 내린다는 것은 보통 일이 아닙니다. 바로 우리가 하여야 할 것입니다.

(4) 평상시의 기억과 관계된 것을 통해

돈에 대해서 살펴보는 것이 쉽게 도움을 줄 것입니다. 여러분 자신들을 돌이켜 보시기를 바랍니다. 여러분들은 돈주머니가 바닥이 나서 돈을 꾸려 할 때 돈을 꾸어야 한다는 것을 잊어버린 적이 얼마나 되시는지요? 잊게 되는 경우도 가끔 그것도 아주 가끔 발생하기는 하겠지만, 돈을 꾸어야 한다는 것은 거의 잊지 않는 '나'를, 어렵지 않게 발견할 수 있을 것입니다. '나'의 필요성이 나를 계속하여 자극하기 때문에 잊어버릴 수가 없는 것입니다. 돈을 꾸어야 한다는 마음은 '나'의 필요성에 의해 생긴 것이기 때문에 자기의 열린의식의 전면에 자리를 잡게 되는 것이고 그래서 도움을 청할 사람이 보이기만 하면 재빠르게 튀어나와, '저 사람에게 돈을 빌려 달라고 해보자.' 하며 가능성을 타진하게 되는 것입니다.

반면 돈을 꾼 것에 대해서는 어떠한가요? 성숙한 사람일수록 강하게 의식하겠지만 그럼에도 불구하고 빌릴 돈에 대한 것과 비교하여 빌린 돈에 대해서는 우리의 의식이 어두워짐을 알 수 있습니다. 빌릴 돈은 '자기'의 필요를 채워 줄 것이기 때문에 잊지 않게 되지만 빌린 돈은 '자기'의 필요하고는 거리가 있는 것이기 때문에 계속 잊지 않고 있다는 것이 쉽지가 않은 것입니다. 열린의식의 전면에 위치하지는 않는 것이지요.

꾸어준 돈과 꾼 돈에 대해서도 마찬가지의 원리가 적용되는 것을 알 수 있습니다. (내가) 꾸어 준 돈은 비교적 잘 잊지 않는데 (남에게) 꾼 돈은 비교적 잘 잊는 것을 경험적으로 알게 됩니다. 우리의 열린의식에서는 돈을 꾸고서도 갚지 않은 경우를 기억하는 경우는 거의 없을 것입니다. (의도적으로 또는 갚아야 하는데 돈이 없어서 못 갚는 경우가 아닌 경우를 말합니다.) 잊어 버렸기 때문에 갚을 수가 없는 것이지요. 돈을 꾼 것을 잊어버린 경우 당연히 누구에게 돈을 꾸고 갚지 않았는가를 알 수가 없습니다. 그렇기 때문에 우리들의 의식 속에는 돈을 꾸고 갚지 않은 경우에 대한 기억이 있을 수 없는 것입니다. 혹 그럴 가능성을 안정할 수는 있겠지만 말입니다.

그런데 돈을 꾸어 주었는데 돌려받지 못한 경우에 대한 기억이 몇 개쯤은 있을 것입니다. 왜 이러한 현상들이 일어나는 것일까요? 그만큼 자연적 인간은 자기에게 관심이 집중되어 있다는 것입니다. 자기의 이익을 위한 쪽으로는 의식이 강해지는데, 자기의 이익을 떠난 남의 이익에 대해서는 의식이 약하게 되어있는 것입니다.

인간의 본성에 대해 살펴본다고 하여 몇 가지 경우를 들어 설명하였는데 너무 부정적인 내용들이어서 혹 기분이 상한 분들이 없는지 걱정이 됩니다. 좀 지루하게 느껴질지 몰라 여기서는 이 이상의 원리적 고찰은 생략하도록 하겠습니다. 어찌하든 타락한 자연적 인간의 실상이 그렇게 추할 수 없음을 명심하실 수 있기를 바랍니다. 그리고 그리스도인이라 하더라도, 신분적으로는 새로운 피조물이지만 실제 내용적으로는 우리가 아직 그러한 모습을 완전히 벗어난 것이 아니라는 것을 기억하면서 겸허할 수 있어야 할 것입니다.

3) 인간관 연구에 있어서 그리스도인의 자세

(1) 배워야 하는 것은 배울 수 있어야

저는 이상과 같이 저 자신을, 그리고 전문가로서 만나는 다양한 사람들을 자세히 살펴보면서 인간으로서 저 자신에 대해 절망을 하게 됩니다. 인간은 아무리 하여도 스스로는 완전한 선인의 자리에 설 수 없음을 뼈저리게 느끼는 것입니다. 저 자신에게 결코 만족이 안 되는 것입니다. 자기를 스스로 구원할 수 없는 존재라는 것을 깨닫게 됩니다. 인간에 대해 위와 같이 경험적으로 또는 귀납적으로 알아 가면서, 인간에 대해 어디서 정확히 말하고 있을까라는 물음을 가지면서 여러 시도들을 제한적으로 살펴보기도 하였습니다. 만족한 답을 주는 것은 없었습니다.

정신분석이 타락한 자연적 인간 즉 옛사람에 대한 관찰을 훌륭하게 하는 것을 알았습니다. 그런 측면에서 배울 것이 많이 있음을 압니다. 또 제가 깊이 있게 알지는 못하지만 불교를 비롯한 동양종교, 철학이 인간에 대해 상당히 심원한 관찰을 하고 또 훌륭한 지혜들을 내놓고 있는 것을 보게 됩니다. 실제적 인간의 마음의 움직임에 대해서는 기존의 기독교보다 훨씬 정확하고 자세하다고 얘기할 수 있습니다. 그들의 깊이가 그렇게 만만하지가 않습니다.

그러나 그들은 예수님의 대속의 은혜로 새로 태어나는 인간에 대해서는 무지하기 때문에 환원론의 오류에 빠지게 되는 한계를 지니고 있습니다. 거기서는 인간구원이라는 가장 중대한 과제에 있어서 실질적인 효력을 갖는 얘기를 결코 들을 수가 없습니다. 그 곳에서는 하나님을 모르기 때문에 구원의 길을 '인간 자신 안에서만' 살펴볼 수밖에 없게 되어 있습니다. 인간 자신 안에서의 구원의 길을 모색하는 가운데 여러 다양한 길들이 제시되고 있습니다.

그렇기 때문에 인간이 신적인 존재에 이르지 않을 수가 없습니다. 그렇지 않고서는 구원의 길이라고 얘기될 수 없기 때문입니다. 그렇기 때문에 인간이 신이 되고 세계가 되고 자연이 되고 또 신이고 세계이고 자연인 것으로 나아갈 수밖에 없는 것입니다. 결국 거기서 인간의 극존화가 일어나게 됩니다. 인간 안에서만 구원을 모색하게 되어 있기 때문에 처음부터 인본적인 것이요 또 그렇기 때문에 그 나중은 인본주의의 꽃을 피우지 않을 수 없는 것입니다.

글쎄요, 인간이 원래 신적인 존재로서 완전하고 절대적으로 독립적인 존재여서 그렇게 될 수 있다면 한 번 바랄만 한 것이 되겠지요. 또 그렇지 않은데도 더 높은 수준의 존재가 될 수 있다는 ─ 인간을 높여 주는 얘기가 때로는 아주 달콤한 얘기로 들려질 수 있을 것입니다. 인간이 서로를 높여 주는 것이니 서로 기분 좋아할 수 있습니다. 그런데 인간에게 엄연한 사실을 단지 기분으로는 넘어갈 수 없음이 불행인 것입니다. 인간을 무조건적으로 높이는 것이 아니라 인간에게 엄연한 사실들을 밝혀내고 이에 충실한 것이 가장 인간적인 것이라 믿습니다.

어찌하든 저는 개인적으로 하나님을 알지 못하는 자들이 그렇게라도 갈 수 있다는 것에 대해서 경의를 표합니다. 하나님을 알지 못하는 그들로서는 아주 지혜로운 생각을 하는 것이지요. 절대 냉소적으로 얘기하는 것이 아닙니다. 한번 우리가 하나님을 알지 못했다고 상상해 보지요 그러면 우리는 어떻게 인간을 포함한 이 세계 만물의 이치를 궁구하였겠습니까? 저는 하나님을 알지 못하는 인간이 생각할 수 있는 아주 훌륭한 지혜들을 저들이 찾아낸 것이라 생각합니다. 다만 불행한 것은 그것이 창조주시고 구원자이신 하나님과 관계없는 것이기 때문에 구원과 상관이 없다는 데서 문제가 되는 것이지요. 우리에게 구원의 관점에서만 저들을 판단하여 끝내 버리는 성향이 있음을 봅니다. 그러한 자세를 넘어 배울 수 있는 것들에 대해서는 겸손히 배울 수 있는 수준의 사람들이 많이 나타나기를 바라는 마음 간절합니다.

물론 이는 아주 조심스럽게 하여야 하는 발언입니다. 저는 구원론적인 관점에서 구원의 길에 대해서도 배울 수 있다는 얘기가 결코 아닙니다. 그렇게 오해하는 분들이 없기를 바랍니다.

'저들이 하나님을 알지 못하니 저런 길로 가게 되는구나. 저들이 하나님을 알았다면 얼마나 좋았을까. 상대적인 것으로 절대적인 것을 풀려고 하니 그것이 풀려질 수가 없지. 저들이 절대적인 것에 대해서는 몰랐으니 그것은 또 당연한 귀결이기도 하구나.' - 저들에 대한 저의 심정은 이러합니다.

(2) 진리 안에 있음을 확신하며

얘기가 길어졌습니다. 다시 본론으로 들어가겠습니다. 저는 경험론적으로 볼 때도 인간을 바르게 진단할 뿐 아니라 바른 처방을 제시하는 곳은 예수님의 대속의 복음을 근간으로 하는 기독교밖에 없음을 천명할 수 있습니다.

우리는 인간의 본성에 대해서 하나님의 말씀을 통해 얼마든지 알아갈 수가 있습니다. 탐욕에 대한 계명은 우리가 탐욕적인 존재임을 가르쳐 줍니다. 인간이 자연적으로 탐욕을 느끼는 존재가 아니라면 탐욕을 품지 말라는 말씀을 우리에게 주실 리가 없습니다. 그렇게 계명은 우리가 타락한 존재임을 상기시켜 줍니다. 그런 식으로 인간의 본성을 정확히 알 수 있는 방법 중 하나는, 성경을 통해 주시는 부정적인 계명 중에서 그 부정을 제하면 됩니다. 예를 들어 '거짓말하지 말라.'에서 부정을 빼면 거짓말하는 것이 남습니다. 바로 거짓말하게 되어 있는 것이 우리의 본성이라는 것이지요. 하나 더 예를 들어 보겠습니다. 법정에서 가난한 자에게 불리한 증언을 하지 말라는 말씀은 바로 우리 인간에게 그렇게 되는 본성이 있음을 드러내 주는 것이라는 것입니다. 그렇게 함으로 자기에게 이익이 되게 하는 것이지요. 세상적으로 볼 때 부자에게 붙어야지, 가난한 자 편에 서서는 이익이 되지 않는 것을 아는 자기중심적이고 이기적인 본성이 발현되는 것입니다.

긍정적인 계명에 대해서는 거꾸로 생각해 들어감으로써 본성에 대해 알 수 있게 됩니다. 악을 악으로 갚지 말고 선으로 이기라는 말씀은, 우리에게는 악을 악으로 갚으려는 성질이 본성적으로 존재하고 있다는 것을 가르쳐 줍니다. 우리가 악을 선으로 이기게끔 방향 지어져 태어났다면 그러한 계명을 우리에게 주실 필요가 없을 것입니다. 하나님께서는 성경을 통해 하나님의 피조물인 인간이, 창조주이신 하나님과 피조물인 인간과의 관계에서 마땅히 지켜야 될 도리를 지키지 못함으로써 타락하게 되어 부패하게 되었다고 말씀하시고 계십니다.

창조주와 피조물의 관계가 어떠해야 하는지에 대해서는 조금만 생각해 보아도 명백하게 알 수 있는 것이 많습니다. 피조물은 자기에게 선재하는 의지가 있어 존재하기를 원하여 존재하게 된 것이 아닙니다. 자기의 의지와는 전혀 관계없이 이 땅에 태어나게 된 것입니다. 그렇기 때문에 인간은 자기가 왜 태어났는가에 대한 답을 스스로는 절대로 가질 수가 없게 되어 있습니다. 어떻게 살아가야 하는지에 대해 알 수 없는 것입니다. 무엇을 위해 살아야 하는지 그리고 어떻게 되어질지에 대해서도 전혀 알 수 없는 것이지요. 왜냐하면 그는 절대적인 하나님의 뜻에 의해 생겨나게 되었기 때문입니다. 그렇기 때문에 인간은 자기의 존재의 근원, 존재의의, 인생의 목적, 세계관 등뿐 아니라 무엇보다도 구원에 있어서 창조주이신 하나님께 완전하게 의존해야 하는 것입니다.

인간이 그렇게 되게 되어 있는 것인데 그가 '하나님과의 마땅한 관계'를 벗어나 하나님의 말씀을 거역하는 죄를 지은 것입니다. 먹지 말라는 선악과를 먹은 거역의 죄 말입니다. 하나님께 대해서는 절대적인 의존의 관계를 가져야 하는 인간이 하나님을 떠나려는 왜곡된 독립 욕구로 말미암아 추락을 하게 됩니다. 자기가 결코 중심이 아닌데 자기를 중심에 놓게 됩니다. 그렇게 죄로 인해 타락한 인간은 그 마땅한 관계의 틀을 벗어나 자기가 마치 중심인양 그 '거짓된 자기중심적' 사고에 끌려가게 되었습니다.

그런 측면에서 타락한 자연적 인간의 본성의 핵심은 자기중심적이고 이기적인 것이라 하겠습니다. 거기서 모든 사악한 것들이 나오게 되는 것입니다. 창조주이신 하나님과의 '창조주–피조물'의 관계를 벗어나게 된다면 스스로 완전한 독립적인 존재가 결코 될 수 없는 인간은 자기의 마땅한 위치, 분수를 떠나게 되어 있습니다. 그는 더 이상 정도를 걸을 수 없고 사도를 걸어갈 수밖에 없는 것이지요. 당연히 인간의 모든 불행이 이로부터 출발되게 되어 있습니다.

그러한 인간이 원래의 자기 존재를 회복하고 제한적인 자기존재의 정도를 걸어가려면 먼저 자기의 원래의 피조성과 함께 죄로 인한 타락한 부패상을 바로 직시하고 깨달아야 합니다. 그렇기 때문에 그리스도인이라면 영적으로 거듭 태어나기 이전에 자기 자신에 대한 철저한 절망을 경험하게 됩니다. 타락한 자기를 자기가 어찌할 수 없다는 절망이지요. 그 다음에 구원자 하나님을 바라보게 됩니다. 그런 후 창조주이신 하나님과 피조물로서의 인간과의 관계를 회복하기를 원하는 가운데서 하나님께서 무한하신 은혜로 말미암아 마련해 놓으신 대속의 길을 믿음으로 받아들여야 하는 것입니다. 그 길을 통해서만 인간은 하나님께로 나아갈 수 있는 것입니다. 그런 후에야 인간은 본연의 관계 안에서 인간 본연의–참으로 인간다운–삶을 살 수 있게 되는 것입니다. 이제 하나님의 은혜 가운데서 사는 그리스도인의 삶은 당연히 자기중심이 아니라 하나님 중심이 되게 되는 것입니다. (그 다음엔 죽음, 부활, 영원한 하늘나라, ······)

우리는 우리에게 있는 사실이 무엇인가에 대해 주의하여야 합니다. 우리가 어떤 존재인지, …… 인간은 우주가 되고 세계가 되고, 신이 되고 아니면 신이라 일컬어지는 수준에 오를 수 있고…… 라 하면서 인간을 기분 좋게 아무리 높이려 해도 인간은 원래의 그 존재성을 초월할 수가 없는 것입니다. 사실이 아닌 허공을 치는 귀에 듣기 좋은 얘기가 아닌, 자기 자리매김을 바로 해주는 바른 얘기를 들을 수 있어야 합니다. 우리에게는 듣기에 좋고 싫은 것을 떠나 사실에 주목하려는 의지가 절실히 요청됩니다. 각 존재는 제자리에 있을 때 가장 그 존재답고 가장 자유롭고 평안한 것입니다. 좋게 보여도 자기 자리가 아니면 앉지 않아야 합니다. 그것은 불행을 초래하게 되어 있지 않습니까? 아담의 예에서 극명하게 볼 수 있습니다.

너무 간단하지만, 인간에 대해 귀납적인-경험론적인-접근을 하는 기독정신과의사로서 귀납적인 인간이해를 더하여 인간을 접근하여 보았습니다. 인간 스스로는 완전히 선할 수 없는 타락한, 그리하여 스스로는 구원을 받을 만한 존재가 되지 못함을 증거하는 데 부분적으로 도움을 줄 수 있기를 바랍니다. 결국 인간은 인간 외의 타자-바로 하나님-로부터의 구원의 간섭이 절대적으로 불가피한 존재임이 드러나지기를 바랍니다. 이렇게 함으로써 기독교의 진리가 드러나는 데 조금이라도 도움이 될까 하여 논의를 전개하였습니다. 이러한 방향성을 잘 이해하고 자기의 것으로 완전히 소화하시기 바랍니다. 그러면 그리스도인을 돕는 데 있어서나 (아직은) 비그리스도인과 대화를 나누는 데 도움이 될 것입니다. 나아가 전도에도 실제적인 도움이 될 것이라고 기대합니다.

> 더불어 생각...

'자연스럽다' 는 것, 어디서 나오는 자연스러움인가?

"야, 좀 큰 차를 갖고 싶다는데 그거 자연스러운 것 아니냐?",

"가능하면 돈이 있는 사람과 결혼하고 싶어 하는 것 자연스러운 인간의 본능 아니냐?"

"(사치스럽게 치장하면서) 좀 예뻐지고 싶다는 것은 모든 여자의 자연스러운 본능의 발로 아니냐?"

"자기 자식을 제일로 귀하게 여기는 것 자연스러운 것 아니냐?"

"싫은데 싫다고 하는 것 솔직한 것 아니냐?"

위에서 타락한 자연적 인간에 대해서만 알면, 타락한 본성이 자기에게 자연스러운 것으로 알아 평생을 살아갈 수 있음을 언급하였습니다. 아담이 타락한 이후로는 그 타락한 본성의 영향이 압도적이어 전체의식의 전면에 부상이 되게 되고 결국 타락한 본성이 타락한 인간에게는 자연스러운 것으로 느껴지게 되어 있습니다. 그래서 자연스럽다는 것에도 타락의 영향으로 인해 '타락한 자연스러움'이 생기게 된 것입니다. 여기서 강조하여 지적하고 싶은 것은 '자연스럽다'는 것 전부가 좋고 옳다는 것을 결코 얘기하여 주는 것은 아니라는 것입니다.

인간이 타락하였기 때문에 전체인 인간의 부분 또는 속성에 속하는 감정도 타락의 영향을 벗어날 수 없는 것입니다. 그래서 의식의 전면에 위치하게 된 타락한 본성에서 나오는 것을 자연스럽다고 여기게끔 되어지게 되었습니다. 본연의 본성을 자연스럽게 여기기가 어려운 것입니다. 영적으로 거듭난 사람만이, 하나님의 말씀인 성경을 통해 자기를 지으신 창조주 하나님께서 자기에게 허락하신 본연의 모습을 알아감으로써 본연의 본성에 대해서도 알아 가게 되어 있습니다. 그러면서 바른 의지의 행사가 있어지게 되기 때문에 느낌상 자연스럽지 않게 느껴질 수 있는 것입니다.

그러나 함께 생각해 보시기 바랍니다. 장애아나 고아가 참으로 어려운 상황에 있을 때 우리의 자기중심적이고 이기적으로 되어 있는 타락한 본성은 '자연적으로' 보지 않고 피하려고 합니다. 그렇게 피하게 된 경우와 그러한 자기의 경향에 건강하게 저항하면서 그 아이와 마음을 같이하며 적은 것이나마 자기의 것을 나누게 된 경우를 비교하여 보기로 하지요. 전자의 경우 우선은 자기에게 손해된 것이 없으니 마음이 편한 측면이 있을 것입니다. 후자의 경우는 비록 손해가 있다 하더라도 자기의 것을 나누어 아이에게 조금이라도 도움이 된 것으로 인한 기쁨을 누리게 될 것입니다. 그 기쁨은 아마도 자기의 손해에 대한 생각을 훨씬 압도하는 기쁨이 될 것입니다. 아니 그 기쁨은 자기에게 어떤 이익이 생겨 가지게 되는 기쁨과는 성격이 전혀 다른 차원의 기쁨일 것입니다. 그것은 살아 있는 기쁨을 느끼게 해주는 것입니다. 그렇기 때문에 어떤 분들은 다른 사람들이 보기에는 전혀 이해할 수 없는, 끊임없이 자기의 것을 이웃들과 나누는 삶을 평생 살아가는 것입니다.

여러분 어떻습니까? 우리의 감정 또는 느낌 역시 우리를 속이고 있지 않습니까? 진정한 기쁨을 주는 것이 자연스럽게 느껴져야 하는 것이 아닙니까? 그런데 그렇지 못하게 우리의 감정이 타락되어 있는 것입니다. 본연의 자연스러운 감정을 회복하여 가야 하겠습니다. 불행한 것이지만 이렇기 때문에 자연스러운 것에도 '타락한 자연스러움'이 있고 '본연의 자연스러움'이 있는 것입니다. 타락한 본성에서 나오는 것을 자연스러운 것이라 알아 툭툭 내어 뱉는 모습들은 없어졌으면 좋겠습니다.

이는 특히 젊은이들에게 문제가 되는 경우가 많습니다. 젊은이들은 '자연스러운 것'에 대한 열망이 강하기 때문입니다. 우리 기독 청년들은 잘못된 논리에 넘어 가지 않기를 바라는 마음 간절합니다. 아마도 이 세상을 살아가는 동안에는 그 타락한 옛사람의 모습이 우리에게서 완전히 가시지 않을 것입니다. 우리에게 본연의 자기를 찾으려는 '의지의 행사'

가 요청되기 때문에 무엇이 자연스러운 것인가를 따지는 것이 어렵게 느껴질 수 있습니다. 그 작업이 쉽지 않을 수가 있습니다. 그러나 그렇다고 하여 쉽게 물러서지 않기를 바랍니다. 생각하고 또 생각하십시오. 그 무엇보다도 하나님의 말씀을 등불 삼아 생각하고 행동하시기를 바랍니다.

타락한 자연스러움과 본연의 자연스러움을 분별한다는 것은 사실 참으로 어려운 일입니다. 아니 완전한 분별이란 전혀 불가능한 것이라 말할 수 있습니다. 이는 타락한 자연적 인간에게도 본연의 모습이 완전하게 없다고 할 수가 없고 거듭난 그리스도인에게도 타락한 모습을 하는 옛사람의 모습이 아직 남아 있기 때문입니다. 인간에게 있어서 일어나는 변화가 선을 그어 나누듯이 나누어지는 정적인 것이 아니라 두 세력이 부딪히는 가운데 일어나는 동적인 것이기 때문에 그리합니다.

무리하게 분명할 수 없는 것을 분명하게 나누려 하는 것은 문제를 초래할 수 있습니다. 제가 바라는 것은 전체적인 조명 하에 필요한 의식을 강화시키고 건강한 긴장을 마다하지 않고 지혜롭게 다루어 나가는 것입니다. 완전한 해결이 불가능하다고 하여 그냥 주저앉는, '전부가 아니면 아무것도 아니다.' All or None라는 정태적인 사고를 넘어서, 주어진 상황 속에서 지향적인 목표를 향해 최선을 다해 뛰어가는 '만들어 가는 또는 이루어가는' 역동적인 사고를 할 수 있었으면 좋겠습니다.

인간의 타락은 인간의 모든 면 또는 차원에 영향을 주기 때문에 감정 또는 느낌에도 영향을 주게 되어 있습니다. 자연스럽다는 것을 내세워 타락의 모습을 당연한 것으로 받아들여 강화시켜 가는 모습들을 언젠가부터 안타깝게 생각하여 왔었습니다. 특별히 젊은이들에게서 그 폐해가 심각할 수가 있는데 그들에게 잠간이라도 생각해 볼 수 있는 기회가 되었으면 하는 마음 간절합니다.(자연스러움과 함께 동일한 원리를 적용하여 생각하여야 하는 것은 '솔직함'에 대한 것입니다. 우리의 솔직함에 대해 살펴보기를 바랍니다.)

　자연스러움에 대한 이야기를 마무리 지으려면, 여러 실제적인 측면을 고려해야 하는 것이 사실입니다. 먼저 꼭 고려하여야 하는 것은 개인의 성숙의 정도에 따르는 자연스러움입니다. 아주 이기적인 한 사람이 있을 때, 그 사람에 대해 느끼는 반응은 사람마다 다를 수 있습니다. A라는 사람은 그 사람을 아주 싫어할 수 있습니다. 그러나 A보다 훨씬 성숙한 사람인 B라는 사람은 아주 이기적인 데 머무르고 있는 것을 불쌍히 여길 수 있습니다. 그리고 거기서 벗어나 남을 생각하는 쪽으로 자랄 수 있도록, 싫어하는 것이 아니라 마음에서 우러나는 사랑을 할 수 있습니다. 이런 경우 A와 B의 자연스러움이란 다를 수밖에 없습니다. 또 지금까지의 여러 사례를 통해 자연스러움이란 개인적인 역사에 따라 차이가 있을 수밖에 없음을 여러분은 충분히 이해할 수 있을 것이라고 생각합니다. 이와 같은 실제적인 측면을 고려한다는 것은 상당한 작업이 되기 때문에 원론적인 수준에서 이만 줄이도록 하겠습니다.

그리스도인과함께나누고싶은이야기

제 **8** 장

온전한 구원

자, 이제 여기까지 왔는데 인간관과 뗄 수 없는 관계에 있는 그리스도인의 지향적 목적인 '온전한 구원'에 대해 생각해 보기로 하겠습니다.

1) 타락한 자연적 인간에서의 선함에 대해

타락한 자연적 인간의 타락한 본성에 대해서 바로 앞에서 언급하였습니다. 그러나 그것이 전부라는 의미는 결코 아닙니다. 그 이외에 그보다 힘은 많이 약하지만, 타락은 했지만 아직 좋은 면들도 남아 있는 것입니다. 이제 그 면에 대해 얘기를 전개하여 보려고 합니다.

우리의 주위들을 살펴보기로 하겠습니다. 우리가 알고 있는 (아직은) 비그리스도인들 중에서도 좋은 분들이 적지 않게 있습니다. 그리스도인들이라 하는 어떤 사람들보다 선한 일을 더 많이 하는 사람들이 있습니다. 저는 그분들의 선행을, 몇 분의 목사님들이 판단했던 '실제적으로는 이기적이고 위선적인 것'이라고 생각하지 않습니다. 진정 남을 긍휼히 여기는 마음으로 선한 행실을 보이는 분들이 있습니다. (물론 하나님을 떠나서 하는 것은 영적인 측면에서 악한 것이기 때문에 그런 측면에서 악하다고 할 수는 있지만 그 자체가 일반적 도덕적 개념의 측면에서 악한 것은 아닙니다.) 이러한 것들을 인정하지 않을 수 없는 것입니다. 그래서 어떤 신학자들은 이를 하나님의 일반 은총이라 칭하면서 해석을 시도합니다. 저는 그 용어가 적절하다고 생각하지는 않지만 우선 (아직은) 비그리스도인들에게 부분적 선함이 있다는 것을 긍정하는 것이 신학적으로 어느 정도는 정립이 되어 있다는 것을 말씀드리고 싶습니다.

하나님의 복음이 들어오지 않았던 시절의 우리나라에서도 부모님을 공경하고 거짓말하지 말고…… 도적질하지 말고 살인을 하지 말고 등의 옳은 것들이 가르쳐지고 있었습니다. 제한적이나마— 모든 선과 옳음의 근원되신 하나님을 모르지만— 무엇이 선하고 무엇이 악한 것에 대해서 알 수 있고, 제한적으로 그렇게 행할 수 있는 능력이 인간에게 있었던 것입니다. (아직은) 비그리스도인들도 살인을 하고서는 죄책감을 갖습니다. 이는 그가 비록 살인은 했지만 살인이 잘못된 것이라는 것을 아는 증거입니다. 도둑질하는 아빠지만 아이에게는 도둑질하면 안 된다고 가르칩니다. 도둑질이 나쁘다는 것을 아는 것입니다. 이는 인정하고 싶든 싶지 않던 우리의 기분과는 관계없이 사실인 것입니다.

그렇게 자연적 인간은 비록 타락은 하였지만 하나님께 지음을 받은 그 당시의 선한 모습을 완전하게 잃은 것은 아닙니다. 그것을 흔적이라 불러야 할지, …… 어떻게 불러야 할지 잘 모르겠습니다. 이에 대해서는 신학을 공부하시는 분들과 함께 연구를 해나가야 하겠습니다.

(그러나 경험적으로 보아 분명한 것은, 타락한 자연적 인간에게 선한 —하나님과 관계있는 것으로 선한 것은 아니기 때문에 참으로 선하다고

는 할 수 없지만 – 것이 있기는 하나 인간이 완전하게 선할 수는 없습니다. 그것이 인간의 한계인 것입니다. 선을 아는 것도 제한적이지만 아는 만큼 선을 행하는 것은 인간에게 불가능한 것입니다. 선을 안다 하더라도 선을 온전하게 행할 수 있는 능력을 상실하게 된 것입니다. 다른 말로 한다면, 어느 정도의 선을 행할 수는 있지만 구원을 얻을 만한 정도에는 전적으로 미치지 못한다는 것입니다.)

2) 하나님께서 받으실 영광과 관련하여

인간은 제한적이나마 무엇이 선한 것인지에 대해 아는 능력이 있지만 온전하게 알지 못하고 또 온전하게 행하는 능력을 전적으로 상실하였습니다. 그러한 인간에게 하나님께서 구원을 베푸시는 것은 선한 것에 대해 온전히 알아 온전하게 행하여 가기를 기대하셔서 그러시는 것이 아닐까요? 이러한 주장에 대한 근거는 성경의 지향적 목표들을 보면 알 수 있습니다. '원수를 사랑하고 겉옷을 달라 하면 겉옷까지 벗어주고…… 악을 악으로 갚지 않고…… 고아와 과부와 그리고 나그네를 돌아보고…… 선행의 좋은 열매로 하나님의 살아계심을 드러내고…… 하나님이 거룩하심같이 거룩해지고……'

구원을 하나님의 관점에서 볼 수 있어야 한다고 생각합니다. 그러면 영생을 얻는 구원은 하나님께서 기대하시는 최종의 목표가 아니라 그 목표로 향하는 시작이라는 것을 쉽게 알 수 있습니다. 하나님에게는 (협의의) 구원이 목표가 아닌 것입니다. 히브리서 5:12의 말씀의 '초보', 히브리서 6:1의 그리스도의 '초보'를 통해 하나님께서 말씀하시고자 하는 것을 살펴볼 때 이는 너무나 명백한 사실인 것입니다. 그것은 시작임을 알아야 합니다. 물론 아직 믿음의 길에 들어서지 못한 사람에게는 구원이 절대절명의 목표가 되어야 하겠지요. 그리고 그 구원이 없으면 아무것도 시작이 되지 못하니 그런 측면에서는 구원은 절대적으로 시급한 것이지요. 성경이 기록된 제일 우선순위의 목적도 구원에 대한 것이라는 것을 믿습니다. 그러나 여기서는 이미 구원을 얻은 그리스도인에 대해 언급하는 것임을 꼭 명심하시기를 바랍니다.

우리는 또 하나님의 뜻은 그 협의의 구원을 넘어서 있음을 보는 것입니다. 이것은 하나님의 영광의 관점에서 생각해 보면 명백해집니다. 그러면 구원 자체는 하나님께서 받으실 영광과 직접적인 관계가 없다는 것을 생각할 수 있습니다. 구원은 절대적으로 하나님의 은총에 의한 것이기 때문입니다. 물론 구원을 베풀어 주신 무한한 은혜의 사랑에 감격하여 하나님께 영광을 돌리게 됩니다. 그렇지만 이제 구원을 받은 그리스도인들이 창조주이시고 구주가 되시는 하나님과 피조물이며 양자인 그리스도인인 나와의 관계를 바로 알아 하나님을 바로 섬기는 가운데서, 하나님께서 주신 지향적 목표(앞에서 제시한 성경본문을 상기하시기 바랍니다.)를 따라 변화된 삶을 살 때, 하나님께서 영광을 받으시는 것으로 성경은 말하고 있습니다. 마5:16, 벧전 2 :9, 12

하나님께서는 그리스도인들이 하나님 당신을 바로 알아 바른 관계 속에서 바로 섬기며 경배하는 가운데 온전한 인격을 이루어 살아가게 되기를 진정으로 원하시는 것이 아닐까요? 앞에 지향적인 목표 부분의 참조 성경구절에서 하나님께서는 그리스도인이 '그리스도와 같은 형상으로 화하기를' 고후 3:18, '창조주이신 하나님의 형상을 좇기를' 골 3:10, '하나님의 성품에 참여하기를' 벧후 1:4 바라시는 것을 확인하였습니다. 이렇게 하나님께서 우리를 향해 가지신 계획은 협의의 구원에 그치는 것이 아니라 이처럼 영광스러운 모습인 것입니다. 이러한 것이 우리에게 분명한 목표가 되어야 합니다.

만약에 나중에는 하나님의 영원한 나라에서는, 하나님의 자녀인 우리가 온전히 '스스로'―하나님의 간섭이 없는 가운데―알아서 그럴 수 있다면 가장 바람직한 경우가 될 것이라 생각합니다. 이 땅에서는 이러한 일이 일어날 수 없을 것입니다. 또 앞으로도 일어날 수 없는 일인지도 모릅니다. 하나님께 진정한 영광이 되는 것이 무엇일까를 생각하는 가운데 생각해 보게 된 것입니다. 자기의 의지는 전혀 없는 로봇에게 자기에게 영광을 돌리는 찬양 테이프를 넣고 그 찬양을 듣는다고 상상할 때 그 찬양을 진정으로 기뻐할 자가 누가 있겠습니까?

3) 하나님의 나라를 생각하며

우리들은 또 하나님의 그 영원한 나라가 어떠하기를 진정으로 기대하고 있는지를 생각해 보기로 하지요. 아마도 하나님의 나라는 우리가 바르게 원하는 세계와 원리적으로는 크게 다르지 않을 것이라고 생각합니다. 그것은 우리는 하나님 안에서 바른 지향성을 가지고 살아가는 하나님의 자녀로서 하나님의 나라에 대해 희미하게나마 알 수 있는 영적인 능력이 회복되어 있다고 믿기 때문입니다. 그 세계는 어떠한 세계일까요? 우리를 한번 살펴보기로 하지요.

저는 그렇습니다. 하나님의 나라에서는 성경적 지향적 목표가 온전하게 이루어지는 세계일 것으로 생각합니다. 그 나라에서 우리는 하나님을 주로 또는 아버지로 모시며 합당한 경배와 찬양을 드리는 가운데 하나님의 사랑이 많고 공의로운 통치를 받으며 살게 될 것입니다. 또 그 나라에서는 원수도 없겠지만 원수까지도 사랑하는 그 정도의 사랑이 있고, 누가

5리를 가자고 하면 10리를 가주고…… 서로 남을 자기보다 좋게 고려하며…… 세상의 계급적 높고 낮음이 없이 모두가 똑같이 의연하게 살고, 모든 사람을 똑같이 지고의 사랑으로 사랑하며 남의 기쁨과 슬픔을 자기 것같이 느끼며 함께 하고…… 모두가 좋은 한마음, 좋은 같은 마음으로 살아가는 세계일 것입니다.

여러분은 진정 어떤 세계를 바라는지요? 좋은 집에 좋은 음식에 좋은 옷에 권력도 쥐어보아 사람 위에 군림해보고 높은 명예를 얻고 박사도 되어 보고…… 그러한 비인격적인 것들에 의해 가치 지어지는 나라를 원하시지 않으시겠지요? 저는 외면적인 내용에는 관심이 없습니다. 내면적인 데 관심이 있습니다. 우리 자신들에 대해서만 생각해 본다면 무엇보다도 하나님의 나라에서는 우리 모두가 내면적으로 온전할 것이라는 확신이 있습니다. 다른 모든 사람들을 바로 자기같이 대하는 성품적으로 온전하게 살아가는 세계일 것입니다. 그렇게 함으로써 하나님께 최대한의 영광이 돌려지게 될 것으로 믿습니다. 이것은 앞서 논의한 그리스도인을 향한 하나님의 최대의 기대치와 딱 부합하는 것이라 믿습니다. 그렇기 때문에 하나님께서 성경을 통해 주시는 그 지향적 목표를 온전히 이루어 가는 데 우리의 최종적인 목표를 두어야 할 것입니다. (물론 이것은 이미 거듭난 그리스도인의 개인적인 측면에서 그러합니다. 아직 거듭나지 않은 사람들에 대해서는 전도를 해야 한다는 것이 절대절명의 과제인 것입니다.)

4) 성령 하나님의 보호와 인도하심

그러나 여기서 함께 생각해야 하는 중요한 원리가 있습니다. 그것은 거듭은 났지만, 우리 그리스도인들은 아직은 성령 하나님의 보호와 인도하심이 절대적으로 필요한 상태에 있다는 것입니다. 이는 십자가에 달리시기 전에 제자들에게 하신 예수님의 말씀을 비롯하여 성경 여기저기서 말하고 있습니다. 요 14:27, 16:7-14, 엡 3:16,…… 이제 여기서 실제적으로 어려워집니다. 성령님의 인도하심을 사모하는 것은 무엇이고 우리의 노력은 무엇인지요? 이 긴장적 관계를 어떻게 접근할 수 있는 것인지요?

마음이 몹시 답답해지는 것이 사실입니다. 더욱이 어쩔 수 없이 안타까운 것은 그 답답함의 크기를 알 수 없다는 것입니다. 다시 말해 마땅히 가져야 하는 그 보편적인 답답함 속에 거하는 것이 아니라, 나의 '개인적인' 무지로 인한 답답함이 더하여진 답답함 속에 거하고 있을지 모른다는 두려움이 바로 그것입니다. 그러니 "절대적으로 성령님의 인도하심을 바라는 가운데서 인간이 최선의 노력을 기울인다는 것이 무엇인가?"라는 출발점으로 되돌아 올 수밖에 없는 것입니다. 아, 이 순환의 사슬을!

우리는 긴장의 관계를 부정적인 것으로 보고 당장에 풀어내야 하는 것으로 생각하는 경향이 있습니다. 그러나 이 땅을 사는 가운데서 우리는 확실하게 알 수 없는 많은 것을 만나게 됩니다. 인간의 한계에서 오는 것입니다. 그러한 것들 중에는 자연스럽고 건강한 긴장도 있음을 깨달아야 할 것입니다. 어떠한 긴장은 평생 갖고 가야 할 것입니다. 저는 위의 긴장이 그러한 긴장 중의 하나가 될 것이라고 생각합니다. 확실하게 풀리지 않는 답답함 가운데서 계속적으로 하나님께 여쭙는 자세로 살아가는 가운데 그 실마리가 조금씩 조금씩 풀어질 것으로 압니다.

그러나 그럼에도 또 생각해 봅니다─바로 이 답답함을 통하여 인간의 한계를 느끼어 알게 되고 그럼으로써 하나님께 무릎을 꿇는 자세를 갖게 되는 것이 아닌지요? 바로 그러한 자세 자체를 하나님께서 원하시는 것이 아니겠는가라고 생각하게 됩니다. 명확한 답이 우리에게 필요한 것이 아니라, 모든 것을 명백하게 알 수 없는 자신을 겸허하게 인정하고 한계적 피조물로서 완전자이신 창조주 하나님께 전적으로 의지하는 마음—마땅히 가져야 할 그 자세를 갖게 되는 것이 바로 우리 인간들에게 요청되는 것이 아닌가 하는 것입니다. 결론을 한 문장으로 표현해 본다면, 그러한 기본적 자세 위에서 성령 하나님께 의지하는 가운데 보호해 주시고 인도해 주시기를 진정으로 순간순간 바라면서 자기의 최선의 노력을 다 기울여 가는 것이 그리스도인의 바른 모습일 것이라 생각합니다.

아마도 온전한 구원은 이 현존의 땅에서는 불가능할 것입니다. 그렇기 때문에 하나님께서는 그 온전한 구원으로 향하는 그리스도인들의 발걸음을 보시고자 하실 것입니다. 하나님께서 그 회복의 과정과 회복되어 가는 모습을 보고 싶어 하시지 않으시겠습니까? 세상 사람들이 우리의 삶 속에서 그러한 모습들이 있음을 보고 하나님께 돌리는 바로 그 영광을 받으시기를 원하신다고 하지 않으셨습니까? 온전한 구속세계가 부분적으로나마 이 땅에서 그리스도인들에 의해 보임으로, 그것을 계획하시고 이루어 가시는 하나님께 영광과 존귀가 돌리어지게 되기를 간절한 마음으로 바랍니다. 아멘!

> **더불어 생각...**

하나님의 은총과 인간의 자유의지 중, 인간의 자유의지에 대해

하나님의 은총과 인간의 자유 또는 자유의지에 대한 언급은 위의 내용을 보충해 주는 힘이 있기 때문에 몇 가지를 가지고 생각해 보기로 하겠습니다. 이는 철학사나 신학사를 통해 대주제의 하나로서 다루어져 온 것으로 아직 모두에게 납득할 만한 해답이 찾아졌다고 할 수 없는 참으로 어려운 내용입니다. 제가 이 문제를 해결하겠다는 것이 아니라 이 문제를 접근하는데 있어서 도움이 될 것이라고 생각되는 몇 가지 생각거리를 내놓고자 합니다. 이러한 작업이 상담을 비롯하여 그리스도인이 사람을 섬기고자 하는 데 부분적으로 필요한 통찰력을 줄 수 있을 것이라는 기대를 가져 봅니다.

1. 인간의 책임영역에 대한 깨달음이 있어야

우스갯소리로, 미국에 가면 놀라는 것이 하나 있습니다. 길가다 보면 서너 살짜리의 아이들이 장난하며 뛰놀면서 얘기를 하는데 바로 영어로 하는 것입니다. '미국 사람들은 머리들이 얼마나 좋기에 어린 아이들도 저렇게 영어를 잘할까?' 하는 감탄이 저절로 나오는 것입니다. 저도 똑같은 경험을 하였습니다. 미국에 처음 가면 영어 잘하는 사람이 부럽기 한이 없습니다. 그래서 미국으로 이민을 가거나 공부하러 가는 사람들은 영어 한번 잘해 보는 것이 소원이 됩니다.

그런데 문제나 소원이 있으면 그리스도인들은 어떻게 하지요? 네, 기도합니다. 그래 그분들은 미국에 가기 전부터 열심히 기도합니다. 미국에 가서도 빠뜨리지 않는 기도는 영어를 잘 익혀 하나님이 기뻐하시는 일들을 잘 감당하게 해달라는 내용입니다. 그런데 거의 대다수의 분들이 얘기하는 것은 "영어에는 기도가 통하지 않는다."는 것입니다. 기도가 통하지 않는 영역들이 몇 개 있다고 들었습니다. 신혼의 부인의 음식솜씨 역시 기도가 통하지 않는 영역으로 알려져 있습니다. 학생들에게는 또 시험이 그렇다고 합니다. 옛날에 '예수 천당'으로 유명한 최권능 목사님이 시험을 거의 백지로 내고 나오시면서 "성령님도 시험에는 꼼짝 못하시네."라는 체험적 고백을 하셨다고 들었습니다. 또 다른 고백들이 많을 것으로 압니다.

여러분들은 어떠신지요? 그리고 위의 얘기들에 대해 어떻게 생각하시는지요? 하고 싶은 말이 있는 분들이 많을 것입니다. 농담도 어느 정도 섞여 있겠으나 아주 자기중심적인 사고의 전형을 보게 됩니다. 아주 전형적인 투사라는 것을, 지금까지 책을 열심히 읽어 오신 여러분은 아실 것입니다. 자기의 잘못인데도 성령님을 그리고 기도를 갖다 붙이는 투사입니다. 이 내용은 거듭난 그리스도인인 우리는 어떠해야 하며 어떤 책임이 있으며…… 우리의 존재됨에 대해 일말의 통찰력을 보여 준다고 하겠습니다.

바로 인간에게는 인간의 책임영역이 있다는 것입니다. 그 영역에서는 우리가 해야 하는 것입니다. 우리의 책임영역에서 하나님의 간섭만을 기다리는 것은 하나님께서 기뻐하시지 않으시리라는 것은 너무 자명한 것입니다. 하나님의 간섭에 대해 바른 자세를 가져야 할 것입니다. 하나님께서 살라 하시는 바로 그 존재로서 살아야 할 것입니다. 그러면 위와 같은 잘못된 투사가 일어나지 않을 것입니다. 인간의 투사로 말미암아 하나님의 이름이 얼마나 망령되이 일컬어졌는지요! 우리가 할 일이 있는 것입니다. 수많은 투사들!—자기의 일방적 기대에 맞추어 오히려 하나님을 판단하는 일들이 얼마나 많이 자행되고 있는지요. 자기의 기대에 하나님께서 따라 와주어야 한다는 식의 사고를 하는 것입니다.

2. 인간에게 요청되는 최선

바울의 천막 만들기tent-making를 생각해 봅니다. 사도 바울은 '하나님의 일을, 그것도 목숨을 내놓고 하는 복음전파인데, 하나님께서 필요한 것을 주시지 않으시겠는가?' 라면서 아무 일도 하지 않은 것이 아니었습니다. 그는 일을 했습니다. 열심히 했습니다. 하나님을 의지하지 못해서 그런 것일까요? 결코 아닙니다. 그는 인간이 어떠해야 함을 알아 그대로 실천했을 것입니다. 자기의 것은 최선을 다하여 자기가 충당하기를 하나님께서 바라신다는 것과 또 바로 그것이 인간의 도리임을 알았을 것입니다. 물론 형제들에게 짐이 되는 것을 피하고자 하는 마음도 당연히 있었지만 말입니다.

하나님의 뜻이 불명확한데 하나님의 간섭을 미리 계산에 넣고 게으름을 피우는 것은 신앙인의 도리가 아니라고 생각합니다. 하나님의 뜻을 분명하게 알지 못하는 경우에는 우선 우리의 최선의 계획을 세워 최대의 노력을 기울이는 가운데서 미쁘신 하나님의 간섭하심을 의지하는 것이 최상의 신앙인의 자세라 생각합니다. 아마도 이러한 식으로 하나님의 간섭의 여지를 두면서 최선의 삶을 사는 것이 대부분의 우리의 삶의 모습이 될 것이라고 생각합니다. 하나님의 간섭은 하나님의 고유의 영역에 속한 것이지 인간이 미리 예상하고 자기의 계획에 구체화시킬 수 있는 것이 아니기 때문입니다. 만약에 어떤 것이 '분명히' 하나님의 뜻이라면 실제적 상황이 아무리 어렵다 하더라도 그 길을 가야 할 것입니다. 그런 경우에는 틀림없는 하나님의 은혜의 간섭이 있을 것입니다. 이런 경우들의 실제적 문제는 어떻게 자기검증을 엄밀하게 하여 하나님의 뜻임을 정확히 확인하느냐 하는 것이 될 것입니다.

믿음이 무엇입니까? 하나님을 바로 의지한다는 것이 무엇입니까? 우리는 전능하신 하나님을 의지한다고 하면서 달려오는 차 속으로 뛰어들지 않습니다. 또 불 속에 손을 넣지 않습니다. 썩은 음식을 먹지 않습니다. 욕을 하면서 또는 남을 이유 없이 구타하면서 전도하지 않습니다. 그렇듯 우리에게는 우리 스스로가 분별할 수 있는 것들이 있습니다. 그러한 능력을 하나님께서 인간에게 주신 것입니다. 하나님을 믿고 의지하면 어떤 해도 받지 않을 것이라 하면서, 앞에 언급한 행동들을 하는 사람이 있다면 그가 얘기하는 믿음과 의지라는 것은 하나님께서 바라시는 것이 아니라 그것은 그 스스로 생각해 낸 허구일 뿐입니다.

미움이 있을 땐 불편합니다. 연애를 할 때는 하늘을 날아 갈듯 합니다. 우리는 그렇게 느낄 수 있는 존재인 것입니다. 그저 하나님의 은혜가 우리가 할 수 있는 그 모든 것까지 해결해 주기를 바라는 것은 귀중한 존재로 인간을 창조하신 창조주 하나님을 우롱하는 처사가 될 것입니다. 우리가 알고 할 수 있고 또 그래야 하는 영역이 있는 것입니다.

3. 우리에게 주신 능력과 가능성을 찾아야 한다

저는 이런 측면에서 '은혜 주사'의 사고를 비판합니다. 주일 예배시간을 통하여 '오늘 은혜 받았다.'라는 식의 찌릿한 '은혜 주사'를 한 방 맞아야 일주일을 사는 것으로 아는 사고를 일컫는 것입니다. 목사가 연방 '축원합니다.' 하면 그저 그 뒤를 따라서 역시 연방 '아멘.' 하여야 은혜를 받는 것으로 알게 되는 일들은 제발 사라졌으면 좋겠습니다. 도대체 은혜가 무엇인지 알고 그러는지요? 은혜라는 용어를 무슨 의미로 사용하는 것인지요? 은혜를 받았다는 것은 어느 때에 사용할 수 있는지요?……성도들을 자라게 도와주어야 할 것입니다. 성경을 통해 바른 사고를 할 수 있도록 사유의 능력이 계발되도록 도와야 할 것입니다.

하나님께서 성경을 우리 인간에게 주셨다는 사실을 통해 하나의 원리를 발견하게 됩니다. 모든 것이 하나님에 의해 또 하나님의 은혜에 의해 행해져야 하는 것이라면 성경을 구태여 우리에게 주시지 아니하셨을 것입니다. 성경을 '주신' 것은 우리가 성경을 '받을 수 있는' 능력을 지니고 있기 때문입니다. 그것은 우리가 성경을 스스로 읽어 하나님의 뜻을 깨닫고 분별한 대로 행할 수 있는 가능성의 의미에서의 능력을 얘기하는 것입니다. 그 능력은 순간적으로 우리에게 완전하게 주어지는 것이 아니라 점진적으로 계발되어지는 것으로의 능력을 의미합니다. 구체적으로 들어가, 주신 성경에서 '이렇게 하라 저렇게 하라 또는 이렇게 하지 마라 저렇게 하지 마라.' 하시는 것은 우리에게 그것을 알아듣고 판단하여 행할 수 있는 가능성이 있다는 것을 전제하고 주시는 말씀이 아니겠습니까? 옳게 판단하는 대로 '완전하게' 행하는 것은 또 다른 문제이지만요.

물론 이러한 능력은 기본적으로 성령 하나님의 은혜 하에서만 자라가게 될 것입니다. 그리스도인은 성령 하나님을 떠나서는 그 지향적 목표를 향해 갈 수가 없습니다. 이것은 논쟁의 여지가 없습니다. 그리스도인에게 그것이 사실이요 하나님의 법이기 때문입니다. 다른 길은 없는 것입니다. 이 점을 어떻게 강조하여야 바로 얘기하는 것이 되는지요? 하나님의 은혜의 세계를 아는 자는 알 것입니다.

4. 하나님께서 허락하신 인간에 의해 닫히는 세계

인간은? 인간은 과연 어떤 존재인가가 궁금합니다. 우리 자신이 인간인데 그 인간에 대해 정확히 알기가 어렵습니다. 하와가 사탄의 유혹을 받을 때를 한번 상상해 봅니다. 사탄은 달콤한 내용으로 유혹합니다. 그러나 동시에 먹지 말라는 하나님의 말씀도 떠올랐을 것입니다. 하나님의 말씀과 사탄의 유혹은 인간 바깥에 있는 외재적인 것입니다. 하와(인간)는 사유할 수 있었습니다. 판단할 수 있었습니다. 이제 하와(인간)는 이 외재적인 것에 반응을 보입니다. 말씀을 지키려 하는 마음과 좀 높아지려 하는 마음이 충돌됩니다.

둘 다 하와(인간)의 마음입니다. 하와(인간)의 것입니다. 하와(인간)에게 내재적인 것입니다. 말씀을 순종하려 하는 마음을 하나님께서 주신 것도 아니고 높아지려는 마음을 사탄이 일으킨 것도 아닙니다. 그 마음들은 바로 하와(인간)의 것입니다. 그것들은 바로 인간의 책임이 있는 또는 책임이 물어지는 인간의 영역에 있는 것입니다. '죄를 짓게 하는' 이라는 문구를 주의해야 할 것입니다. 마귀는 죄를 짓게끔 유혹하지만 죄를 짓게 하는 것은 아닙니다. 죄를 짓는 것은 바로 인간인 나인 것입니다. 바로 그 인간을 정확히 알아가야 할 것입니다. 어렵다고 해서 쉽게 하나님과 마귀 사이만 오가지 말고 그 사이에 있는 귀중한 존재인, 인간인 나를 보아야 할 것입니다.

하나님께서 모든 만물을 지으신 이후에 사람을 지으시고 모든 만물을 다스리라고 명령하셨습니다. 명령이란 이미 그 명령을 받는 자가 그 명령을 수행할 수 있는 능력이 있기 때문에 주어지는 것입니다. 그렇게 '인간에 의해 닫히는 세계'에서는 인간이 스스로 생각하고 판단하여 행하여 다스릴 수 있는 인간 안의 원리가 있는 것입니다. 달려오는 차 속으로 그저 뛰어 들지 않고 불 속에 손을 넣지 않고, …… 목사가 되기 위해서는 신학교에 가서 공부를 해야 하고 차를 타고 가는데 펑크가 나면 때워야 하고 대학교에 들어가기 위해서는 초등학교의 지식수준으로는 안 되니 더 지식을 배워야 하고…… 부모님을 공경하여야 하고……. 이 모든 것들을 우리가 하는 것입니다. 맨 마지막의 부모공경의 마음을 하나님께서 주셔서 부모공경을 하게 되는 것은 아닙니다. 그 인간에 의해 닫히는 세계에서는 인간이 행하는 능력과 자유가 있고 그에 따르는 책임이 있는 것입니다. 인간세계에는 인간의 원리가- 원리만이 아니라- 있는 것입니다. 그 세계를 하나님께서 우리에게 허락하신 것입니다.

하나님께서 아담(남자)에게 하와(여자)를 주신 것은 남자와 여자의 관계를 정상적이고 좋은 것으로 허락하신 것입니다. 이는 신혼의 남자에게는 전쟁이 나도 징병하지 않게 배려하시는 법을 주시는 하나님의 뜻에서 더욱 명확히 드러납니다. 하나님에 대한 믿음이 독실하면 이성의 관계가 필요하지 않다는 말은 언뜻 그럴 듯하게 들리지만 실제적으로는 하나님께서 허락하신 법을 무시하는 것이라 할 수 있습니다. 물론 인간은 누구나 하나님과의 바른 관계를 가져야 하지만 하나님께서는 그 관계만으로만 살게 하시지 아니하신 것입니다. 저는 이러한 남녀관계의 예와 같은 것을 '인간에 의해 닫히는 세계'라 말씀드린 것입니다.

5. 잊지 않아야 하는 그 전체적 조망

그러나 동시에 기억하여야 하는 것은 인간은 전적으로 자율적이거나 완전한 존재가 아니라는 것입니다. 그는 피조물로서 창조주에 의한 통제 안에 있다는 것을 명심하여야 합니다. 이제 그 인간에 의해 닫히지 않는, 하나님에 의해 열리는 상위의 영적세계에서는 인간은 피조물인 존재로서 마땅히 조물주에 대해 가져야 하는 자세를 견지해야 하는 것입니다. 곰곰이 생각해 보면 볼수록 조물주-피조물의 관계가 어떠해야 함이 더욱 자명하게 드러날 것입니다. 또 하나님과 우리는 주와 종으로서 또 아버지와 아들로서의 관계가 있음을 압니다. (이러한 관계들도 아주 중요하게 많은 지면에 걸쳐 다루어져야 하는 것임을 분명히 알지만, 여기서는 그냥 넘어 가기로 하겠습니다.)

인간의 자유의지를 언급하고자 하는 목적은 다음과 같습니다. 그것은 우리가 해야 할 것들에 있어서는 충실히 하자는 것입니다. 우리 스스로의 자유를 닫지 않기를 바랍니다. 닫는다면 우리에 의해 하나님의 살아계심과 영광과 그리고 존귀가 나타나야 하는 부분에서 책임을 다하지 못하는 것이 될 것입니다. 또 그만큼 복음의 풍성됨이 제한받게 될 것입니다.

물론 당연히 인간의 자유의지만으로 모든 것이 해결되는 것은 결코 아닙니다. 그것을 넘어서는, 가시화시킬 수 없는 하나님의 은총의 세계가 있는 것입니다. 저는 인간의 자유의지와 하나님의 은총이 평면적으로 선을 그어 나눌 수 있는 것이 아니라고 생각합니다. 그 관계는 입체적으로 (이것도 부족한 설명이지만) 인간의 자유의지의 세계는 그보다 훨씬 큰 하나님의 은총의 세계 안에 들어 있을 것으로 생각합니다. 이에 대해서 깊이 얘기되어지는 때가 있을 것입니다. 바라기는 우리에게 하나님의 은총의 세계에 대한 체험적 깨달음이 깊어졌으면 하는 것입니다. 하나님의 은총과 무관하게 행하는 인간의 모든 몸짓은 허공을 치는 것이 될 것이기 때문입니다.

이 두 세계에 대한 균형이 깊어질수록 우리는 하나님의 기대하시는 성숙에 더욱 다가서게 될 것입니다. 이 중요한 주제에 있어서 바른 기준점 orientation을 갖는 것은 특히 그리스도인에게 있어 상담 등 사람을 돕는 일에 말로 다 할 수 없는 중요성을 갖는다고 할 수 있겠습니다.

제 9 장

'문제를 해결하려는 마음' 이
제자리 잡기를 바라며

    자, 다시 구체적인 인간이해의 영역으로 넘어 가겠습니다. 사례 16에서 전형적으로 볼 수 있는 것이지만 사람 안으로 들어간 것―사례 16의 경우와 같이 아빠에 의해 생기게 된 분노도 그 부인 안으로 들어간 것으로 간주하시기 바랍니다―은 꼭 밖으로 나오게 되어 있습니다. 그 부인의 경우에서는 아빠에 대한 분노심이 나중에 자기 남편에게로 나오게 되었지요. 물론 완전한 성숙을 한 사람이라면 자기 안으로 들어온 것을 완전히 소화해 내어 밖으로 내보내지 않을 수 있습니다. 그렇지만 이 땅을 사는 동안 예수님 외에는 그 어느 누구도 완전한 성숙을 보이는 사람이 없기 때문에 조금씩이라도 표현이 되게 되어 있습니다. 물론 똑같은 것이 들어갔다고 하여 똑같이 나타내는 것은 아닙니다. 부정적인 것이 들어갔을 경우 성숙한 사람은 성숙한 만큼 자기 안에서 소화해 내어 그만큼 적게 나타낼 것입니다. 긍정적인 것이 들어간 경우라면 자기의 성숙만큼 그 긍정적인 것을 더 크게 하여 품어내게 될 것입니다.

1) 문제를 직면하지 않으려는 마음의 경향

사례 25

2인용 기숙사에서 사는 어느 그리스도인 학생의 얘기입니다. 살다 보니 방을 같이 쓰는 친구가 청소는 말할 것도 없고 정리를 거의 하지 않고 지내는 사람이었습니다. 자기는 정리가 되어 있어야만 집중이 되어 공부를 할 수 있는 사람이어서 몹시 힘이 들었다고 합니다. 그렇지만 원수사랑까지는 실천하지 못한다 하더라도 같이 사는 형제에게 어떻게 뭐라 할 수 있을까 하며 처음에는 자기가 그냥 참으면서 지내기로 했다고 합니다. 자기가 그 친구의 것까지 정리해 줄 때도 많이 있었습니다. 헌데 그 친구에게는 변화가 전혀 일어나지 않았습니다. 참는다고는 하였지만 시간이 가면서 조금씩 불편한 마음이 누적되어 갔습니다. 점차 자기의 불편한 마음을 여유 있게 다루기가 어려울 정도의 상태에까지 도달하게 되었습니다. 그래도 말을 하지 않고 참았습니다.

말로 표현은 되지 않았지만 분위기적으로 행동적으로 표현이 되어가기 시작하였습니다. 해도 해도 너무 한 것 같다는 생각이 드는 것이었습니다. 처음에는 자기가 참고 본을 보이면 나아질 것으로 기대했는데 오히려 그러한 자기를 이용하는 듯한 느낌까지 드는 것이었습니다. 점차 그에게 퉁명스러워져 갔습니다. 전에는 그 친구의 것을 정리해 주기도 하였는데 그런 행동이 하나둘씩 사라지더니 나중에는 전혀 없어지게 되었습니다. 때론 자기도 일부러 어지럽혀 놓게 되기도 하였습니다.

결국 그러다가 아무것도 아닌 것에 발동이 걸리면서 그 동안 자기 안에 쌓아 두었던 모든 것을 다 쏟아 붓게 되었다고 합니다. 식사 도중 반찬 맛에 대해 얘기를 하다가 마음이 약간 엇갈리면서, 반찬 얘기에서 친구에 대한 심한 부정적 비판으로 이어지게 되었던 것입니다. 친구는 깜짝 놀랐습니다. 지금까지 불평하는 말을 거의 해오지 않았던 사람이 별것도 아닌 것에서 전혀 예상하지 못한 자기에 대한 비판을 강도 있게 퍼부었기 때문이었습니다. 그것도 이해할 수 없는 정도의 화를 표현하는 것과 함께 말입니다.

사람 안으로 들어간 것은 나오게 되어 있습니다. 그렇기 때문에 자기 안으로 어떤 것들이 들어가는지를 잘 볼 수 있어야 합니다. 그래서 부정적인 것이 들어가는 경우 자기가 통제할 수 없는 수준에 가까이 오는 것을 보면 그것을 적절하게 끄집어내는 지혜의 수준까지 가야 합니다. 위의 예를 들면, '너의 이러이러한 것들이 나하고는 맞지 않아. 그 동안 스스로 해결해 보려고 참아 왔었다. 그런데 그것이 내 안에서 소화될 정도로 내가 성숙되지 않았나 보다. 자꾸 쌓이니까 힘들어진다. 네가 조금만 이러이러해 줄 수 있으면 좋겠는데 그렇게 해 줄 수 있니?' 라는 식으로 말입니다.

처음에는 좋은 마음으로 시작되었지만 그것이 자기의 한계를 넘어서게 되면 더 이상 좋은 마음을 유지하기 어려운 것입니다. 나중에는 좋은 마음은 온데간데없이 사라지고 악한 마음만 표현되게 되기 쉽습니다. 인간은 무한정 참을 수 없고 무한정 선을 행할 수 없는 존재인 것입니다. 위의 경우 서로 크게 상처를 받게 되어 둘의 관계가 치유되기 어려운 상태로 접어들었습니다. 안타까운 일입니다. 좋은 마음으로 참아온 형제는 나중에는 좋지 않은 마음으로 상대방을 대하게 되었습니다. 또 상대방은 친구가 불평하는 소리를 하지 않아서 아무런 문제가 없는 것으로 알고 지내 왔습니다. 그런데 자기가 생각하기에 별로 화를 돋우는 일도 아닌 사소한 것에서 자기에게 엄청난 화를 내는 것을 보니 상대방이 그 동안 자기를 겉마음 따로 속마음 따로 — 위선적으로 대해 왔던 것으로 느껴져 기분 나쁜 대로 서로 한바탕 벌리게 되었던 것입니다.

2) 문제에 직면하기

(1) 대화하기 : 마음을 나누기

위의 두 사람 사이에서는 의사소통의 주파수가 맞지 않은 것이 큰 문제점이었습니다. 한 사람은 자기가 본을 보이면 좋아지겠지 하는 기대와 함께 좋은 마음에서 참아 왔었는데 그 좋은 마음이 상대방에게는 전혀 전달이 되지 않았습니다. 다른 한 사람은 얘기를 해주었다면 주의할 마음이 있었는데 상대방에게서 아무런 얘기가 없으니 괜찮은 것으로 알고 자기 성격 그대로 생활해 온 것입니다. 만약 얘기를 해주었다면 기꺼이 주의했을 그 좋은 마음이 전달이 되지 않았던 것입니다. 그렇기 때문에 대화라는 것이 얼마나 중요한지 모르겠습니다. 서로의 마음을 나누는, 그것도 좋은 마음을 나누는 대화란 참으로 중요합니다.

그렇지 못한 사람들도 있긴 하지만 보통의 사람들에게는 '평범한 좋은 마음'이 있음을 알아야 할 것입니다. 그래서 문제를 다룰 수 없을 정도로 심각해지기 전에 대화를 시도하여 그 좋은 마음들이 나누어지게 하는 것이 우리들의 인간관계에서 필요합니다. 특히 먼저 자기의 좋은 마음을 내놓는 대화라면 상대방으로부터 그에게 있는 좋은 마음이 반응하게 될 것입니다. 좋은 마음으로 시작된 것이 좋지 않은 열매를 낳지 않도록 주의를 기울여야 하겠습니다.

(2) 투명한 사람이 되자

그리스도인들 사이에 이러한 건강한 일들이 많이 일어났으면 하는 마음 간절합니다. 우리들의 마음속에는 남이 들으면 싫어할 것같이 판단되는 얘기는 하지 않는 경향이 있습니다. 그런 얘기를 하면 마치 그 사람을 미워하고 사랑하지 않는 것으로 느끼는 것이지요. 원수를 사랑하라 하시는 예수님의 말씀을 알고 있는데 어떻게 그러할 수 있겠습니까? 그러니 처음부터 마음속에 넣어 두는 것입니다. 그것이 마치 그 사람을 사랑하는 것인 양 생각하여서 그렇습니다. 억압하여 말을 하지 않음으로 겉으로는 아무렇지 않게 보이지만 속으로는 계속 불편한 마음을 쌓아 가게 됩니다. 상대방의 성숙을 위해 건강한 긴장을 주는 깊은 마음이 부족하다고도 할 수 있겠습니다.

혹 이러한 것이 그리스도인들이 당사자가 없는 곳에서 뒷말을 하게 되는, 아주 나쁜 성향이 생기게 된 것과 관련이 되지 않을까 생각해 봅니다. 어떻게 하여 이러한 것들이 우리에게 일어나는 것인지요? 그리스도인들은 좀 더 열려져야 되는 것이 아닌가요? 사람 앞에서 마음에 없는 늘어지는, 듣기에만 좋은 말을 하는 회색적인 사람이 아니라 좀 투명한 사람이 되어져야 하는 것이 아닌지요? 마음에는 없는 듣기에만 좋은 말을 하는 것이 아니라 마음에 있는 좋은 말을 하게 되는 성향이 커가기를 바라는 마음 간절합니다. 아니 이전에 우리 그리스도인은 마음에 있는 말만 하는 사람들이었으면 하는 마음 간절합니다. 마음에 없는 말은 하지 않았으면 좋겠습니다. 사실은 그럴 만한 좋은 말을 들을 사람이 아닌데 주위에서 마음에 없는 좋은 말만 들어와 자기를 높게 생각하는 사람들이 적지 않게 있음을 보게 됩니다. 그러한 사람들을 여러분들도 적지 않게 보아 오셨을 것으로 생각됩니다.

그러나 현재적으로는 상대방이 좋은 말을 받을 만하지 않지만, 좋은 말을 해줄 수 있는 경우가 있습니다. 상대방의 건강한 부분을 세워 주기 위해서 그러는 경우가 이에 해당합니다. 이는 상대방을 정확히 파악한 가운데 상당히 성숙한 사람에게서나 나올 수 있는 모습입니다. 다른 말로는 치유적 행위라고 할 수 있습니다. 저는 이러한 성숙을 보이는 분들이 많이 나타나기를 바라는 마음 간절합니다. 나의 말이 상대방에게서 건강한 부분을 강화시켜 줄 것인가 아니면 건강치 못한 부분을 강화시켜 줄 것인가를 지혜롭게 분별하고자 하는 진지한 모습들이 많아지기를 바랍니다. 이러한 마음이 진정 상대방을 위하는 마음일 것입니다.

3) 문제해결을 위한 구체적 접근

(1) 정상적이고 건강한, 살아 있는 마음을 받아 주고 키워 주자

앞에서도 지적이 되었지만 '지향적 목표'를 이미 알고 있는 우리들에게는 무엇인가 완전한 성숙으로 보이지 않는 것은 그냥 억압해 버리는 성향들이 있습니다. 그 결과로 특히 인간관계에서 문제가 있으면 문제를 보지 않고 덮어 버리고 문제를 해결하려는 노력을 기울이지 않는 성향이 생기게 됩니다. '문제를 해결하는 마음' problem-solving mind이 계발이 되어 있지 않은 것입니다. 이에는 기독교 교육의 책임이 크다고 생각합니다. 그런 마음을 키워 주는 교육이 되어 있지 않은 것입니다.

원수를 사랑하고 5리를 가자고 하면 10리를 가라고는 반복적으로 가르칩니다. 그런데 실제적인 나는 원수가 아니라 때로 부모님도 사랑하지 못하는 나이고, 형제가 5리를 가자고 하면 3리밖에 가지 못하는 나인 것입니다. 이 실제적인 나에 대해서는 얘기가 거의 없는 것이지요. 그저 '원수를 사랑하라. 5리를 가자고 하면……'라고 입에서 술술 나오게만 되어 있는 것입니다. 실제적인 나에 대해서는 얘기가 되지 않으니, 말씀은 그냥 좋은 그러나 진부한 것으로 여겨질 수 있는 것입니다.

10리를 가는 그 지향적 자기상과 3리밖에 가지 못하는 실제적인 나 사이에서 오는 그 어려운 갈등을 다루어 주기를 바라는 마음이 우리 모두에게 있을 것입니다. 먼저 '10리를 가는 것이 목표인데 아직 3리밖에 가지 못하는 사람들은 어떻게 합니까?', '그러한 나를 어떻게 생각하고 받아야 합니까?' 라는 질문이 자연스럽게 나올 수 있는 살아있는 분위기가 조성되어야 하겠습니다. 그리고 그러한 질문들을 자연스럽고 정상적인 것으로 받아들여 함께 아파하면서 문제를 해결하려고 하는 노력들이 있어야 할 것입니다. 신앙은 살아있는 것으로 성장하게 되어 있는데 성장하면서 제기되는 건강하고 자연스러운 질문들은 우리의 신앙이 살아 있다는 증거가 되는 것입니다. 그것들이 낳는 갈등과 긴장은 단지 없애야 하고 감추어야 하는 부정적인 것이 아니라 우리의 건강성을 나타내는 지표가 되는 것이지요. 또 그러한 긴장이 주는 도전을 통해 우리의 신앙은 자라게 되어 있는 것입니다.

그리스도인의 성숙의 과정에는 그렇게 생각하고 고민할 것들이 실제적으로 많이 있습니다. 확실히 믿는 것은, 우리가 아는 진리가 진리일진대 이 진리가 우리의 실제적 문제들을 틀림없이 다루어 해결하여 줄 것입니다. 우리의 실제적인 얘기들을 내놓고 함께 얘기하여 나누는 가운데 해결의 방안을 모색하는 모습들이 많이 일어났으면 좋겠습니다.

(2) 지향적 목표와 실제적 목표를 분별하자

자 여기 더 나아가 생각해야 할 것이 있습니다. 문제가 단순하지 않습니다. 지금 3리를 가는 사람은 아직 7리가 남는 문제를 안고 있으나, 1리를 더 가 4리를 가게 되면 6리가 남는 또 다른 문제를 안게 된다는 것입니다. 그러니 우리들에게는 무한대의 문제가 있고 그에 따르는 갈등과 긴장이 다 다르다는 것입니다. 물론 원리는 있지만 말입니다. 그 무한대의 경우의 수에 대한 것을 어느 책에서든 다룰 수가 없습니다. 이것은 설교에서 다루어 질 수 없습니다. 오직 개개인과의 수없는 만남을 통해서만 다루어질 수 있습니다.

그런 면을 도와주는 것이 기독교 상담이어야 합니다. 저 지향적 목표를 향해 가는 도상에 있는 과정적 존재로서 무한히 많이 나누어지는 신앙의 단계에 있는 그리스도인들의 집단을 생각할 수 있어야 합니다. 또 목표를 향해 셀 수 없이 많은 단계를 밟아 갈 그리스도인 한 개인을 고려할 수 있어야 합니다. 그러한 통찰 가운데 그들 또는 그 개인이 중간에 쓰러지지 않고 목표에 대한 소망을 가지고 감사하며 즐겁고 힘차게 걸어갈 수 있도록 돕는 것이 기독교 상담이어야 한다는 것입니다. 가능하면 많은 회중에게 적용되는 보편적 원리를 다루게 되는 설교는 그 무한정한 경우의 수의 사람들을 다룰 수 없습니다. 그런 면에서 설교는 한계를 가지게 됩니다. 개별적인 사람을 다루어 주는 상담은 설교의 그러한 한계를 보충해 줄 수 있는 좋은 파트너가 될 것입니다. 개개인을 대상으로 하는 상담의 심원한 의미가 새롭게 발견되기를 바랍니다.

여기 5리를 가자고 할 때 2리밖에 못 가는 사람이 있습니다. 그에게 어떻게 접근하실 것입니까? 생각해 보시기 바랍니다. 생각하시도록 지면을 한 서너 페이지 공백으로 남겨 두었으면 좋겠습니다. 어떻게 하시겠습니까? 그리고 어떻게 하여 오셨습니까? 성경에 나와 있는 그대로 10리를 가라고 하실 것입니까?……

한 형제가 들려 준 얘기입니다. 그 형제는 신학을 한 사람인데 교역자에게 찾아가 상담하는 것이 두렵다고 합니다. 싫기도 하고요. 찾아가면 늘 같은 얘기라는 것입니다. 지향적 목표에 대해서만 듣게 된다는 것이지요. 10리를 못 가고 6리밖에 가지 못해 안타까워하는 마음으로 찾아가면

10리를 가야 한다는 것이지요. 그것은 그 형제도 아는 얘기이지요.

자기가 갈등하는 것을 잘 들어 주고 마음을 같이 하여 아파해주면서 앞으로 실제적으로 어떻게 해야 하는지에 대해 좋은 인도를 해주실 것을 기대하고 왔는데, 듣는 것은 매 번 똑같은 지향적 목표라는 것입니다. 찾아가지 않아도 교역자로부터 듣는 해답은 이미 알고 있는 셈이니 어디 찾아갈 마음이 나겠습니까? 이는 많은 그리스도인들이 호소하는 불만인 것을 교역자들은 귀담아 들을 수 있어야 할 것입니다. 이는 전인적인 인간이해가 부족한 가운데서 일어나는 부작용이라 하겠습니다.

단순화시켜서 말씀드리면, 저 같으면 우선 목표와 실제 사이에서 괴로워하는 그와 같은 마음을 가지도록 노력할 것입니다. 그 다음에 그러한 긴장은 그리스도인에게 있어서 건강한 모습이지 무조건 던져 버려야 하는 것이 아니라는 것을 얘기하고요. 그러면서 하나님께서 원하시는 지향적 목표가 무엇인가에 대해 함께 생각하여 갈 것입니다. 그리하여 10리를 가는 것이 우리의 지향적 목표임을 분명히 해둘 것입니다. 이런 작업들과 함께 2리까지 간 그에게 실제적 목표가 되는 그 바로 다음 단계인 2.1리를 가도록 권면할 것입니다. 그리고 가면서 또 건강한 긴장을 겪게 될 것이지만 그럼에도 불구하고 힘차게 나아가도록 격려하겠습니다. 지향적 목표와 실제적 목표를 분별하는 것은 오랜 기간의 훈련을 통해서만 가능한 고도의 지혜에 해당하는 것이라 말씀드릴 수 있습니다. 이는 무엇보다도 성경을 통해 보는 하나님께서 사람을 다루시는 원리인 것입니다. 하나님을 닮아 가야 할 것입니다.

기드온의 예를 살펴보겠습니다. 삿 6:11-40 저는 기드온을 신앙이 깊기는 하나 아주 깊은 인물로 보지는 않습니다. 그는 하나님께서 그에게 나타나셔서 말씀하셨을 때 즉각적으로 하나님의 말씀을 따르지 않았습니다. 특히 성경의 다른 부분에서는 하나님을 시험하는 것을 금하였는데 그는 두 번씩이나 하나님을 시험합니다. 하나님께서 떠나라 하실 때 갈 길을 알지 못하나 우선 떠나는 아브라함과 같이 하나님의 말씀을 전격적으로 따르지는 않았던 것이지요. 이런 측면에서 아주 깊은 신앙의 인물이라고 보지 않는다는 것입니다.

성경의 인물들이 모두 지고의 신앙 수준을 가진 인물들로 우리들의 궁극적인 믿음의 표상들은 아닌 것이지요. 그 인물들을 통해 하나님께서 무엇을 나타내시고자 하는 것을 아는 것이 중요한 것입니다. 나아가 하나님에 대해 아는 것이 중요한 것이지요.

자, 그런데 하나님께서는 기드온의 요청을 다 정확하게 들어주셨습니다. 왜 하나님께서 '네가 어떻게 나를 시험하려 드느냐?'라고 하시면서 노하시지 않으셨을까요? 그것은 하나님께서는 어떤 기준을 정해 놓고 그 기준에 들어맞는 사람만 대해 주시는 분이 아니시기 때문입니다. 그 기준에 사람을 짜 맞추시는 분이 아니신 것입니다. 항시 그 사람의 현재적 수준을 그대로 받아 주시고 그 수준에서 성숙하기를 원하시며 도우시는 하나님이신 것입니다.

우리는 여기서 또 하나의 중요한 원리를 발견하게 됩니다. 그것은 하나님께서는 사람을 보신다는 것입니다. 사람을 놓치지 않으시는 것입니다. 예를 들어 '하나님을 시험하지 않아야 한다.'라는 계명의 틀에 기드온을 짜 맞추시는 것이 아니라는 것입니다. '나를 시험하는 죄를 지었으니, 이런 벌을 받아라.'라는 식으로 대하시는 것이 아닌 것입니다. 그 사람의 신앙의 수준에서 그 사람을 보시는 것입니다. 계명도 중요한 것이지만 더 중요한 것은 사람이기 때문입니다. 사람이 그 계명을 지켜야 그 계명이 의미가 있는 것이지, 사람 없이 도도하게 서 있는 계명이란 더 이상 의미가 없는 것입니다.

현재적으로는 그 계명을 지키지 못하는 사람을 지키는 수준까지 올라서도록 돕는 것이 목적인 것입니다. 계명이 목적이 아니라 사람이 목적임을 깨달아야 합니다. 이것이 뒤바뀌면 오류가 일어나게 되어 있습니다. 그러려면 사람을 놓쳐서는 아니 되는 것입니다. 한 순간에 한 계명으로 그 사람을 판단해서는 안 되는 것입니다. 하나님의 계명을 잘 아는 것도 참으로 중요합니다. 허나 그 계명이 사람을 위해 있다는 것을 아는 것은 더더욱 중요한 일입니다. 사람은 항상 살려져야 합니다. 그러려면 사람을 놓치지 않아야 합니다. 이 모든 것의 궁극을 아시는 하나님은 이런 저런 모양의 모든 사람을 만나 주시고 그 사람들의 각기 다른 수준에서 자라게 하시는 분이신 것입니다.

그렇게 우리는 사람을 먼저 볼 수 있어야 할 것입니다. 평범하게 보아 이해하기 힘든 어려운 일을 당할 때 우선은 그 일을 행한 사람의 수준, 입장에서 이해하려 하는 노력이 있어야 할 것입니다. 때로 우리는 사람은 놓치고 사건만을 보게 되는 오류를 통해 많은 사람들을 울리곤 합니다. 사람을, 사건을 안고 있는 사람을 놓쳐서는 아니 될 것입니다. 우리는 사건을 대하는 것이 아니라 사람을 대하는 것이기 때문입니다. 사건을 통해 사람을 판단하는 방향으로 나가서는 아니 되는 것입니다. 거꾸로 우리는 사람을 대하는 것이고, 사람을 통해 그 사건을 이해하려는 시도를 하여야 합니다. 우리가 대하는 대상은 사람임을 잊지 않기를 바랍니다.

그럼 하나님께서 기드온을 택하신 것은 무엇 때문일까요? 궁금해지지 않을 수 없습니다. 정확히야 알 수 없지만, 기드온에게서 하나님께서 미쁘게 여기시는 것은 그의 정직이 아니었을까 생각해 봅니다. 그는 '하나님을 시험하면 안 되는 것이니 마음에 확신이 없더라도 우선 예라고 하자.' 라는 식으로 자기의 마음에 없는 말을 하지 않았습니다. 그는 자기에게 정직했습니다. 자기 수준의 자기에게 정직했다는 의미입니다. 그 자기에게 정직한 자기로서 하나님께 나아갔습니다. 그의 정직성은 하나님께 요청을 하기 전에 이미 하나님의 백성인 이스라엘 민족이 왜 이방민족에게 핍박을 받아야 하느냐라며 항의조로 하나님께 얘기하는 데에서부터 짐작할 수 있습니다. 그렇게 신앙이 아주 깊지는 않은 그였지만 자기의 믿음의 분수에 맞는 정직성을 가지고 하나님께 나아갔던 것입니다.

그 당돌하고 부족한 사람을 받으시는 하나님은 참으로 놀라우신 분이 아니실 수가 없습니다. 성경의 인물들을 다루시는 하나님을 보시기 바랍니다. 앞에서도 여러 번 언급하였지만 각각의 사람들을 각각 그들에게 맞게 대해 주시는 것입니다. 인간을 참으로 정교하게 대하시는 하나님이심을 깨닫게 됩니다. 한 인물을 다루시는 하나님의 모습을 위해 많은 지면을 할애하는 구약이 그러한 측면의 이해에 많은 도움이 됩니다. 하나님께서 바로 사람을 지으신 창조주이시기 때문에 사람에 대해 가장 잘 아시지 않겠습니까? 그 하나님을 통해 우리는 배워야 하는 것입니다. 하나님은 현재적 인간에서부터 시작하십니다. 그리고 그의 수준에 적절한 것을 기대하십니다.

그렇기 때문에 사람을 온전히 이해하기 위해서는 그 사람 안으로 들어가야 합니다. 밖에서 보는 눈으로는 사람을 이해하는 것에 한계가 있습니다. 그 사람 안에서 그를 이해하여야지 그를 떠나서는 온전한 이해란 이미 불가능한 것이 되어 버리게 됩니다. 그 사람의 수준에서 그 사람을 받아 주시는 하나님! 수준을 받으시는 것이 아니라 사람을 받으시는 것이지요. 각 '사람'을 놓치지 않도록 우리는 어서 어서 자라가야 할 것입니다. 내 자신이 성숙되어야 그런-사람을 제대로 볼 수 있는- 일이 가능해지지 내가 변하지 않고서 그러기를 바란다는 것은 몽상과도 같은 것입니다. 우리가 앞에서 다룬 간음한 여인과, 간음하고 살인한 다윗을 대하시는 하나님을 통해서도 동일한 원리를 볼 수 있습니다.

그렇습니다. 그렇게 지향적 목표와 실제적 목표를 분별하여 사람을 대하는 것이 성경의 원리입니다. 그런데 그 실제적 목표란 그 사람이 서 있는 그 단계 바로 다음의 단계를 의미합니다. 걸음으로 비유한다면 바로 다음 발자국이 디뎌질 곳을 말합니다. 그런데 이것을 분별한다는 것은 쉽지가 않은 일입니다.

우선 그리스도인의 성숙의 과정에 대해 알아야 하고 앞에서 언급되어진 그리스도인의 인간관에 대해 자기화 된 깨달음이 있어야 합니다. 이것은 지식적으로 전달될 수 있는 것들이 아닙니다. 오랜 시간을 경과하면서 훈련을 통해 깨달아질 수 있는 것입니다. 이것들은 자기에 대해 준비하는 것입니다. 그 밖에도 알아야 하고 깨달아야 하는 것들이 얼마나 많은지요.

그 다음으로는 상대방에 대해 잘, 정말 잘 알아야 합니다. 잘 알지 못하고서는 그 사람이 지금 어떤 단계에 서 있는지를 알 수 없기 때문입니다. 그렇지 못하면 그에게 그 바로 다음 단계의 실제적인 목표를 줄 수는 결코 없을 것입니다. 지향적 목표에 대해 말할 수는 있겠지만요. 그 지향적 목표는 객관적인 목표로 주신 것이기 때문입니다. 그러나 실제적인 목표는 안 되는 것입니다. 구체적인 사람을 알아 간다는 것이 이렇게 중요합니다.

> 더불어 생각...

연역적 사고의 경향이 강한 사람과 귀납적 사고의 경향이 강한 사람

1. 연역적 사고형

위의 내용과 연관된 이야기를 언급하고자 합니다. 목사 안수를 받은 남동생이 있습니다. 동생이 교회를 섬기는데 신학교를 다닐 때와 졸업을 한

직후에 한 설교의 내용을 보면 주로 성도들을 찌르고 치는 성격이었다고 합니다. 그런데 시간이 좀 지나면서 성도들을 위로하는 성격이 점차 가미되게 되는 것 같다고 하면서 설교 내용뿐 아니라 설교를 듣는 성도들에 대한 이해가 중요한 것을 깨닫게 된다는 얘기를 들은 적이 있습니다. 저는 자라면서 여러 교역자들과 관계를 많이 맺으면서 자랐습니다. 미국에 있을 때 신학교에서 공부하였기 때문에 목사 안수를 받은 그리고 받을 형제들을 많이 접해 보았고 많은 과목은 아니지만 신학교의 강의도 들어 보면서 느껴지는 것이 있습니다.

우선 신학교에서 신학생들은 명제인 하나님의 말씀에서 출발하는 연역적인 사고 훈련을 받습니다. 하나님의 뜻이 '무엇'이냐, 인간의 사는 목적은 '무엇'이냐, 세례는 '무엇'이냐, 그 본문의 의미는 '무엇'이냐, 죄란 '무엇'이냐, 회개란 '무엇'이냐라는 식으로, 다는 아니지만, 거의 '무엇' What에 대해 배우게 된다고 얘기할 수 있습니다. 다른 말로 표현하면 지향적 목표가 '무엇'이냐에 대해 주로 배웁니다.

이제 그 '무엇'에서 나오는 것은 '해야 합니다' should or must입니다. 지향적 목표를 알았으니, 그리스도인은 어떠 어떠 '해야' 한다는 식의 사고를 하게 되는 경향이 생기게 됩니다. 예를 들어 원수를 사랑 '해야 하고' 악을 악으로 갚지 않고 선으로 이겨 '야 하고' …… 그 '해야 합니다'에서 '판단' judgement의 자세가 배양될 수 있습니다. 그렇기 때문에 기독교의 지도(가르침)는 나아가 상담까지도 자연히 '지시적' directive이게 됩니다. 그럼으로써 시간을 두고 함께 자라가는 개념이 상대적으로 취약하게 되는 현상이 나타나게 됩니다.

2. 귀납적 사고형

이러한 점은 경험을 통해 전형적인 귀납적 접근을 하는 정신과의사의 사고와 비교하면 그 특징을 더 선명하게 이해하는 데 도움이 될 것입니다. 저희는 먼저 사람을 만납니다. 이 땅을 딛고 살아가는 구체적인 사람들을 만나며 그들의 적나라한 모습들을 보게 됩니다. 앞에서 설명 드린 '타락한 자연적 인간'의 모습에 대해 알아가는 것입니다. 거기서 가능한 공통되는 원리를 발견하려고 노력합니다. 그리스도인인 저 같은 경우는 인간의 한계를 명확히 알게 됨으로써 인간에게 구원이 절실히 요청되는 것을 느끼게 됩니다. (성경말씀을 통해 연역적으로 접근하는 전형적인 예인 사영리와 아주 대조적인 것을 느끼실 것입니다.)

그렇기 때문에 저희는 목표를 향해 가는 길을 알아내려고 합니다. '어떻게' How 에 대해 생각하는 것이지요. 그 다음으로는 실제적으로 가는 것을 도우려 합니다. 즉 '과정-ing을 풀려고 하는 것이지요. 그러면서 판단하기보다는 '이해' Understanding 하려는 자세를 키우게 됩니다. 그렇기 때문에 지시적이 되기가 어렵고 '비지시적으로' non-directive 되는 경향이 있습니다. 무리가 되는 줄 알면서도 대조적으로 설명해 보려고 해보았습니다. 연역적 접근과 귀납적 접근이 잘 비교되어 들어오는지요.

3. 연역적 사고의 한계 : 당위엔 뛰어나나 실제에 취약하다

연역적으로 학문을 공부한 사람은 당위에 대해서는 잘 아는데 실제에 대해서는 잘 모르기가 쉽습니다. 그렇게 사고의 길이 나 있기 때문이지요. 한 예를 들어 보겠습니다. 미국에 있을 때 정신과의사가 신학을 공부하러 왔다고 하니까 관심을 가져 준 교수 한 분이 있었습니다. 그분이 자기가 쓴 논문을 주면서 읽고 나서 토론을 해보자고 하였습니다. 논문의 제목은 'God's Image' (하나님의 형상)였습니다. 그분의 박사학위 논문은 삼위일체 하나님에 대한 것이었는데 그래서 그런지 하나님의 형상 중에서도 특별히 삼위일체 하나님의 Communal Image (공동체적 형상?)에 대해 많은 지면을 할애하였습니다. 성경의 참고문구로는 요한복음의 후반부 17:11, 21, 등가 많이 인용되었습니다. 그러면서 주님의 몸인 교회를 이루는 성도들간의 공동체적 일치를 많이 강조하였습니다. 아주 유익한 통찰이라는 생각이 들었습니다.

그러나 동시에 그것만으로 끝나고 있는 것을 보고 그분의 한계가 느껴졌습니다. '우리도 삼위일체 하나님과 같이 우리 안에 공동체적 형상을 이루어 가야 하겠습니다.' 라는 식의 당위에 대해서만 언급하고 끝을 맺는 것이었기 때문입니다. 공중에 붕 뜬 느낌과 함께 공허한 느낌을 떨쳐 버릴 수가 없었습니다. '연역적 사고를 하는 사람들은 결국 이렇게 밖에 되지 못하는가?' – 답답했습니다. 당위는 풀었으나 실제는 전혀 다루지 않았기 때문입니다. 아니, 못하기 때문일 가능성이 많습니다.

그러한 당위를 알게 되었으면 그 당위를 어떻게 해야 실제와 연결을 할 수 있을까 하는 물음이 자연스럽게 따라 나와야 한다고 생각합니다. 그런데 그것이 안 되는 것입니다. 당위에서 그치는 것이지요. 언뜻 생각난 것은, 삼위일체 하나님께서 그렇게 완벽한 Communal Image를 가질 수 있었던 것에는 중요한 두 가지 조건이 만족되었기 때문이라는 것입니다. 하나는 성부, 성자, 성령님께서는 서로에 대해 완벽하게 아신 것입니다. 두 번째로는 완벽한 성숙의 상태에 있었던 것입니다. 그렇기 때문에 그 교수가 발견한 당위가 실제적으로 의미가 있으려면 이 조건을 다루어야 하는 것입니다. 그리스도인들로서 같은 교회에 나가고 있지만, 서로 완벽하게 아는 분들이 얼마나 있으며 서로 완벽한 성숙에 이른 분들이 얼마나 있습니까? 아무도 이 두 가지 조건을 완전하게 만족시키는 사람들은 없는 것입니다.

그럼 그 Communal Image로 접근하기 위한 실제적인 첫 번째 발걸음은 어떤 것이 되어야 하겠습니까? 그것은 당연히 우리가 서로를 완벽하게 알지 못하고 완벽한 성숙의 단계에 이르지 못한 것을 보아야 합니다. 그러면 이제부터라도 잘 알아가고 성숙하도록 하여야 하겠구나 라는 목표가 생기게 됩니다. 그런 다음에는, 알아가고 성숙해 가는 데 실제적으로 어떻게 하여야 하는가라는 질문이 나오게 됩니다. 바로 이 질문을 제대로 다루어주어야 당위에서 실제로의 다리가 온전하게 이어지게 되는 것이 아니겠습니까?

그 교수에게 위와 같은 비평의 내용을 전했습니다. 그분은 신학이 실제적인 영역을 제대로 다루지 못하는 측면이 있음을 인정하였습니다. (개인적으로 그분의 겸손함에서 느끼게 되는 것이 많았습니다.) 저는 그 논문을 읽으면서 이 같은 실제적인 측면을 즉각 보게 되었고 이를 다루지 못하고 당위만 주장하는 것이 공허하게 느껴졌습니다. 저 같으면 그 교수같이 논문을 끝낼 수 없었을 것입니다.

그런데 공부를 많이 한 그 교수는 제가 자연스럽게 느껴서 실제적인 과제로 설정하게 되는 일련의 과정을 왜 밟지 못했을까가 궁금하였습니다. 그러면서 그것은 역시 연역적 사고를 하는 사람들이 갖는 한계가 아닐까 하는 생각을 하게 됐습니다. 귀납적 사고를 하는 저로서는 실제를 꼭 다루게끔 되어 있기 때문에 그렇게 접근하게 되어 있는 것이지요. 저 위에 있는 명제에서부터 이 땅의 실제까지 오기에는 거리가 너무 먼 것입니다. 누가 목표 또는 당위와 실제 사이에 적절한 징검다리를 놓아 줄 수 있을는지요? 귀납적 사고를 하는 사람들은 당위에 대해 그리고 상위의 원리에 대해 약합니다. 앞으로 서로의 부족을 보완해주는 만남이 많이 일어나기를 소원합니다.

물론 연역적인 사고를 하는 모든 분들이 이렇게 된다고 말할 수는 없습니다. 그러나 대다수의 사람들이 이러한 사고 경향을 어느 정도는 갖게 되는 것 같습니다. 좀 심하게 말하면, 신학적 지식의 틀에 사람을 짜 맞추려는 사고의 경향들을 갖게 된다고 말할 수 있습니다. 또 신학을 공부한다는 것은 하나님의 말씀에서 출발하여 연역적 사고의 길을 간다고 볼 수 있는데 그러한 가운데서 최고의 것을 알고 있다는 교만한 마음이 싹트고, 그 마음에서 판단의 마음으로 이어지기란 아주 쉽다고 말할 수 있습니다. 연역의 사고란 위에서 아래로 내려오는 사고이기 때문에 사려 깊은 주의를 기울이지 않는 사람들은 자기 머리 속에 그러한 사고의 길이 확 뚫리게 되어 거기서 크게 벗어나기가 어려울 수 있음을 기억하여 주의하여야 할 것입니다.

4. 신학교의 교육에 대해 하고 싶은 한마디

애기가 여기까지 나온 김에 모두가 다 똑같이 중요하지만 특히 앞서서 인도하는 직분을 맡은 교역자들이 일반 성도와 기독교 문화에 끼치는 영향이 지대하므로, 교역자를 길러내는 신학교에 대해 위의 내용과 연결되는 부분을 잠깐 언급하고 다음으로 넘어가기로 하겠습니다. 사랑하는 마음과 아픈 마음을 가지고 하겠습니다.

우리나라의 인간관계는 유교로부터 지대한 영향을 받았다고 할 수 있습니다. 그 가운데서도 '수직적 인간관계'는 압권이라고 할 수 있습니다. 우리네의 인간관계는 그렇습니다. 누구를 만나면 먼저 그의 나이를 알아야 합니다. 그가 나보다 높은지 낮은지를 알아야만 그 다음의 대화로 넘어 갈 수가 있습니다. 우리는 자라오면서 수평적 관계에 대해서는 별로 훈련을 받아오지 못하였습니다. 이러한 특징은 형제자매의 관계를 서구의 그것과 비교하여 보면 확연하게 드러납니다. 서구에서는 형제자매의 관계에서 형, 누나, 동생이라는 용어가 거의 쓰이지 않는 것을 쉽게 알 수 있습니다. 그것은 곧 우리와 같은 수직적 관계가 거의 형성되어 있지 않다는 것을 보여 줍니다. 그에 비해 우리는 아주 엄격한 셈이지요. 우리에게 유일하게 수평적 관계를 경험하게 해주는 것은 친구관계밖에 없는 것입니다. (저는 꼭 이러한 우리의 수직적 인간관계가 무조건 나쁜 것이라 결코 생각하지 않습니다. 다만 우리의 그러한 측면을 객관화하여 살펴보자는 것입니다.)

그렇게 수직적 인간관계로 얽히고 설켜 있어, 수직적 의식이 강하게 배여 있는 한국에 기독교가 들어 왔습니다. 물론 기독교가 우리들의 의식에 상당한 영향을 주기도 하였지만 한국에서의 기독교는 한국적인 것의 영향을 받기도 하였습니다. 그 부정적인 결과 중 하나로 한국적인 기독교 문화에 유교적인 '수직적 인간관계'의 영향으로 인해 교회의 직분들이 하나의 계급으로 자리 잡는 '계급화'가 상당한 정도로 이루어져 있다고 생각합니다. 유교적인 것이 마치 성경적인 것인 양 자리 잡고 있는 것들이 적지 않게 있음을 보는 것입니다. 우리 주위에서 '목사', '장로', '권사' 등의 직분을 높은 계급인양 여기는 사람들을 어렵지 않게 찾아볼 수 있지 않습니까?

그 중에서 여기서는 특별히 교역자를 예로 들어 생각해 보겠습니다. 우선 그 첫 단계인 신학생들의 경우입니다. 신학교에 들어간 사람들은 처음부터, 계급적으로 볼 때 '전도사님'이라는 높은(?) 호칭을 나이 많으신 어른들로부터도 듣게 됩니다. 그럼으로써 자기에 대한 기대감이 상당히 상승하게 되는 유혹을 받게 되어 있습니다. 교역자가 된다는 것은, '섬김을 받으려 하는 것이 아니라 섬기려 하는 것이다.'라는 성경적 진리에 여간 굳게 서지 않고서는 높아져 가는 마음을 막기가 쉽지가 않습니다. '새까만 후배가 신학교에 들어가서는 높임말을 들으려 하고 대접을 받기만 하려고 한다.'라는 얘기를 주위에서 많이 들어 왔습니다. (물론 현재는 섬길 것만 기대하는 일반 성도들로부터 어려움을 당하는 경우가 늘어나는 추세라고 생각합니다.)

　미국에서 그와 비슷한 참 우스꽝스러운 경우를 빈번하게 경험하게 됩니다. 미국의 신학교의 목회학석사 과정에는 다른 직업에 종사하다가 나이 들어 신학교에 들어와 공부하는 사람들이 많이 있습니다. 그 사람들은 보통 전도사라 불립니다. 반면 한국에서 목사 안수를 받고 신학석사나 박사과정을 공부하는 사람들은 나이가 적은 사람들이 많은 편입니다. 이 나이 많은 전도사와 나이 적은 목사 사이에서 사건이 생기는 것입니다. 나이 적은 목사들이 나이 많은 전도사들에게 '전도사'라고 부르는 것입니다. 목사는 꼭 목사 '님'이라 불리기를 바라고요. 물론 자기보다 나이가 더 적은 목사에게 꼭 목사 '님'이라고 하지요. 실제적인 생활에서도 '목사님'이 '전도사'를 하대하는 것이 눈에 적지 않게 뜨입니다.

　이것은 제가 있었던 곳만의 현상이 아니라 미국 내의 다른 신학교에서도 한국 사람들 사이에서 일어나고 있다는 것을 분명히 들었습니다. 물론 모두가 그렇다는 것은 아닙니다. 그러나 전혀 그렇지 않은 사람들의 수는 적고 그렇게까지 겉으로 드러나지는 않지만 그런 경향을 보이는 사람들을 포함하면 다수의 목사 안수를 받은 형제들이 보이는 현상이라고 말할 수 있습니다.

　저는 그런 측면에서 교역자를 길러내는 한국의 신학교 교육이 중국 영화에서 보는 소림사 무예도장의 교육에 훨씬 미달되는 것을 참으로 마음 아프게 느끼고 있습니다. 소림사에서는 무예를 배우려고 오는 사람들을 아무나 받아 주지 않습니다. 상당히 까다로운 시험들을 통해 무예를 담아 주어도 괜찮을 것 같은 사람들을 우선 일차적으로 뽑습니다. 그 일차 관문을 통과하였다고 해도 그 사람들에게 바로 무예를 가르쳐 주는 것은 아닙니다. 먼저 아궁이에 불을 지피우는 것을 그리고 지게로 물을 길러 오는 것을…… 온갖 궂은 일을 다 시키는 것입니다.

가장 낮은 자의 자리에 서게 하는 것입니다. 그것도 상당 기간을 말입니다. 마음이 낮아지지 않고서는 좋은 것을 담아 주지 않으려는 의미인 것입니다. 이것은 무엇을 의미하는가요? 우리가 너무 잘 알고 있지 않습니까? 우선 사람이 되도록 훈련시키는 것입니다. '된 사람'이 되지 않고서는 아니 되는 것입니다. 아무리 좋은 것도 그것을 담는 그릇이 나쁘면 안 됩니다. 악용할 수 있기 때문입니다. 실제적으로 영화에서도 악용하는 사람으로 인해 수많은 사람들이 죽음을 당하는 등의 큰 환난이 일어나는 것을 보지 않으셨습니까? 소림사의 그러한 교육정신이 얼마나 훌륭한지요.

자 이제 우리의 신학교를 보지요. 목사와 전도사 등의 참으로 중요한 - 높다거나 상급이 많다는 의미에서가 아니라 지도자로서 많은 사람들에게 영향을 준다는 의미에서 - 일꾼들을 양성하는 신학교는 어떠한지요? 어떤 신학교의 교훈에 '인간이 되라'라는 것이 들어 있다고 들었습니다. 그러나 그것과 함께 인간이 되게 하기 위한 프로그램은 하나도 없다는 얘기를 그 신학교를 나온 사람으로부터 들었습니다. 그렇게 신학교 자체에서도 실제적인 훈련 프로그램이 거의 없고, 앞에서 언급하였지만 신학교 들어가자마자 전도사님이라는 높은(?) 호칭을 듣고 나이 많은 어른들도 깍듯이 경어를 써주는 분위기에서 '된 사람'의 교육이 참으로 이루어질까요?

왜 우리는 소림사의 훈련정신보다도 훨씬 미달되는 교육을 하게 되는 것일까요? 많은 사람들 앞에 서는, 그리고 설 사람들인데 '된 사람'이 안 되어도 된다는 것은 아니겠지요. 왜 '된 사람'을 위한 훈련 프로그램이 없냐는 말입니다. …… 제가 왜 이렇게 열을 올리기까지 하면서 어느 정도는 균형을 잃는 것을 각오하고 우리의 치부를 들어내겠습니까? 이대로 가서는 안 된다는 절박한 심정에서입니다. 하나님의 진리가 자꾸 가리움을 받는 쪽으로 한국교회가 흘러가서는 안 되기 때문입니다.

일반 성도들이 '목사들은 대화를 할 줄 모른다.'라고 하는 얘기를 우리가 함께 곰곰이 생각해 보아야 합니다. 실제적으로 신학을 공부하는 사람들은 자기들이 하는 공부가 최고라는 우월심이 있으며 따라서 다른 학문과 다른 직업을 낮게 보는 경향들이 농후합니다. 그렇기 때문에 다른 사람들과 대등하게 설 수가 없는 것입니다. 항상 위에 서려 하고 가르치려고만 하는 것입니다.

제가 인턴을 할 때 의사나 간호사들에게 들은 얘기입니다. 환자 보호자로서 제일 대하기가 싫은 두 그룹이 있다고 합니다. 목사와 교사라는 것입니다. 이분들은 와서 의사나 간호사의 말을 잘 경청하여 들으려고 하는 것이 아니라 와서 가르치려고 하고 말투 자체가 상대방을 하대하는 식이어서 그렇다는 것이었습니다. 그리스도인으로서 참으로 부끄러웠습니다. 대화는 같은 수준에 서 있을 때 가능합니다. 그런데 마음이 이미 높아져 있기 때문에 대화가 될 수가 없습니다.

많이 빗나갔습니다. 말하고자 하는 것은 실제적인 목표란 항상 변하는 것이기 때문에 한 번 알면 끝나는 것이 아니라는 것입니다. 그것을 놓치지 않기 위해서는 구체적인 인간을 알아가야 하는 것입니다. 그런데 신학교에서는 연역적 사고훈련만 주로 받고 교회에서는 처음부터 마음이 높아지도록 되어 있는 분위기에서 살아온 교역자들에게는 구체적 사람이 눈에 들어오기가 어렵게 되어 있는 경향이 있다는 것입니다. 그렇게 되면 그만큼 사람들에 대해 온전한 접근을 할 수 없게 되는데…… 그렇게 걱정하는 마음에서 얘기를 꺼내다 보니 길어지게 되었습니다.

동생이 시간이 지나면서 설교에 위로하는 성격이 점차 가미된다고 한 말이 의미 있습니다. 지향적 목표만 보이던 눈에, 사람들이 그 지향적 목표를 가지고 씨름하면서 과정을 걸어가는 구체적인 성도들이 들어오기 시작하였기 때문입니다. 설교를 받는 대상이 없으면 설교는 의미가 없습니다. 청중인 성도들을 의식하여야 하는 것입니다. 아무리 10리를 가라 하더라도 지금은 3-4리밖에 가지 못하지만 10리 가지 못함을 애통해 하는 성도들의 마음을 다루어 주기도 해야 하는 것입니다. 마음을 같이 하여야 합니다. 이는 이 세상을 살아가는 구체적인 성도들에 대한 이해가 있을 때 가능할 것입니다.

> 더불어 생각...

'정신신체' (Psychosomatic) 개념

앞에서 사람 안으로 들어간 것은 나타나게 되어 있다고 말씀드렸습니다. 여러분 스스로 살펴보아도 알 수 있을 것입니다. 누구에게 모욕을 받았으면 그 앙금이 남아 있게 되고 어떻게 해서든지 – 직접적으로는 아니더라도 그를 만날 때 얼굴 표정 또는 태도를 그 무엇을 통해 – 그 사람에게 표현되게 되어 있습니다. 또는 다른 사람에게 표현되기도 합니다. 사례 16의 경우는 남편에게 표현이 된 경우이지요. 종로에서 매 맞고 왕십리 가서 화풀이한다는 속담이 바로 이를 두고 하는 얘기입니다.

마지막으로 살펴보고자 하는 것은 자기의 신체를 통하여 표현이 된다는 것입니다. 사례 3과 23의 경우가 그 예에 속합니다. 신체적 증상이 있어 내과를 찾았지만 신체적인 원인은 없었고 마음의 원인이 신체적 증상을 일으켰다는 것을 알게 되었습니다. 그렇기 때문에 정신치료를 통하여 그 원인인 마음의 문제를 해결해 감으로 인해 신체적인 증상이 사라지게 된 것입니다.

이런 것을 다루는 분야를 의학에서는 정신신체의학Psychosomatic Medicine이라 하는데, 이는 19세기 말부터 관심을 가지게 된 분야로 최근 들어 급속도로 발전하고 있습니다. 이미 짐작하셨겠지만 그 주된 개념은 정신과

신체는 따로 따로 기능을 하는 것이 아니라 아주 밀접한 관계를 가지고 서로 영향을 주고받는다는 것입니다. 특히 정신적 스트레스를 많이 받게 되는 현대인들은 점차적으로 그 정신신체장애에 대한 취약성이 커갈 것으로 예상되는데 실제적으로 정신신체적 증상을 가지고 병원을 찾는 사람들의 수가 아주 빠르게 증가하고 있습니다. 여러분들 중에도 적지 않은 수가 이러한 증상을 갖고 있을 것입니다. 제가 정신적인 원인으로 인해 흔히 나타날 수 있는 신체적 증상들을 몇 개 열거하겠으니, 자신들을 돌아보시기 바랍니다.

두통, 흉부통, 요통 등의 각종의 통증들, 가슴 두근거림, 소화불량, 구역질, 구토, 설사, 변비, 월경불순, 성적 장애, 감각이상, 마비 (성대마비 포함), 피로, 졸도…… 거의 모든 영역의 증상들이 포함이 된다고 말씀드릴 수 있습니다.

어떻습니까? 한두 개의 증상에 대해서는 경험이 있을 것이라고 생각됩니다. 지금도 있는 분들도 있으실 것이고요. 이렇듯 우리 안으로 들어간 부정적인 마음은 때때로 몸을 통하여 표현을 하게 됩니다. 이상의 증상들이 골고루 다 나타나는 것은 아닙니다. 각 사람들은 나름대로 자기가 취약한 부분들이 있어 그 쪽을 통해 표현되게 됩니다. 예를 들어 정신적 스트레스를 받으면 주로 두통이 난다든지, 가슴이 두근거린다든지 하는 것입니다. 그렇기 때문에 정신신체의학에 대한 개념을 잘 알고 있는 분들은 자기에게 잘 나타나는 정신신체적 증상을 하나의 신호로 알아 그 증상이 나타날 때는 자기의 내면을 살피게 됩니다. 그러면서 정신적으로 힘들어 하는 부분을 찾아내어 이에 적절하게 대처하는 지혜를 키워갈 수 있게 됩니다. 이렇게 정신과 신체를 망라하는 전인적 관점에서 사람을 보는 눈들이 갖추어지기를 바랍니다. (물론 우리는 이를 넘는 영의 세계가 있음을 알고 그것까지 포함하는 사람들입니다.)

자기 안으로 들어가는 것은 표현이 되게 되어 있습니다. 자기 마음으로 무엇이 들어가 자리 잡고 있는지를 잘 알아야 합니다. 왜냐하면 특별히 부정적인 것이 들어가 있는 경우, 첫째 부정적인 것을 준 상대방, 둘째 상대방이 아닌 다른 사람, 마지막으로는 자기 자신에게 엉뚱한 해를 끼치게 되기 때문입니다. 이렇게 알게 되니 자기의 마음을 잘 다루어 간다는 것이 얼마나 중요한지를 깨달을 수 있을 것입니다.

제 **10** 장

인간이해의 폭을 넓혀 주는 몇 가지 생각들

이제 인간인 우리를 넓혀 주고 깊게 해주는 짧은 몇 가지 생각을 모아 보도록 하겠습니다. (이 책의 다른 부분에서 다룬 내용과 중복되는 것도 있을 것입니다. 그러한 중복이 개념을 이해해 가는 데 도움이 될 것입니다.)

1) 한계적 존재로서의 자기를 인정하자

(1) 자기화 된 – 습관적 반응을 보이게 되어 있음을 기억하자

어떤 자극에 반응하는 우리를 살펴보기로 하지요. 저의 동생이 하얀 색의 프라이드를 타고 다녔습니다. 어디 가다가 하얀 색의 프라이드를 보면 우선 동생의 차가 아닐까 쳐다보게 됩니다. 사례 2의 청년은 벌써 20년 가까운 시간이 흘렀지만 1학년 담임선생님과 비슷한 여자를 보면 선생님께 느꼈던 감정을 느끼게 되는 것입니다. 어떤 처녀가 키가 큰 것을 배우자의 중요한 조건으로 삼고 있는 것을 보았습니다. 자기는 키가 큰 사람과 함께 있으면 마음이 자기도 모르게 편하게 된다는 것입니다. 나중에 알고 보니 그녀는 아버지로부터 사랑을 많이 받고 자기 또한 아버지를 많이 사랑하였는데 그 아버지가 키가 컸다고 합니다. 결혼해서 살고 있지만 미운 남편과 사랑은 전혀 없이, 그저 할 수 없이 살고 있는 부인은 자기가 낳은 아이가 남편을 쏙 빼닮았을 때 아이에게 쉽게 정이 가지 않는 것을 경험합니다. 이러한 예들은 수도 없습니다. 여러분들도 쉽게 알 수 있으리라 생각되어집니다.

이렇듯 우리는 과거의 역사를 통하여 우리 안에 형성된 틀을 관찰할 수 있으며 이에서 크게 벗어나지 못하는 자신들을 볼 수 있을 것입니다. 이는 '인간은 역사 안에 있다.'는 부분에서 어느 정도 설명이 된 것이기도 합니다. 즉 과거의 나의 반영을 보는 것입니다. 풀어 말하자면, 지난날에 경험한 것과 유사한 자극을 받을 때 언뜻 지난날의 경험이 자기의 의지와 무관하게 떠올려지게 된다든지, 예상하게 된다는 것입니다. 그럼으로써 과거에 경험한 자극들 중에서, 현재의 자극에 가장 유사한 자극에 반응을 보였던 그때의 나의 반응을 보이게 된다는 것이지요. 여기서 사람들은 착각이나 오해, 지나친 감정, 행동 등을 경험하게 됩니다.

이렇게 인간은 자기에게 오는 자극들을 그 자체적으로 대하기가 어렵게 되어 있는 존재임을 인식하여야 합니다. 결국 자기도 의식할 수 없는 자기오류(무지)의 가능성의 여백 - 자기 부정의 마음을 한 구석에 꼭 두고 살아가야 할 것입니다. 그런 의식이 깊어 갈수록 사실 자체를 만날 수 있는 힘이 배양되게 될 것입니다. 특히 그리스도인은 과거에 수동적으로 갇혀 있는 수준에 머물러 있어서는 더더욱 아니 될 것입니다. 우리는 무엇보다도 하나님께서 기대하시는 지향적 목표를 갖고 있는 존재들이기 때문입니다. 아픔이 동반되기도 할 것입니다. 사실 자기를 깨어가는 작업이기 때문입니다. 아픔을 두려워하지 말고, 새로운 나를 정직히 맞이할 각오를 하도록 하지요.

(2) 현재적인 의식의 흐름의 횡포를 막아야 한다

수영장에서 일어난 사건입니다. 수영을 다 하고 나오고 있는데 물 안에 있는 어떤 분이 뭐라 하면서 손가락으로 제가 앉았던 자리를 가리키는 것입니다. 저는 수영을 다하고 가는 사람으로 특별히 무슨 일이 있을 것이 없기 때문에 저를 부르는 것이라고는 전혀 생각하지 못하고 그냥 지나쳐 나오게 되었습니다. 탈의실에 들어와 샤워를 다 하고 나가려고 소지품을 확인하였는데 귀마개가 보이지 않았습니다. 귀에 물이 잘 들어갈 뿐 아니라 들어가면 잘 나오지 않아서 꼭 귀마개를 하고 수영을 하는 편이어서 저에게서 귀마개는 귀중한 물품이었습니다.

어디서 빠뜨렸을까를 생각해 보았습니다. 돌이켜 생각하던 중 수영장을 나올 때 뭔가 신호를 보내려 했던 분이 생각이 났습니다. '아, 혹시 그 사람이 말을 하려고 했던 것은 나를 부르는 소리였고 손가락으로 가리켰던 것은 내가 두고 온 귀마개였을지 모르겠다.' 라는 생각이 스쳐 지나갔습니다. 저는 다소 쑥스러웠지만 다시 수영장 안으로 들어갔습니다. 제가 앉았던 곳에 귀마개가 있었습니다. 아까 그분이 웃음을 지었습니다. 저는 계면쩍은 얼굴을 하면서 수영장을 나왔습니다.

그렇습니다. 인간의 의식은 모든 면을 향해 열려 있지 못하게 되어 있습니다. 주로 집중되는 우선순위의 방향direction이 있어서, 우선순위에서 밀리는 것에 대해선 의식이 닫히게 됩니다. 특히 감정의 고조(과거의 경험이나 현재의 상태에서 오는)와 함께 어우러질 때는 의식의 일방성은 더욱 폐쇄적이 되어 버립니다. 결국 제일 우선순위에 있는 하나의 의식영역이 기타의 의식영역들을 가로 막게 되는 것입니다.

여기에서 우리에게 요청되는 것은 기본적으로 중요한 의식의 영역들에 대해서는 열려 있도록 노력을 하여야 한다는 것입니다. 평소에 남의 말을 경청하기, 전체를 보려는 자세, 서투른 일반화를 조심하기, 자기의 객관화, 오류에 대한 여지를 남겨두는 것 등등. 이 책에서 다루는 개념적 내용들을 훈련을 통해 자기 것으로 만들어 가게 되면 자신이 어느 한 방향으로 의식되어지는 그 일방적인 자기를 통제하는 데 많은 도움을 받을 수 있을 것입니다. 이는 사는 날 동안 마침이 없는 평생의 과정일 것입니다. "자기의식의 자유도 높이기!" – 이는 우리 생에 있어져야 하는 것, 그 본연의 나를 향한 발걸음을 멈추지 않도록 하여야 하겠습니다.

이와 연관되어 예를 들어 가며 생각할 것이 있습니다.

두 가정이 만났습니다. 남편들끼리 어떤 주제를 놓고 신나게 얘기를 늘어놓게 되었습니다. 밤이 깊어 가는데 끝맺을 기미는 보이지 않고 더욱 열띤 분위기가 되어 갔습니다. 놀러온 부인이 남편에게 가자는 사인을 보냈습니다. 평소 때에는 분명하게 전달되는 사인인데 남편은 '응응' 하면서 계속하여 논쟁을 이어 갔습니다. 많은 시간이 지난 뒤에 피곤하니 다음에 또 만나서 얘기를 하자고 하면서 일어나려고 하는데 부인이 "아니 왜 벌써 일어나세요. 좀 더 얘기하시지 않고."라며 마음을 긁는 말을 했습니다. 남편은 '이크! 이것 집에 가면 편하지 않겠구나.' 라는 생각을 하면서 아까 부인이 분명히 보냈던 사인을 기억하게 됩니다.

의식의 일방성이 잘 드러나는 주위에서 흔하게 보는 예입니다. 아주 일상적으로 일어나는 것이기에 하나의 예를 더 들어보겠습니다. 식사 때 일어나는 예입니다.

아내가 식사를 준비하고 있었습니다. 좋은 마음으로 시작하였습니다. 식사가 거의 준비되어 갑니다. "여보, 식사 준비가 다 되어 갑니다. 식탁으로 오세요." 남편은 그때 신문이나 책, 연속극 또는 스포츠 중계를 보고 있다든지…… 무엇인가 재미있는 것에 열중하고 있었습니다. 그래도 아내의 말소리는 듣고 "그래, 그래."라고 대꾸는 합니다. 그런데 그 쪽으로의 의식의 열림은 거기서 끝납니다. 다시 열중해 있던 곳으로 의식은 집중이 됩니다.

아내는 '아이고 저분이 저것을 붙들고 있으니 쉽게 오지는 않겠구나.'라는 생각이 듦과 동시에 식사를 준비하는 손이 무거워지기 시작합니다. 사랑하는 남편을 위해 얼큰한 매운탕을 따끈따끈하게 끓여 주려고 설레는 마음으로 식사준비를 시작하였는데 '오늘도 역시 식은 다음에야 오겠구나.'라는 생각에 기분이 상하게 되었습니다. 식사준비를 하는 아내의 마음을 전혀 고려하지 않는다고 생각하니 더 마음이 언짢아지는 것이었습니다. 좀 크게 불러 봅니다. '자, 다 됐으니 오세요." 읽고 있던 것이 조금만 더 읽으면 끝내질 것 같고, 보고 있던 것이 마침 클라이맥스 중에 있어서, 역시 "응응, 그래 곧 갈께." 하고 마는 것이었습니다. 식어 가는 음식들을 바라보고 있노라니…… 아내의 마음은 착잡해져만 갑니다.

위의 예에서, 만약에 부인이 무시당하는 것에 대한 마음의 응어리(콤플렉스)나 열등에 대한 마음의 응어리가 있다거나, 남편에 대해 경쟁의식이 강하다면 문제는 다른 방향으로 흘러가면서 조금 심각해질 수 있습니다. 남편의 행동을 자기를 무시하거나 얕보기 때문에 그런 것으로 해석하고 느낄 수 있기 때문입니다. (여기서는 남편이 실제로는 그런 마음이 없는 사람이라고 전제하고 얘기를 전개하고 있습니다.) 그러나 설명을 드리다시피 그런 마음이 있어서가 아니라, 의식의 일방성의 지배를 벗어나기 어려운 인간의 한계에서 나오는 경우가 적지 않은 것입니다.

단지 인간의 한계에서 나오는 것을 그 사람의 인격, 성격, 그리고 마음과 연결지어 생각하게 되면 없었던 문제가 만들어지게 됩니다. 이렇게 문젯거리가 아닌 것을 문제로 만들어 충돌을 하며 살아가는 부부가 얼마나 많은지 모르겠습니다. 이런 상황에서 물론 고려하여야 하는 여러 가지 요소들이 수 없이 많기 때문에 단순화시켜 한 가지로 말할 수 있는 성격의 문제가 전혀 아님을 전제하고, 생각해 볼 수 있는 좋은 접근 중 하나는 이렇습니다. 그런 때에는 남편의 그런 것들이 의식의 일방성에 의한 것임을 알아 다른 의미를 부여하지 않고 의연하게 자유하면서, 실제적인 접근으로 남편에게 생각하게 하는 것입니다. "여보, …… 이러이러한 상황에서 제 마음이 어떨 것 같아요."라는 질문과 함께 말입니다.

또 남편으로서는 자기의 '그렇게 되어버리는' 행동으로 인해 자기는 전혀 그럴 마음은 없었지만, 혹 아내가, '나를 무시한다.' 또는 '나를 아무렇게 생각한다.' 등등으로 느끼고 생각할 수 있음을 깨닫고 인정하여야 할 것입니다. 그래서 아내의 말을 그때그때 항상 진지하게 받고 고려하는 마음을 키워 가야 할 것입니다. 역시 아내들이 그렇게 반응하게 되는 것도 대개 그렇게 되는 인간의 한계 때문입니다.

햐, 이렇게 인간인 남편을 제대로 대하기 위해 인간에 대해 알아가고 그리고 그 위에 남편 사랑하는 마음을 더하고, 마찬가지로 인간인 아내를 바르게 대하기 위하여 인간에 대해 알아가고 그 위에 아내 사랑하는 마음을 더해가는 노력들이 서로 만나게 된다면!

(3) 사람은 자기 얘기를 한다

사례 26

제가 다녔던 의대의 고교동창회에서 신입생을 환영하고 졸업생을 환송할 때 있었던 일화입니다. 시간이 어느 정도 흐른 후에, 의대에 들어오게 되는 제일 나이 어린 후배가 "선배님들, 이제 의대 본과에 진입하는 저에게 좋은 조언을 주시기 바랍니다."라는 말을 하며 기대 어린 눈초리를 주위에 있는 선배들에게 보냈습니다. 후배들은 최고선배인 내가 먼저 얘기해 주기를 바랐습니다. 그러나 마침 졸업하는 후배를 축하하는 자리이기도 하여 그에게 "너도 신입생에게는 하늘같은 선배이니, 이 자리에서 선배노릇 한번 해봐라." 하면서 바통을 후배들에게 넘기며 후배들의 얘기를 궁금해 하며 귀를 기울였습니다.

그는 다소 진지한 표정으로, "학교 다닐 때 공부를 열심히 하여 학점을 잘 관리하기를 바란다. 동아리활동도 좋지만 우선 학점을 일정 수준에 올려놓은 다음에 해라."라는 말을 하였습니다. 평소의 그답지 않은 말이어서 나는 다소간 의아해 했습니다. 학창시절에 나의 눈에 비친 그는 참으로 멋있는 남자였습니다. 학점 벌레이기 쉬운 보통의 의대생과는 달리 그의 마음 씀씀이는 넉넉하였습니다. 도움을 필요로 하는 사람이 있으면 자기의 일을 제쳐 놓고 열심히 도우려 하였습니다. 또 한 사람에게서 모든 시간과 정력을 요구하는 끝이 없는 의학공부에 있어서도 편협한 사람이 되기를 거부하면서 동아리활동을 비롯하여 학과 외의 다양한 활동에 적극적인 참여를 하곤 했던 그였는데…….

바로 그의 뒤를 이어 한 학년 더 선배인 후배가 일어나 말을 이어갔습니다. 다소 대조적인 내용을 얘기하였습니다. "동아리활동 등 여러 활동을 열심히 하는 것은 참으로 중요하다. 의대생활이라는 것이 건조하기 때문에 여러 가지 과외활동에 힘써서 삶을 풍족하게 가져가는 것이 꼭 필요하다. 그러면서 공부를 하여도 열심히 하면 좋은 학점을 얻을 수 있을 것이다."라는 말을 아주 자신 있게 하였습니다. 사실 그 후배는 그의 말처럼 모든 일에 열심 있게 살아가는 사람이었습니다.

두 선배의 상반되는 듯한 얘기를 듣고 난처해 할 신입후배를 위해 말을 준비하던 중 하나의 깨달음을 얻게 되었습니다. 인간은 자기 얘기를 하며 살아간다는 사실입니다. 위의 두 사람은 후배를 위해 조언을 준다고 하여 말을 꺼냈지만 실상은 조언이 아니라 자기의 얘기를 한 것에 지나지 않았던 것입니다.

첫 번째 후배를 살펴보겠습니다. 그는 학창생활을 누구 못지않게 열심히 보냈습니다. 그러면서 자기 대학부속병원에서 전문의 과정을 밟기를 원했습니다. 그런데 학점이 썩 좋지는 않아 외부 병원으로 가게 되었습니다. 그는 그러한 결과를 흔쾌하게 받아들이기가 어려웠습니다. 본교 대학부속병원에 남지 못한 '창'을 통해서만 보니 그 알찼던 학창시절이 후회스럽고 부정적으로 보이게 되었던 것입니다. 그래서 그런 자기 경험에서 나온 자기 얘기를 조언으로 얘기하게 되었습니다.

다음 후배는 모든 일에 있어서 자신 있어 하는 사람이었습니다. 실제로 열심히 잘 하였습니다. 동아리활동을 비롯한 여러 활동에 열심을 냈던 것으로 기억되며 그리고 상당히 우수한 성적으로 졸업할 만큼 머리도 좋고 성취의욕이 높은 능력 있었던 사람이었습니다. 그러니 그는 또 그러한 자기의 얘기를 조언으로 얘기하였던 것이다.

그런 것입니다. 많은 경우 우리 인간은 자기 얘기를, 심한 경우 자기 얘기만 하며 살아가게 되어 있습니다. 그러한 경향에 저항하고자 하는 지향적 의지를 세우고 계속적인 노력(훈련)을 하지 않으면 우리는 그 경향에 사로잡히게 될 것입니다. 상대방을 위한다고 하지만 상대방은 안중에 없는 것입니다.

마흔 가까이 되어 결혼하신 분이 있었습니다. 결혼한 다음에 회고하기를, 나이가 들었는데도 미혼의 상태로 있으니까 별의별 반응을 다 보게 된다는 것입니다. 결혼이 늦는 자기에게, 눈이 너무 높다든지, 결혼이 얼마나 좋은 것인지 몰라서 그렇다든지, 나이 들어 결혼하면 노년에 문제가 있다든지, 분수를 몰라서 그렇다든지, 결혼은 만들어 가는 것이니 처음부터 완벽하게 생각하지 말라든지, 심지어 어떤 사람은 성경을 잘 몰라서 그런다고 창세기부터 시작하여 성경의 결혼관에 대해 가르치려 하고, …… 결혼을 꼭 해야 되는 것으로 생각하지 않는다며 혼자 살 수 있으면 혼자 살아도 좋을 것 같다든지, 외국에서는 혼자 사는 사람들이 많다든지, …… 별의별 얘기를 듣는 가운데서 각 사람들은 '자기의 얘기'를 하는 것을 느꼈다고 합니다.

자기가 왜 아직 혼자 살고 있는지에 대해 진정한 관심을 가지고 들으려 했던 사람들이 아주 적었다는 것입니다. 어떤 사람들은 자기의 결혼에 진정으로 관심을 갖기보다는 할 얘기가 없으니 지나가는 식으로 툭 건드린다는 것입니다. 날씨 얘기하듯 하는 사람들이 많았다는 것입니다. 그렇습니다. 우리는 우리 자신들의 얘기만 늘어놓음으로 인해 얼마나 많은 사람들을 상처주어 왔는지 모릅니다.

자기 얘기만 하는 것은 자기에게 심하게 붙잡혀 있기 때문입니다. 인간의 한계인 것입니다. 인간은 모두가 자신의 경험에 편견되어 있다고 하겠습니다. 또는 자기의 경험에 의해 형성된 자기 자신에 의해 편견되어 있다고도 할 수 있겠습니다. 어느 누구와의 대화에 있어서도 그렇습니다. 얘기하면서 사람은 먼저 자기에 의해, 그때 자신이 관심을 기울이고 있는 것에 의해 점령되어집니다. 그것에 의해 상대방의 얘기를 듣고 판단합니다. 자신은 자기의 관심거리에 집착하여 대화를 이끌어 가려고 하게 됩니다. 대화가 더 이상 대화가 되지 못하게 됩니다. 그러한 자기를 뛰어넘으려는 노력을 수 없이 기울이나, 결국 자신이 안주하게 되는 곳은 자신의 생각과 경험으로 빽빽하게 둘러싸인 아주 좁은 공간일 뿐임을 발견하게 됩니다. 우리는 이렇게 이러한 인간의 한계에 갇히게 됨을 자기에게 인식시키면서 인정해야 할 것입니다. 그 다음에 이 편견의 사슬을 끊으려는 노력이 있어져야 하겠습니다.

그럼 위의 경우에 어떻게 하는 것이 진짜로 신입후배를 위하는 조언이 되겠습니까? 우선 그 사람(상대방)에게 집중하는 것입니다. 생각의 중심에 상대방이 있어야 합니다. 그 사람이 어떤 사람인지를 알도록 노력하여야 합니다. 첫 선배처럼 둘 다 열심히 하면 둘을 다 잡을 수 있는 능력이 없는 사람인지, 아니면 나중 선배처럼 다 잡을 수 있는 능력이 있는 사람인지 말입니다. 그 다음엔 그의 마음의 지향성이 어떠한지를 알아야 할 것입니다. 능력이 없어 두 가지를 다 잘할 수 없지만 그래도 전인적인 삶을 우선하면서 살려는 사람인지, 아니면 우선 현실적으로 대학병원에 남는 것을 제일 우선순위로 삼아 기타의 삶은 어느 정도 희생을 어쩔 수 없는 것으로 각오하려는 사람인지 ─ 단순화시켜서 얘기하면 말입니다 ─ 를 알아야 할 것입니다. 이제 이 정도가 되면 '나의 얘기'가 아니라, 나의 경험을 통한 '상대방 얘기'를 상대방에게 해줄 수 있는 기반을 닦은 셈입니다.

그렇습니다. 우리는 사람을 대할 때 상대방을 나로서 대하는 차원을 넘어서야 할 것입니다. 달리 표현한다면 나 같은 줄 알아 나의 얘기를 해주는 수준에 머물지 않아야 한다는 것입니다. 그렇지 않다면 그것은 상대방을 인격적인 주체로 ─ 바로 그 사람으로 ─ 대하는 것이 아니라, 비인격적인 객체로 ─ 자기도 모르게 만들어 놓은 비실제적인 대상으로 ─ 취급하는 행위가 될 것입니다. 성숙한 사람은 자기의 경험이 자기에게 형성시켜 준 관점을 벗어나, 전체적인 관점에서 상대방을 조명해 주는 역할을 할 수 있는 자입니다. 자기의 얘기가 아니라, 그의 얘기가 될 수 있도록 말입니다.

그리고 한걸음 더 나아가 자기에게 매여 자기 얘기만 할 수밖에 없는 자기 구속의 상태 ─ 인간한계 ─ 에서 벗어나야 합니다. 그리고 자기와 타인을 분별하여 볼 수 있기 위해서는 자기 안에 무엇이 있는지 들여다보아야 합니다. 그래야만 대화 도중, '아하, 이 얘기는 결국 내 얘기인데······.' 하면서 자기성찰이 가능해져 자기오류를 이내 수정할 수 있게 되는 것입니다. 이렇게 '상대방과 나 자신'을 바르게 알 때만 진정 호혜적인 관계를 이룰 수 있음을 기억하여야 할 것입니다.

2) 자기 성찰능력을 키워 가자

우리가 이미 많이 다루어서 충분히 깨달으셨을 것으로 압니다. 많은 경우 문제가 타인에게서가 아니라, 바로 나에게서 나온다는 것입니다. 바로 자기를 얼마만큼 이해하고 있느냐에 따라, 타인이나 사건, 역사 등을 얼마나 정확히 그리고 객관적으로 대할 수 있느냐가 상당히 영향 받게 된다는 것입니다. 자기객체화는 성숙으로 향하는 데 필수불가결한 조건이 된다는 것은 말할 나위가 없는 것입니다. 자기를 들여다보는 의식이 깊어져야 할 것입니다. 문제가 생길 때 먼저 자기를 들여다보는 자연스러움이 깃들어져 있어야 할 것입니다. 물론 나로부터만 문제가 발생하는 것이 아니라 내 밖에 있는 것으로도 문제는 생깁니다. 다만 우선 나로부터 생길 수 있는 문제를 극소화 시키자는 것이지요. 그렇게 인간이해는 자기이해로부터 출발되어야 합니다. 그런데 이 자기이해라는 것은 훈련을 동반하는 평생의 과정임을 기억하여야 할 것입니다. 물론 이 '자기'란 통시적- 과거, 현재, 그리고 미래를 포함하는- 자기를 가리킵니다.

사례 27

2차 세계 대전이 끝난 뒤 얼마 안 되어 한 미국인 부부가 일본을 여행하게 되었습니다. 일본 농촌을 지나던 중이었습니다. 차를 타고 가는데 길 가던 아이들이 자기들이 탄 차를 보게 되면 꼭 서서 손을 흔드는 것이었습니다. 서로 총부리를 겨누면서 싸운 지가 얼마 되지 않았는데도 자기네들을 환영한다는 생각에 열심히 손을 흔들어 주었습니다. 그런데 사실 일본 아이들은 환영해서 손을 흔든 것이 아니라 차를 좀 태워 달라는 의미에서 그랬던 것이었습니다. 그렇습니다. 그렇게 우리는 우리식으로 생각하게 되어 있습니다. 인간이 그러함을 알아 주의하여 우리를 살피는 노력을 기울이지 않으면, 의도하지 않게 범하는 오류들을 막아낼 수가 없습니다.

3) 해석의 틀 – 해석체계, 마음의 창, Reference – 을 넓혀가자

사례 28

아는 분으로부터 들은 얘기입니다. 그분에게는 알레르기성 비염이라는 질환이 있었습니다. 그 질환에는 3대 증상이 있습니다. 반복적인 재채기, 코 막힘, 그리고 물같이 흐르는 콧물입니다. 저도 계절적으로 이 증상들로 고생하지만 참 귀찮은 질환입니다. 이분에게 손위의 동서가 있었습니다. 동서가 보니 어른인 사람이 코를 찔찔거리면서 연거푸 재채기를 하는 것이 좀 추접스럽게 보였나 봅니다. 그러면서 하는 말이, "동서, 어린이같이 그게 뭐야. 의지를 가지고 참아 보라고 다 자기 마음먹기에 달려 있다고. 어린이같이 그러지 말라고."라는 것이었습니다. 그러면서 의지의 중요성에 대해 일장 연설을 하는 것이었습니다. 주제가 의지였다면 아주 훌륭한 연설이었을 것입니다. 증상에 대해 의지로 이겨낼 수 있다는 아주 엉뚱한 얘기로 상당히 면박을 준 경우였지만, 손위 동서라는 것이 때로는 좀 어려운 관계일 수도 있기 때문에 앉아서 그 얘기를 다 들어 주었습니다. 그리고 아무 말도 하지 않았습니다. 그분도 사실은 의지적인 부분에 대해서는 아주 뛰어난 분이었습니다. 만약 의지로 되는 문제였다면 해냈을 것입니다.

어떻게 해서 손위 동서라는 사람은 그런 식으로 말을 할 수 있을까가 궁금하지 않으십니까? 물론 그럴 만한 배경이 있는 분이었습니다. 그분은 자수성가를 하신 분이었습니다. 부모님으로부터 물려받은 것 하나 없이 순전히 자기 힘으로 고학해서 학교를 다녔고 자본 없이 자기가 쌓은 신용으로 사업을 시작하여 성공한 입지전적인 사람이었습니다. 자기는 해낼 수 있다는 자기 의지 하나 믿고 여태껏 살아온 사람이었습니다. 그렇기 때문에 모든 것을 의지의 창을 통해 보게 되었던 것입니다.

그런데 그 다음에 들려 준 얘기가 걸작이었습니다. 몇 년이 지난 뒤에 가족 모임이 있어 자리를 함께 하게 되었다고 합니다. 아니, 그런데 이게 어인 일입니까? 그 의지가 강해 모든 것을 가능케 하시는 분이 재채기를 연방 터뜨리면서 콧물을 줄줄 흘리시는 것이 아니겠습니까? 알레르기성 비염에 걸린 것입니다. 제가 아는 분은 슬쩍 옆으로 가서 "아니, 형님 좀 의지로 참아 내시지요."라며 말을 던졌습니다. 동서는 계면쩍은 웃음을 지었다고 합니다. 그러고 나서 배꼽 잡는 웃음을 함께 웃어 제쳤다고 합니다.

사람은 자기가 알고 있는 것-바르게 알든 그르게 알든-을 얘기합니다. 모르는 것은 얘기할 수가 없지요. 또 자기가 알고 있는 익숙한 것으로 자기가 모르는 새로운 것에 접근합니다. 모르는 것을 모르는 것으로 안다는 것이 쉽지가 않은 것입니다. 또 모르는 것으로 알고 그 모르는 자기를 참아 내기도 만만하지가 않습니다. 웬만큼 성숙한 사람이 아니면 '모른다'라는 말을 제대로 하기가 어려운 것입니다. 그래서 자기가 가지고 있는 해석의 틀-해석체계, 마음의 창, Reference-을 통해 다른 것을 해석해 보려고 하는 시도를 하게 되어 있습니다. 그러면서 숱한 시행착오를 겪어 갑니다. 그렇기 때문에 우리는 해석의 틀을 넓혀 가야 합니다. 틀이 적으면 섣부른 일반화의 오류를 범하기 쉽기 때문입니다. 위의 예의 동서 되시는 분은 자기의 가지고 있는 틀을, 적용해서는 안 되는 영역에 일반화하여 적용함으로써 웃음을 자아내는 실수를 범하게 되었던 것이지요.

많은 분들이 갖고 있는 생각이지만 '정신병은 낫지 않는다.' 라는 생각을 갖고 있는 어떤 한 분을 만났습니다. 어떻게 해서 그런 생각을 갖게 되었는가가 궁금하였습니다. 그분은 두 명의 사례에 대해 알고 있었습니다. 첫째는 자기의 여동생의 경우였는데, 치료를 몇 년 동안 받아 왔는데도 낫지 않는다는 것이었습니다. 두 번째로는 자기가 아는 어느 형제도 정신병을 앓아 치료를 받았는데도 낫지 않는다는 것이었습니다. 그래서 그분은 정신병을 앓는 사람들을 치료의 현장으로 인도하는 것에 아주 인색하게 되었습니다. 특히 많이 배운 분이었기 때문에 자기의 결론에 비교적 확고부동하였습니다. 자세히 알아보니 두 경우 다 정신분열증의 경우였던 것 같았습니다.

여동생의 경우는 병의 증세가 남의 눈에 뜨일 때에 먼저 기도원을 찾았습니다. 기도원에서 2년여를 지냈습니다. 증상이 점점 악화는 되는데, 기도로 낫는 것 같지 않으니까 할 수 없이 병원을 찾았습니다. 병원에 입원하였을 때는 이미 상당히 악화되어 있었던 상태였습니다. 저희는 보통 2년이 경과되면 '만성'이라고 하는데 만성이 된 상태에서 병원을 찾았던 것입니다. 위암의 경우 조기에 발견하여 수술을 받으면 거의 완치를 할 수 있습니다. 거의 대부분의 질환이 그렇습니다. 조기에 진단을 받고 조기에 치료에 들어가면 치유의 가능성이 아주 높게 되어 있는 것은 일반인들도 다 알고 있는 상식입니다. 정신병도 마찬가지입니다.

그런데 2년이 넘은 다음에 데려 왔으니 그 치료의 효과가 클 수가 없는 것입니다. 그러나 전혀 없었던 것은 아닙니다. 입원할 당시에 가졌던 망상과 환각증세가 거의 소실이 되었고, 자기 위생관리를 전혀 할 수 없었는데 어느 정도 할 수가 있게 되었습니다. 만약에 계속하여 치료를 받지 않고 방치하였다면 점점 악화가 되어 사람 같지 않은 생을 살아가게 되었을 것입니다. 그런데 그분은 치료의 효과를 떨어뜨리는 중요한 것으로 가족의 책임인 '치료에로의 늦은 인도' 라는 요소 때문에 쉽게 호전이 안 된 경우를 가지고 낫지 않는 병이라고 자기 나름의 타당성이 없는 지식으로 판단하였던 것입니다.

또 하나 생각하여야 하는 것은 치료의 개념입니다. 다는 아니지만 대다수의 질환의 경우는 병이 '있으면 있고 없으면 없는 식' All or none 으로 생각하게 되어 있습니다. 그런데 정신분열증의 경우는 그 개념을 조금 달리하여 생각하여야 합니다. 즉, '병 전의 건강한 상태에 비추어 몇 %를 회복하였는가?' 라는 식으로 퍼센트의 개념으로 생각하면 도움이 많이 됩니다. 회복이 전혀 안될 사람이 10% 회복되었다면 그것도 치료인 것입니다. 물론 발병한 후 바로 치료를 받게 되면 100%에 가까운 회복을 보이는 분들이 상당수 있습니다. 그런데 이러한 개념을 그 분은 전문인이 아닌 고로 알 수 없었기 때문에 자기 나름대로 정신병의 치료에 대해 생각을 하게 되었던 것입니다. 동생이 상당히 회복이 되었지만, 100%의 회복은 아니니까 치료되지 않은 것으로 판단한 것이지요. 두 번째의 경우도 비슷한 경우였습니다.

(정신병에 대한 설명의 시간은 아니지만 얘기가 나온 김에 연관되는 중요한 내용을 언급하고 넘어가도록 하겠습니다.)

한 가지 덧붙이고 싶은 내용은, 환자분의 입장에서는 회복이 조금이라도 되면 의미가 있다는 것입니다. 건강한 사람의 입장에서 보면 70-80%가 회복되어도 전과 같지 않기 때문에 낫지 않은 것으로 자꾸 생각하면서 그게 그것이 아니냐라는 생각을 하게 되어 있습니다. 그러나 전혀 그렇지가 않다는 것입니다. 자기가 누구인지도 모르고, 울어야 할 때 울지 못하고, 웃어야 할 때 웃지 못하면서 정말 사람 같지 않게 살아가는 인생과, 백보 양보하여 회복의 퍼센트가 아주 낮은 경우로 사회활동은 전혀 하지 못하고 아주 간단한 일들― 설거지, 빨래, 청소 등등― 밖에 하지 못하지만 그래도 자기가 누군인지를 알고 웃을 수 있고 울 수 있는 인생을 비교해 보시기 바랍니다. 너무 완벽주의식으로 생각하는, 그래서 그러한 자기의 편견 때문에, 그렇지 않아도 참으로 안 된 인생을 살아가는 사람들의 그 작은 삶의 불꽃을 꺼버리는 일들은 제발 이 땅에서 없어졌으면 하는 마음 간절, 정말 간절합니다.

위의 예에서 보듯이 인간은 자기의 경험에 갇히게 되어 있습니다. 그렇기 때문에 자기 마음 안에 자기 지식을 수정할 여지를 남겨 둔다는 것이 얼마나 중요한지 모르겠습니다. 이는 자기교정에 깨어 있으려 하는 '자기성찰의식'을 길러 가는 것이라 하겠습니다. 자기의 무지 또는 무지로 인한 오류의 가능성에 대한 여백을 가지고 있으면서, 실제로 지적이 되는 경우 빠르게 인정하여 수정하는 지혜가 요청되는 것입니다. 무지가 새로운 지식의 세계로의 문을 가로 막습니다. 무지에 충실한 사람들은 되지 않아야 하겠습니다. 지식이 지식을 방해하는 것입니다. 작은(부분적) 지식이 큰(전체적) 지식을 말입니다. 또 그른 앎이 옳은 앎을 방해합니다.

지식― 무엇을 하나 알았다는 것― 은 '환원'reduction의 위험을 안고 있다고 말할 수 있습니다. 그것에 사로잡혀 그것으로 인간을 그리고 사물을 해석하게 되는 것입니다. 그러한 위험을 경계하면서, 알게 된 하나의 지식이 진정한 앎에의 덧붙임addition이 되도록 하여야 할 것입니다. 그 하나의 지식으로 모든 것을 해석하려고 하는 어리석음은 떨쳐 버려야 할 것입니다. 지식은 온전함을 향해 '여는' 역할을 하여야지 '닫는' 역할을 해서는 아니 된다는 말입니다. (물론 절대적인 지식의 경우에는 경우가 다릅니다.)

이렇게 생각해 보니, '안다'고 생각하는 것이 얼마나 무서울 수 있는 것인지요. 이것은 인간에게 영원히 풀릴 수 없는 숙제일 것입니다. 누가 그

'부분'임을 알고, 또 '전체'임을 알 수 있겠습니까? 모르는 것은 모르기 때문에 무서운 것이지요. 또 '안다고 생각하는 것'으로 인한 폭력은 얼마나 무섭습니까? 위의 분의 경우 '정신병은 낫지 않는다.'라는 잘못된 자기 생각으로 정신병을 앓는 분들이 치료의 문으로 향하는 것을 얼마나 많이 가로 막았겠습니까? 안타까운 일입니다. 참으로 안타까운 일이 아닐 수 없습니다.

사실 인간에게는 새로운 것(변화)을 받아들인다는 것은 항시 어려운 것이 됩니다. 이는 자기 존재기반을 부정해야 하는 경우에 이르기도 해야 하기 때문입니다. 우리는 '안다고 생각하는 것'을 얘기합니다. 그럴 수밖에 없는 존재입니다. 모르는 것은 생각할 수도, 얘기할 수도 없기 때문입니다. 그것이 인간의 한계인 것입니다. 그러하니 아직은 자기가 알지 못하는 자기의 그 '모르는 것'을 의식함으로 인해 균형을 어느 정도 잡을 수 있으면 참으로 좋겠습니다. 인간의 한계를 의식하는 겸허한 마음이라 하겠습니다. 이것을 누가 넘어갈 수 있겠습니까? 모르는 것은 모르니, 모르는 것에 대해서 우리는 힘이 없는 것입니다. 그러나 알게 되는 것이 있다는 것은 그전에는 그만큼 몰랐다는 것을 의미하는 것입니다. 알게 되는 것이 있다는 것을 통해 '모르고 있는 것'이 있다는 것을 의식할 수 있다면, 그만큼 자기가 안다는 것에 대해 균형을 잡아갈 수 있을 것입니다.

이제 우리는 실제적인 작업으로 인간은 다차원적인 또는 다면적인 존재이니, 그 존재를 알아 가기 위해 우리 마음의 창을 자꾸 열어가는 노력을 기울여야 하겠습니다. 인간을 온전히 볼 수 있도록 우리에게 창을 제공하는 소리들에게 귀를 기울여야 하겠습니다.

> 더불어 생각...

'정신병과 귀신들림'에 대해 한마디

해석의 틀에 관계되어 다루지 않고 넘어갈 수 없는 주제가 하나 있습니다. 그것은 바로 '정신병과 귀신들림' 입니다. 사례를 통해 살펴보기로 하겠습니다.

사례 29

거의 탈진된 상태의 젊은 남자가 다른 사람에게 업혀서 응급실로 오게 되었습니다. 응급실에서 간단한 검사와 함께 수액 주사를 맞았습니다. 수액 주사를 2회에 걸쳐 시행한 후에 환자는 정신을 차리게 되었습니다. 말하는 것이 횡설수설하여 응급실에 근무하는 수련의는 저에게 전화를 하게 되었고 제가 가서 진찰을 하게 되었습니다. 모 기도원에서 곧바로 왔다고 합니다. 그는 신학생이었습니다. 굳이 말을 시키지 않아도 그가 혼자서 말하는 것과 보이는 행동 등을 통해 정신분열증을 앓고 있다는 것을 금방 알게 되었습니다.

그가 증세를 보인 것은 약 1년 반 전이었다고 합니다. 당시는 신학교 1학년이었습니다. 맨 처음에는 친한 사람들 몇 명 외에는 그에게서 이상을 발견할 수 없었습니다. 함께 하숙을 하던 친구들은 말에서 약간 이상이 있다고 느끼면서 이를 위해 기도하였다고 합니다. 허나 별로 진전이 없이 증상은 점차로 악화되어 갔습니다. 6개월이 경과하였을 때는 정신분열증의 환자들이 거의 보이는 환청(실제로는 아무런 소리가 들리지 않으나, 무슨 소리를 듣는 것 : 예를 들어 좋아하는 배우로부터 자기를 좋아한다는 소리를 듣는 것과 같은 것)의 증상을 보이게 되었고 점차로 망상(사실이 아닌 것을 사실로 믿는 것 : 예를 들어 아내가 준 밥에 독이 들어 있다는 것과 같은 것)의 증상이 다양하게 나타나기 시작하였습니다.

증상이 심해짐에 따라 주위에 있는 사람들이 알게 되었고 신학생들은 기도를 하기 시작하였습니다. 많은 학생들이 귀신이 들린 것으로 보고 기도하기 시작하였습니다. 그렇기 때문에 병원으로 데려 가는 것을 전혀 고려하지 않았습니다. 그 상황에서 병원으로 데리고 가자고 말을 꺼냈다간, 성경을 전혀 모르고 영의 세계를 부인하는 자라는 식으로 매도를 당하기에 딱 알맞은 분위기였습니다. 누구든 감히 그런 얘기를 꺼낼 수가 없는 분위기였습니다. 축신의 기도가 연일 연이어졌습니다. 별로 효과가 없으니, 어떤 사람은 귀신을 내쫓는다며 구타하는 일까지 일어났습니다.

그럼에도 상황은 호전되지 않았습니다. 결국 학교를 중퇴하기에 이르렀을 때 신학교의 교수님 몇 분이 알게 되었습니다. 그분들은 기도원에 데려가 기도하기를 원하였습니다. 그때까지도 병원으로 데려 가는 것은 전혀 고려되지 않았습니다. 기도는 계속되었습니다. 철야기도도 금식기도도 있었습니다. 모두들 이번의 일을 자기의 영력을 시험하는 것 같이 느끼는 것으로 보였습니다. 좋아지지 않았습니다. 금식기도를 할 때 환자도 금식을 억지로 시키게 되었는데, 그것이 환자의 탈진상태를 낳게 되었습니다. 오히려 다행이었습니다. 그것으로 인해 병원을 찾게 되었기 때문입니다.

응급실에서 정신분열증이라는 진단적 인상을 받은 저는 입원치료의 절대적 필요성을 설명하였습니다. 당시 환자를 데려 온 사람들은 같은 학교의 신학생들이었습니다. 그들은 저의 말을 별로 신뢰하지 않는 것으로 보였습니다. 환자가 깨어나니 다시 기도원으로 데려 가자는 의견이 대두되었습니다. 참 어려운 옥신각신을 하였습니다. 그들은 제가 전문가였는데도 전문가를 대하는 태도가 아니었습니다. 오히려 전문가인 저를 판단하는 말투를 서슴없이 하는 것이었습니다. 같은 그리스도인으로서 앞으로 목회자가 될 사람들의 수준이 저렇다는 것을 생각하니 아찔해 오는 것이었습니다. 그때까지 비슷한 경우를 많이 대했기 때문에 더욱 암담함을 느끼게 되는 것이었습니다.

저는 제가 그리스도인임을 밝혔습니다. 그리고 성경적으로 접근을 시도하였습니다. 저들은 이미 마음이 굳어진 것 같아 보였습니다. 저들을 대상으로는 안 되겠다 싶어 가족들을 불러 오도록 하였습니다. 저들은 보호자가 못되니 보호자가 될 수 있는 가족들을 데려와 데려 가든지 치료를 받게 하던지 하라고 하였습니다. 부모님들은 아주 연로하셨고 가난하였으며 환자에 대해서는 많이 포기하는 마음이었습니다. 저는 부모님을 붙잡고 강온 정책을 다 쓰면서 겨우 입원동의를 얻게 되었습니다.

다행히 입원하여 증상이 빠른 회복을 보였습니다. 두 달이 되어서는 환청과 망상이 다 사라지게 되었고 보호자가 동반하여 자유산책을 나가게 되기까지 되었습니다. 약은 앞으로 상당 기간을 먹어야 했지만, 그가 먹었던 최고 용량의 10분의 1에 해당하는 양으로 감량이 되었습니다. 여러 영역에서 발병 이전보다 많이 떨어지는 능력의 저하를 보였지만 간단한 일상생활은 가능하게 돼 3개월째에는 통원치료를 받기로 하고 퇴원하기에 이르렀습니다. 그의 입원 시에 친구들인 신학생들이 여러 번 면회를 하였습니다. 처음에는 상당히 부정적으로 저를 보았지만 회복되는 것을 실지 경험하면서 점차 태도들이 누그러졌고, '정신병과 귀신들림'에 대해 함께 생각해 보는 유익한 시간을 나누게 되었습니다.

실제로 이와 같은 경우를 지금까지 적지 않게 경험하였습니다. 그 중에서도 비그리스도인 동료가 그 같은 경우의 환자를 맡게 되어 분노하면서 저를 두고 "기독교는 뭐야? 사람을 죽이는 데야 살라는 데야?"라고 말을 하면서 기독교에 대해 심한 모욕을 하는 것을 들을 때면 정말 쥐구멍이 있으면 거기라도 들어가고 싶은 심정이 됩니다.

잊게 될 때면 TV에서 방영되는 소위 '기도원'이라 하는 곳에서 벌어지는 비리에 대한 취재기사를 참으로 안타깝고 부끄러운 마음을 부여잡고 본 기억이 새롭지 않은지요? 그 다음날은 그리스도인인 내가 부끄러워 사람을 보기가 민망해짐을 경험하지 않으셨는지요? 그 기도원에는 사이비 기도원이 대다수이지만, 구원의 도리를 바로 안다고 하는 그리스도인들에 의해 운영되는 곳도 적지 않음이 사실입니다. 정신병적 증상이 신체적으로도 다양하게 표현될 수 있는데, 우선 눈에 잘 띄는 것이 눈이기 때문에 눈에 귀신이 들어갔다고 하여 귀신을 제어한다고 하여 눈을 억세게 눌러 실명하게 되는 사례들에 대해 듣지 않았습니까? 이것이 도대체 웬일인지요? 목사로서 좋은 학교에서 박사학위를 받은 분들까지도 귀신들림의 문제에서 스스로 자신할 수 없는 말을 함부로 하는 것을 보면 이 문제를 어떻게 풀어갈 수 있을 것인가 하는 의문이 들기도 합니다.

그렇게 그리스도인들에 의해 복음의 진리가 땅에 떨어지는 것을 보며 '대체 진리를 안다고 하는 사람들에게서 이런 일이 어이해서 일어나는 것일까?' 라는 생각을 하게 됩니다. 그러면서 그 잘못된 사고의 근원을 추적해 보려는 노력을 하여 왔습니다. (물론 하나님의 뜻이면 정신병도 나을 수 있다는 것을 부인하는 것은 결코 아닙니다. 다만 우리의 바람직한 접근자세에 대해 생각해보자는 것입니다.)

생각하는 가운데 교역자들-신학생을 포함-에게, 정신적인 이상을 설명하는 해석체계에 문제의 소지가 있다는 것을 발견하게 되었습니다. 물론 이러한 문제의 소지는 일반성도들에게도 예외는 아닙니다. 그것은 해석체계가 하나밖에 없다는 것입니다. 아니 하나밖에 배우지 못한 것입니다. 바로 귀신들림 demon-possession 입니다. 정신이상을 설명하는 해석체계를 귀신들림밖에는 갖고 있는 것이 없기 때문에, 정신이상을 보면 당연히 귀신들림으로 몰 수밖에 없는 것입니다. 신학의 '창'을 통해서만 보니 그렇게 보아지는 것을 피하기가 쉽지 않은 것입니다.

정신이상이 여러 병들의 증상으로 나타날 수 있다는 것에 대해 배우지 못했기 때문입니다. 갑자기 술을 끊어 금단증상을 나타내는 알코올중독의 환자, 심장수술을 한 지 며칠 지난 환자, 여러 가지 질환으로 어떤 물질이 신장에서 배설이 되지 않는 환자, 뇌의 상처를 받은 환자 등의 다양한 질병을 앓는 환자들에게서 정신이상이 잠깐 동안 또는 장기간으로 나타날 수 있는 것입니다. 무엇보다도 정신 '병' 이라는 '병'을 앓는 환자들이 정신 이상을 보인다는 것을 배워 알아야 하는 것입니다. 심지어는 건강인에서도, 정말 건강인에서도 육체적으로 또는 심리적으로 큰 스트레스를 받을 때, 주로 잠깐이지만, 정신이상의 현상이 나타날 수 있음을 배워야 합니다.

이렇듯 정신이상은 의학의 '창'을 통하여 정확히 볼 수 있는 경우들이 많이 있다는 것을 알아야 합니다. (저는 통계적으로 볼 때 대다수의 경우가 의학의 창을 통해 보아야 하는 경우일 것으로 생각합니다.) 이렇게 정신이상을 해석하는 데 있어서 귀신들림 이외의 다른 해석체계에 대해 배워 이를 갖추게 될 때 오류를 범할 가능성을 상당히 줄일 수 있게 될 것입니다. 우리 그리스도인들이 특히 정신이상을 접근하는 데 있어서 오류를 많이 범하여 왔기 때문에 이에 대한 예를 가지고 함께 생각해보았습니다.

그렇습니다. 어떤 현상을 보는데 있어서 창을 여러 개 갖추게 되면 그 현상을 파악하여 가는 데 치우침이 없이 균형 있게 접근해 갈 수 있는 것입니다. 인간을 이해하는 데 있어서 어찌 의학의 창만 열려져야 하겠습니까? 여러 분야의 창을 자기 안에 낼 수 있는 노력을 기울이기를 쉬지 않아야 하겠습니다. 이는 사람 앞에 서는 지도자의 직분에 있는 사람들에게 더더욱 적용되어야 할 것입니다.

한 형제가 있었는데, 그는 모 대교회를 다니는 아주 똑똑한 대학생이었습니다. 안타깝게도 그가 정신이상의 증세를 보였습니다. 그런데 그를 지도하던 교회 주일학교 선생님께서 그의 증세를 귀신들림으로 보고, 그를 붙잡고 축신의 기도를 여러 차례 하게 되었습니다. '너 OO에게 있는 귀신아, …… 나오라."라는 기도였습니다. 그러나 증세는 좋아지지 않고 악화되었습니다. 다행히 그는 비교적 빨리 저에게 소개되어 조기에 치료를 받을 수 있었습니다. 감사하게도 아주 신속한 회복을, 그것도 병이 나기 전의 능력의 거의 100%의 회복을 보였습니다. 퇴원하여 통원치료를 받으면서 저에게 던져 준 말이 아직도 귀에 쟁쟁합니다.

"선생님, 궁금한 것이 있습니다. 저를 대학부에서 지도해 주신 분은 많이 배우신 분으로 사회적으로 높은 지위에 있으면서 신앙적으로 아주 모범이 되고 성경지식도 해박하신 분이었습니다. 그런데 어떻게 해서 저를 귀신이 들린 것으로 보시게 되었을까요? 저는 그분을 많이 존경하고 따랐습니다. 그런데 그분이 저를 그런 식으로 보았다는 것이 저에게 상당한 수치심을 주었습니다. 그런 오류를 범하는 그분과 성경공부를 하는 것이 겁이 납니다."

그는 교회를 나가는 것을 잠깐 중단하였습니다. 많은 대화 가운데 다시 신앙적으로 정리가 되어 점차 정상적인 신앙생활을 하게 되었지만, 전의 교회에 출석하지는 않았습니다. 하나님을 믿는 사람으로서 귀신들렸다는 낙인찍힘을 당하는 것 이상으로 수치스러운 것이 어디 있겠습니까? 정신병을 앓게 되었다는 것만으로도 그에게는 절망이 될 수도 있는데, 거기다가 귀신들렸다는 낙인까지? 병이지만 원하지 않게 정신병을 앓는다는 것이 한 사람에게 정말 어떠한 타격을 주게 되는지를 상상해 보시기 바랍니다.

정신병을 앓았던 사람들에게는 자기에게 자기 자신을 잃고 살게 되는 경우가 있었고 앞으로도 그 가능성이 있다는 것이 몸서리치는 절망감으로 다가오는 것입니다. 저는 "제가 이러한 병을 왜 앓아야 하지요?"라고 묻는 분들에게 감히 "하나님의 뜻이 있을 것입니다."라고 얘기하지 못합니다. 그저 같이 눈물을 글썽거립니다. 그분들을 위해, 우리에게 긍휼히 여기는 마음, 같은 마음을 품는 마음이 절실히 요청됩니다. 혹시라도 시험 삼아…… 호기심으로…… 그 사람을 위해서가 아니라 자기의 그 무엇을 위해…… 그 아픈 사람들을 희생시키는 일들이 정말 없어지기를 바랍니다.

생각해 보아야 하는 것은, 어린 학생들은 신앙의 선배들이 범하는 그런 엄청난 실수를 통해 '그러한 실수를 하는 선배들이라면 그들이 믿고 있는 신앙에도 오류가 있을 수 있지 않겠는가?' 라는 생각을 할 수 있다는 것입니다. 특히 교역자들에 의해 그런 잘못이 일어나게 되면 신앙에 상당한 회의를 줄 수 있다는 것을 명심하여야 할 것입니다.

감사한 것은 요사이는 정신병에 대한 이해가 높아져서 정신이상을 귀신들림으로 판단하는 사람들이 줄어들고 있다는 것입니다. 또 정신병을 앓는 분들에 대한 인식이 많이 건강해지고, 나아가 이러한 분들의 적절한 사회적응을 위해 여러분들이 애쓰는 것을 봅니다. 얼마나 바람직한 현상인지 모르겠습니다. 단연코 저는 성경이 말하는 귀신들림의 존재에 대해 믿습니다. 제가 영을 분별하는 은사를 받지 않았기 때문에 귀신들림을 분별할 수가 없어 귀신들림의 예를 들지 못하는 것이 몹시 안타깝습니다. 위와 같은 예들을 통해 '귀신들림은 허구이다.' 라는 암시를 주려는 의도는 전혀 없음을 분명히 밝혀 두고자 합니다. 앞으로 신학을 하는 여러분들과 함께 하는 연구가 있어, '정신병과 귀신들림' 에 대한 적절한 설명이 있게 되기를 바랍니다.

4) 신앙생활이 자신의 닫힌의식에 의해 영향 받는 것을 최소화하자

사례 30

　대학부의 교사로 있었을 때의 일입니다. 성경공부를 인도하고 있었는데, 마침 에베소서 5장의 부부관계에 대한 내용을 공부하고 있었습니다. 그런데 저를 몹시 당황케 하는 상황이 벌어졌습니다. 제가 인도하는 성경공부그룹에는 신앙이 아주 돈독한 자매가 있었습니다. 말만 하고 삶이 없는 신앙의 말쟁이 또는 지식쟁이가 아니라 말씀대로 살아가려고 애쓰는, 성경적 삶이 있는 성숙한 그리스도인이었습니다. 평소 성경공부 때 어떤 질문이 던져져 그에 대한 대답이 학생들 사이에서 나왔으면 좋겠다고 생각하면 대개 영락없이 바른 대답을 해주었던 고마운 학생이었습니다. 그런데 이번의 성경공부에서는 상황이 역전 되었던 것이었습니다. 성경말씀의 내용에 대해 질문을 던지는데 그 태도가 자못 부정적인 것이었습니다.

　아내는 남편에게 순종해야 한다는 내용에 대한 것이었는데, 질문은 아내는 남편에게 무조건 순종하여야 하느냐는 것이었습니다. 혹 조건적 순종이 되는 것이 아니냐는 것이었습니다. 먼저 학생들에게 생각하게 하였습니다. 그리고 그들끼리 토론하게 하였습니다. 그 자매는 조건적 순종이고 때로는 조건적으로 남편이 아내에게 순종하여야 한다는 식의 발언을 하는 것을 지켜보았습니다. 다른 무엇보다도 성경말씀을 부정적으로 접근하는 자매의 모습이 평소와는 현격하게 달라 저의 마음속의 궁금증은 시간이 갈수록 더하여 갔습니다.

　한참 후에야 그 궁금증을 풀 수가 있었습니다. 그럴만한 자매의 가족의 역사가 있었습니다. 자매가 어렸을 때 자매 부모님은 두 분 다 하나님을 몰랐습니다. 가정의 분위기는 비교적 편안하였습니다. 어머니는 비록 하나님을 믿지는 않았지만 아이의 정신적 교육을 위해서는 교회에 나가게 하는 것이 좋겠다고 판단하여 자매가 초등학교에 들어가기 전부터 교회를 다니게 하였습니다. 이는 어머니와 절친한 친구의 아주 본받을 만한 그리스도인의 삶을 보고, 자기는 못하지만 아이는 그러한 좋은 삶을 살게 되기를 바라는 마음에서 비롯되었습니다. 이에 대해서는 아버지도 별 반대가 없었습니다.

그러다가 시간이 지나면서 어머니께서 신앙을 갖게 되었습니다. 자매가 중학교에 다녔을 때였습니다. 그때까지는 딸이 교회에 나가는 것에 대해 아무런 저지의 반응을 보이시지 않았던 아버지께서, 어머니께서 교회 출입하는 것에 대해서는 아주 완강하게 반대를 하시는 것이었습니다. 그러나 한번 진리의 길에 들어선 어머니는 신앙생활을 포기하지 않으셨습니다. 가정에 분란이 일어나게 되었습니다. 두 분의 관계가 아주 악화되어 갔습니다. 나중에는 교회에 나가는 날이면 아버지는 어머니를 구타하기에 이르렀습니다.

그렇게 하나님을 알지 못하는 아버지에 의해, 하나님을 알아 진정으로 섬기려고 하는 어머니가 특별한 다른 이유 없이 단지 하나님을 믿는다는 이유만으로 구타를 비롯한 그 모진 핍박을 받아 오신 것이었습니다. 5년이라는 긴 시간 동안 그 아픈 광경을 보아 왔던 것이었습니다. 더욱이 자매는 하나님을 믿는 사람이었습니다. 그러한 환경에서 자라오면서 그녀는 부부관계에 대해 어떻게 생각하게 되었을까요? 여자로서 남편상에 대해, 그리고 아내상에 대해 어떻게 생각하여 왔을까요? 그리고 에베소서와 같이 남편에 대한 순종을 가르치는 성경말씀에 대해서는 어떻게 반응하여 왔을까요?

그러한 자매의 가족역사를 알게 되니, 성경말씀에 대해 자매가 평소와 다른 반응을 보인 것에 대한 궁금증을 풀 수가 있게 된 것입니다. 그리고 자매는 결혼에 대해서도 다소 수동적이라고 할까 부정적이라고 할까, 여하튼, 이성에 대해 별로 관심이 없는 듯하게 보였던 것이 이해되게 되었습니다. 대학부 때는 결혼에 대한 것이 아주 관심 있어들 하는 주제인데도 불구하고 자매는 별로 언급이 없었던 것도 말입니다. 가끔 독신에 대해 또는 독신의 은사(?)에 대해 성경적인 타당성에 대해 물어왔던 것도…… 그것이 그렇기 때문에 그러했던 것이었습니다.

그렇습니다. 그렇게 그 사람의 그 사람됨에 의해 성경을 보는 것이 영향을 받는 것입니다. 신앙이 (협의의) 신앙의 세계 안에서 절대적으로 독립적일 수만은 없는 것입니다. 신앙인은 인간입니다. 그렇기 때문에 신앙인은 인간됨에 의해 갇히는 것입니다. 신앙인이라 해서 인간의 한계를 또는 인간에 대한 원리들을 다 뛰어 넘는 것은 아닙니다. 물론 신앙에 의해 인간에 대한 것들이 영향을 받게 되어 있습니다. 그러나 그것만 고집해서는 안 되겠습니다. 신앙생활도 나의 인간됨에 영향을 받는다는 것을 인식하여야 하겠습니다.

위의 자매의 경우와 같이 자신의 닫힌의식의 안경을 낀 채로 하나님의 말씀을 대하는 오류를 줄여 가야 할 것입니다. 그렇지 못하면, 완전한 하나님의 말씀인 성경이 불완전하고 한계적인 존재인 인간에 의해 제한받는 것이 계속되게 될 것입니다. 물론 이 땅을 살아가는 그리스도인 어느 누구도 이 오류에서 완전히 벗어날 수는 없을 것입니다. 다만 그 오류를 극소화시키려는 노력은 우리들의 마땅한 책임이기 때문에 그 책임을 다 하자는 것입니다.

그렇기 때문에 성경을 온전하게 보지 못하게 되는 나의 닫힌의식 속의 내용들에는 어떤 것들이 있는가 하는 관심이 있어야 할 것입니다. 그리고 실제적으로 알아 가야 하겠지요. 닫힌의식의 내용을 열린의식으로 들어

올려 분석하는 가운데서 닫힌의식의 부정적인 영향권에서 점차 벗어나게 될 것입니다. 닫힌의식의 구속에서의 자유함이 깊어질 때, 말씀을 바르게 알아 하나님을 더욱 더 온전하게 섬기게 되고 말씀을 따르는 발걸음이 가벼워질 것입니다. 하나님을, 그리고 하나님의 말씀을 그 자체적으로 대하게 됨으로 갖게 되는 놀라운 기쁨, 즐거움, 그리고 자유를 더욱 온전하게 누리게 되기를 바랍니다.

한 가지 염려되는 부분을 짚고 넘어 가고자 합니다. 사람은 심리적인 것에 영향을 받기 때문에, 사람인 그리스도인 역시 심리적인 것에 영향을 받습니다. 나아가 신앙인 안의 신앙이 또 심리적인 것에 영향을 받게 됩니다. 이것은 틀림없는 사실입니다. 그런데 이것은 부분적인 사실입니다. 많은 정신과의사들이 이 부분적 사실을 전체화 또는 일반화시켜 왔습니다. 신앙은 심리적인 것이요, 심리적인 것으로 완전히 분석해낼 수 있다는 주장을 해온 것입니다. 저들이 오류를 범하는 것을 알지만, 저는 그들의 주장이 나오게 된 배경을 생각해 보고 그리스도인으로서 우리 그리스도인의 모습을 반성해 보는 계기를 갖게 되었습니다. 그러면서 그들의 주장이 전적으로 들어맞는 '그리스도인이라 하는' 사람들도 있겠다는 생각을 하기에 이르렀습니다.

신앙에 심리적인 요소가 있음은 인정합니다. 그러나 신앙은 결코 심리적인 것은 아닙니다. 그런데 신앙을 심리적으로만 생각하는 그리스도인이라는 이름을 가진 사람들이 있는 것이 사실입니다. 이들은 결코 신앙생활의 실체를 알 수가 없습니다. 그렇기 때문에 진리가 자유케 하는, 그 말로 다 할 수 없는 자유함을 맛볼 수가 없습니다. 이들은 진정한 (아직은) 그리스도인이 아니기 때문입니다. 그렇기 때문에 그들의 신앙생활에 문제가 발생하게 되어 있고, 그뿐 아니라 모든 생활의 영역에 문제가 일어나게 되어 있습니다. 허상의 세계를 사니 그 문제의 심각성이 대단하지 않겠습니까? 이제 이렇게 문제를 가진 사람들이 정신과의사를 찾게 됩니다. 또 정신과의사들은 이러한 사람을 분석하여 보니 신앙이 순전히 심리적인 것이라고 생각하지 않을 수 없게 됩니다.

거기서 신앙을 심리화시키는 오류가 나타납니다. (그들의 인간관이 기본적으로 그렇게 보게 만들지만) 바로 정신과의사의 병리적인 일반화의 오류입니다. 정신과를 찾는 사람들은 거의 대다수가, 그것이 무엇이든, 문제를 갖고 찾게 됩니다. 그런 사람들만을 접하는 정신과의사들은 그런 사람들만을 통해 인간을 보게 되기 때문에 그러한 오류의 가능성이 높습니다. 그렇기 때문에 균형 잡히지 않은 정신과의사의 말은 주의하여야 합니다.

(원치 않는 오해가 생길까봐 말을 덧붙입니다. 물론 정신과를 찾는 사람들이 문제가 있다는 것은 아주 심각한 것만을 의미하는 것은 아닙니다. 부부가 서로 더 잘 사랑할 수 있는데, 그렇지 못한 것을 문제로 설정할 수 있는 것입니다. 실제로 이러한 범주의 긍정적인 문제제기를 하면서 정신과를 찾는 사람들이 많아지고 있습니다. 아주 고무적인 현상이 아닐 수 없습니다. 지금의 현재적 수준의 삶보다 더 나은 수준의 삶을 살아가는 데 정신과의사는 상당한 도움을 줄 수 있는 전문인들입니다. 이런 의미에서 정신과를 찾는 것을 긍정적인 것으로 그리고 온전한 것을 향한 발걸음으로 보게 되는 관점이 자리 잡게 되기를 바라는 마음입니다.)

실제 그리스도인이라는 이름을 가진 우리들 안에 믿음의 세계를 오해하여 단순히 심리적인 수준에서 신앙을 생각하고 신앙생활을 하는 분들은 없는지, 또 그렇게 설교하고 가르치는 사람들은 없는지 살펴보아야 하겠습니다. 우리들 자신을 반성하는 시도를 게을리 하지 않아야 할 것입니다. 살펴보면, 그리스도인이라 하는 사람들 중에 실제로 신앙을 심리적인 것으로만 여겨 온전한 믿음의 세계에 들어서지 못하고 있는 사람들을 우리가 보게 되지 않습니까? 저에게는 그러한 분들이 꽤 많이 보입니다.

무턱대고 정신과의사들의 주장이 잘못되었다고 비판만하고 아무런 자기성찰이 없이 넘어가는 우를 범하지 않아야 하겠습니다. 우리는 우리를 잘 살펴보아야 하겠습니다. 저들이 아무것도 보지 않고 아무렇게나 얘기하는 것은 아니기 때문입니다. 무엇인가를 보고 얘기하는 것입니다. 저들이 무엇을 보고 그러는지 알아보아야 하겠다는 성숙한 마음이 우리에게 있어야 하겠습니다. 나 개인은 전혀 관계없다고 하면서 사실을 직시하기를 피하지 말고, 우리들 중에 그런 지적에 해당되는 사람들이 누구인지를 살펴 그를 바르게 인도하여야 하겠습니다. 배울 부분에서는 배우고 고쳐야 할 부분은 고쳐야 할 것입니다.

어느 교회의 대학부에서 특강을 하게 되었습니다. 특강 후에 함께 식사를 하시던 부장 장로님이 자기에게 궁금해 했던 것이 하나 있었는데 특강을 들으면서 궁금증을 풀게 되었다고 하셨습니다. 자신은 교회에서 장로의 직분을 맡게 되기까지 되었는데 전도에 열심이지 못한 자기가 궁금했었다고 합니다. 아무리 전도를 강조하는 설교를 들어도 전도를 행하게 되지 못했다는 것이었습니다. 전도를 하지 못하는 자기에 대해 죄책을 느끼지만 실제로 안 되니까, 어쩔 수 없는 것으로만 알았다고 합니다. 그런데 '인간은 역사를 가지고 그 역사 안에 있으며 역사를 만들어 가는 존재이다.' 라는 주제의 강의를 들으면서 자신을 돌이켜 생각해 보게 되었다고 하십니다. 그러면서 전도를 못하는 원인을 알아내게 되었다는 것입니다.

아직 하나님을 알지 못했던 대학교 저학년 시절에 자기 주위에는 전도를 열심히 하는 그리스도인 학우들이 있었다고 합니다. 그런데 그들의 실제적 삶에서는 본받을 만한 것이 거의 없었기 때문에 말로만 전도를 하는 그리스도인 학우들을 몹시 싫어하였다고 합니다. 당연히 그 친구들이 믿는다는 기독교도 싫어졌습니다. 그러던 중, 고학년이 되면서 한 친구와 친하게 되었는데 그는 자기와 생활을 같이 하면서 자기에게 많은 도움을 주었다고 합니다. 그 친구도 역시 그리스도인이었는데, 그는 처음부터 말로는 적극적으로 전도를 하지는 않았다고 합니다. 그러나 자기와는 다른 그 친구의 이타적이면서 성숙한 삶을 통해 그 친구가 믿는 기독교에 관심을 갖게 되었고 결국 그 친구의 전도를 받아 신앙세계에 들어서게 되었다고 합니다.

그러한 자기의 역사를 생각하면서 자기를 분석해 보았다고 합니다. 자기 안에는 말로만 전도를 했던 친구들을 부정적으로 보면서, 자기를 신앙의 세계로 인도한 친구를 닮으려 하는 모습이 있음을 보게 되었다고 합니다. 그래서 전도는 하되 말로 전도를 하는 것이 아니라 삶으로 전도를 하여야 한다는 의식이 자기가 의식하지 못한 상태에서 자기에게 강하게 깃들게 되었다는 것이지요. 그런데 그것이 지나쳐 삶을 통해서 '만' 전도하려 하는 경향이 생기게 된 것으로 분석된다고 하시는 것이었습니다.

그러면서 그분과 함께 나누게 된 내용은 전도하는 사람의 삶이 중요하다는 것이었습니다. 그러나 그러한 의식에서 자기도 모르게 삶 '만'을 통해 전도를 하려고 하는 것은 문제가 있다는 것에도 의견을 같이 하였습니다. 복음을 제한하기 때문입니다. 기본적으로 삶이 참으로 중요하지만, 어떤 때에는 삶을 보여줄 만한 시간적 여유가 없는 상황도 마주치게 되는 것입니다. 그럴 때에는 말로써라도 복음을 전해야 한다는 것이지요. 장로님은 앞으로도 삶을 중요시하되 필요한 경우에는 말로써도 복음을 전하도록 힘쓰시겠다는 다짐을 하시는 것을 보게 되었습니다. 이렇게 자기도 모르게 자기의 습관과 성격이 신앙생활에 부정적인 영향을 주는 데에서 날마다 자유로워지는 노력을 기울여야 하겠습니다.

5) 자기가 바라는 자기를 세워 나가자

사례 31

　제가 지방에 있는 모 대학교의 축제 때, 기독단체의 초청을 받아 특강을 하러 갔을 때였습니다. 그때의 주제는 '자기를 알아가기'였습니다. 특별히 자기를 알아가기 위해 자기 역사를 알아가야 하는 데, 구체적으로 어떤 것들에 대해 알아가야 하는가에 대해서 강의를 하게 되었습니다. 강의 뒤에, 얼굴은 아름다운 모습인데 몹시 굳어 있어 감정표현이 아주 제한적인 한 여학생이 찾아 왔습니다. 시간을 내줄 수 없느냐는 것이었습니다. 마침 한 밤을 머물고 서울로 올라 와야 했기 때문에 저녁에 시간이 충분하여 시간 약속을 하고 만나게 되었습니다. 강의 시간에 동성애에 대해 잠깐 언급하고 넘어 갔는데, 그녀가 저와 상담을 하기를 원하는 문제는 표면적으로는 바로 동성애에 대한 것이었습니다.

　그녀는 아버지가 2대 독자로 손이 귀한 가정에서 태어났습니다. 아래로 남동생만 둘이 있었습니다. 아들이 귀한 집안이라서 그녀는 처음부터 조부모와 부모님이 원하지 않은 아이인 딸로서 태어나 출생 때부터 구박을 받으며 자라게 되었습니다. 더욱이 딸을 낳아 실망한 부모님이 곧바로 갖게 된 한 살 터울의 동생이 남동생이어서, 그녀는 정말 가정 내에서 그녀에게 관심을 그리고 사랑을 주는 사람이 하나도 없이 늘 혼자서 그늘진 곳에서 자라게 되었습니다. 주위의 어른들도 방문하고서는, "그놈 참 잘 생겼네. 네 놈이 할아버지의 소원을 풀어 드렸구나."라며 늘 남동생에게만 관심을 가져 주는 것이었습니다. 거기다가 세 살 아래의 동생이 생겼는데 그 동생 역시 남동생이어서 찬밥 신세의 생활은 더욱 심해져만 갔습니다. 그녀 자신의 어렸을 적 기억에도 사랑받지 못한 아이로 남아 있는 것이었습니다.

그러던 중 초등학교 일학년 때, 그 뒤로 그녀에게 엄청난 영향을 준 성적희롱sexual abuse—그 당시에는 그것이 무엇인지를 몰랐는데 지금 와서 생각해 보니 sexual abuse라고 할 수 있는 것 같다고 얘기하였습니다.—의 사건이 동네 오빠로부터 있게 되었습니다. (이에 대해서는 자세히 기록하지 않는 것이, 사실 심각한 것은 아니었지만, 좋을 것이라는 판단을 하여 그 내용에 대해서는 언급하지 않겠으니, 양해해 주시기 바랍니다.) 그 뒤로 그녀는 남자를 멀리하게 되었다고 합니다. 남동생들로 향하는 편애로 인해서도 남자에 대해 부정적인 마음을 키워 왔던 것 같은데, 이 사건이 있어 그러한 경향이 더욱 강화되었다고 하였습니다. 그래서 대학교 4학년이 되었는데도 이성교제가 한 번도 없었다고 합니다. 또 이성이 그립지도 않았고요.

그러다가 사춘기 때 여성적인 신체적 특징이 갑자기 발달하면서 성에 대해 관심을 갖게 되었는데, 동성의 친구들과 함께 있으면 키스하고 싶고 안아 주고 안기우고 싶은 충동을 느껴 왔다는 것입니다. 그래서 실지로 키스를 해보기도 했다고 합니다. 그러나 그 이상으로 가지는 않았다고 합니다. 그러한 욕구가 특별히 감소되지 않고 지금까지 계속 되어 왔었다고 했습니다. 더욱이 결혼을 의식하게 되면서도 남자에 대한 관심이 별로 일어나지 않아 '이러다가……' 라는 걱정에 혼자서만 고민하다가 저의 특강을 듣게 되었던 것입니다. 강의를 통해 기독정신과의사도 동성애의 문제를 다루는 것을 알게 되었고 그래서 자기의 동성애의 경향이 혹시 치유적으로 다루어질 수 있을지도 모른다는 기대를 가지고 찾아오게 되었던 것입니다.

길지 않은 시간이었지만 그녀와 만남을 가지면서 느껴지는 것은, 그녀는 자기에 대한 비하감이 상당히 심하였습니다. 자기를 신뢰하지 못하고 무슨 얘기를 하든 먼저 자기의 잘못을 탓하는 식으로 얘기하였습니다. 그러면서 운명론적으로 자기의 생을 보는 관점이 우세했습니다. 자기는 원래 태어날 때부터 사랑을 받지 못할 사람이었다는 것이었습니다. 그런 관점이 다른 문제들에까지 영향을 주어 어떤 문제가 있으면, '나는 원래 이런 사람이니까······.' 라는 식으로 생각해 왔었습니다. 사실상 저를 찾아오기는 하였지만 그때까지 자기의 동성애의 문제에 대해 아무런 다른 노력을 기울임이 없이 '어쩔 수 없다' 식으로 내내 살아왔었던 것입니다.

그러면서 특이했던 것은, 아주 온순하게 보이는 그녀에게서 거의 돌발적으로 일어나는 소위 말하는 히스테리성 발작 비슷한 것이 몇 번 눈에 띠는 것이었습니다. 궁금하여 물어보았습니다. 자기에게 무엇인가 마음에 안 들면, 실제적으로는 별것도 아닌데, 돌발적으로 자기도 모르게 엉뚱한 신경질을 아무에게나 부리게 되는 특성이 있다는 것입니다. 마치 지금까지 이루어온 모든 것을 단숨에 허물어뜨리려는 작정을 한 사람과 같이 말입니다. 특히 이것은 사람을 가리지 않고 마구잡이로 나타나기 때문에 자기를 가장 낙심시키는 것이라고 하였습니다. 부모님을 비롯한 가족들에게는 물론, 학교에서 교수나 친구들에게 때때로 교회의 친구들이나 교역자들에게까지 나타나기 때문에 아주 곤혹스럽다는 것입니다. 당사자들이 놀라는 것은 당연하고요.

자기 나름대로 억제해 보려고 하는데도 할 수가 없고 도대체 어떻게 접근해야 하는지를 전혀 알 수가 없었다고 합니다. 결국 자기로서는 불가항력인 것으로 판단하게 되면서, 숙명이라 생각하여 교정하는 것을 이미 포기하였다고 하는 것이었습니다. 말을 하면서 보이는 그녀의 감정표현은 절망감 그 자체였습니다.······

분석하여 많은 것을 나누고 싶지만, 간단하게 몇 가지만 나누기를 바랍니다.

첫째, 그녀가 저를 찾아온 것에 대해 주목하고자 합니다. 그녀는 앞에서 언급이 되었지만 상당히 운명론적인데다 자기 비하감이 심하기 때문에 자기를 변화시키고자 하는 마음은 거의 찾아보기가 어려웠습니다. 그런데 그런 그녀가 자기의 변화를 위해 저를 찾아왔다는 것은 단순한 사건이 아닌 것입니다. 그녀와 같은 사람에게서 변화를 희망하는 마음을 보는 것은 아주 즐거운 일입니다. 함께 생각하고자 하는 것은 그 변화를 희망하는 마음이 어디서 왔겠는가 하는 것입니다.

그녀는 유교적인 집안에서 태어났습니다. 그렇기 때문에 기독교와의 접촉의 가능성이 아주 적었습니다. 그러한 그녀에게 참 좋은 일이 대학교 1학년 때 일어났습니다. 1학년 때의 지도 교수가 어울리는 친구가 별로 없이 늘 어두운 표정을 하면서 지내는 그녀에게 관심을 가지고 대해 주신 것이었습니다. 그리고 그녀에게 성적상에 나타나는 것보다 훨씬 높은 능력이 있다는 것도 발견하게 되어 그때까지 사장되었던 그녀의 능력을 회복하는 데 많은 도움을 주었습니다. 그녀의 가족력을 비교적 소상히 알게 된 선생님은 그녀에게 실제 엄마에게서 경험하지 못한 (좋은) 엄마의 역할을 부분적으로 해주시려고 노력하였습니다.

그 중에서도 그녀를 신앙의 세계로 인도한 것은, 그녀에게 나중에 일어나는 좋은 변화를 위한 좋은 터전을 다지는 것이었습니다. 난생 처음으로 자기에게 지극한 사랑의 관심을 보여 주시는 선생님은 그녀에게는 엄마요 스승이요 친구가 되었던 것입니다. 그렇기 때문에 그분이 교회에 같이 나가자는 권유에 아무런 저항 없이 따라 나서게 되었습니다. 선생님을 통해 신앙의 세계에 대해 '믿고 따를 수 있는 참 좋은 세계'로 알았기에, 순순히 신앙의 세계로 들어 설 수 있었다고 합니다. 물론 그녀가 다 변한 것도 아니요, 심원한 변화가 갑자기 찾아온 것도 아닙니다. 많은 문제는 아직도 그대로 남아 있었습니다. 그렇지만 신앙생활을 하면서 자기를 긍정적으로 세워 가는 어떤 힘이 생기게 된 것이었습니다.

통계적으로 보면 사실상 동성애의 문제를 가진 사람이 치료의 현장으로 찾아오는 것은 아주 드문 일로 되어 있습니다. 그렇기 때문에 표면상이긴 하지만 동성애의 문제를 가지고 그녀가 저를 찾아 왔다는 것은 그냥 있는 일로 넘어 갈 것이 아니라, 한번은 더 생각해 보아야 할 것이 있는 것입니다.

그녀를 움직이게 한 것이 무엇이었을까요? 그것은 다른 무엇보다도 자기를 구원하시기 위해 무조건적인 사랑을 주신 하나님의 은혜의 세계를 체험하였기 때문이고 동성애는 하나님의 원하시지 않는 죄임을 분명히 밝히는 성경말씀의 영향이었습니다. 아직은 초보적 신앙에 있지만 하나님을 올바로 섬기고자 하는 지향성이 바로 서 있는 사람이었기 때문에, 그녀는 하나님의 말씀인 성경이 죄로 단정하는 동성애의 죄를 범할 수 없었던 것입니다. 나아가 그 경향성까지 고쳐 보고자 하는 노력을 하기에 이르게 된 것입니다. 동성애가 죄라는 것을 알지 못함으로 동성애의 경향을 갖고 있는 많은 사람들이 동성애의 죄를 짓는 데로 쉽게 나아가게 되는 현상을, 이 나라 저 나라에서 얼마나 많이 볼 수 있는지요. 죄가 죄임을 명확히 밝히는 가르침이 얼마나 중요한지를 모르겠습니다. 성경의 하나님 말씀이 그녀의 마음에 심기어져 그녀를 지켜주는 것입니다.

지금은 오래 되었지만, 미국의 복음적인 기독 잡지로 유명한 'Christianity Today' (87/2/6)에 실린 기사가 생각이 납니다. 하버드 의대의 소아정신과 교수로 있는 Robert Coles라는 분의 연구 결과에 대한 내용이었습니다. 그는 사회적으로 불리하게 태어난 사람들disadvantaged people 중에 자기의 처지를 훌륭하게 극복한 사람들에 대해 관심을 갖게 되었습니다. 그들은 경제적으로 인종적으로 가족 환경적으로 아주 열등한 상태에 있었던 사람들로, 그 상태에 그대로 머무른 사람들과 달리 훨

썬 나은 상태로 비약한 사람들이었습니다. '무엇이 그들을 그렇게 이끌었을까?' 하는 것이 그의 관심이었습니다. 결국 그들에게는 그들 되게 하는 내적인 힘이 있다는 것을 보게 되었습니다. 그러한 많은 사람들과의 인터뷰와 조사를 통해 그들의 삶을 이끄는 힘의 원천에 대해 구체적으로 알게 되었습니다.

그는, 그것은 예수님이었고 예수님이 주신 말씀이었다고 결론짓고 있습니다. 그들을 불행한 상태에 그냥 있게 하지 않고 오히려 그것을 통해 더욱 강한 사람이 되게 한 것은 하나님의 말씀인 성경을 통한 신앙이었다는 것입니다. 그들은 어려서부터 성경말씀을 통해 배우고 자라온 것이었습니다. 이렇게 성경말씀은 사람을 살리는 것입니다. 성경은 인간에게 진리의 길을 가르쳐 주는 하나님의 말씀이기 때문입니다.

두 번째로 살펴보고자 하는 것은, 그녀에게 있어야 하는 본래적 자기회복에 대해서입니다. 이것은 아주 중요한 내용입니다.

그녀는 하나님을 믿게 됨으로 인해 점진적으로 변해 오고 있지만, 아직은 옛날 그대로의 모습을 지니고 있는 부분이 더 많은 것이 사실입니다. 20년 넘게 형성해 온 것이 그리 간단히 변화하기란 아주 어려운 것입니다. 하나님을 믿는 믿음이 그녀에게서 변화를 일으키고는 있지만, 변화에 대한 기대가 거의 없는 영역에선 자포자기하는 마음이 강하게 자리 잡고 있었습니다. 특별히 자기는 사랑을 받지 못할 사람이라는 운명론적인 태도와 간간이 일으키는 그 히스테리성 발작에 대해서 그러함을 봅니다. 자이제 이러한 사람에게 어떻게 치유적 접근을 할 것입니까?

그렇습니다. 그리스도인이 되기는 하였지만, 아직 '과거의 환경에 의해 형성된 자기'로부터 크게 벗어나지 못하고 있는 것을 봅니다. 여기서 우리가 주의하여 볼 것은, 바로 그 자기라는 것은 자기가 원하여서 세워진 자기가 아니라는 것입니다. (영유아기가 인격의 성숙에 있어서 중요한 시기가 되는 것에 대해 설명한 부분을 다시 읽어 보시기 바랍니다. 바로 그 부분과 연결되는 내용입니다.) 우리는 '자기'에 대해 분별할 수 있어야 합니다. 자기가 원하지 않은 또는 의도하지 않은 '비지향적 자기'와, 자기가 원하는 또는 의도하는 '지향적 자기'를 구분하여 자기를 다루어야 합니다.

비지향적 자기란, 태어날 때부터 시작하여 지향적 자기를 세우는 그때까지 주위의 환경 - 인적 그리고 비인적 - 에 의해 자기의 의지 또는 의도와는 관계없이 수동적으로 형성하게 되는 자기입니다. 물론 그것은 분명히 자기입니다. 대부분의 사람들은 그 비지향적 자기를 자기의 전부인 줄 알고 살아갑니다. 그래서 위의 여학생과 같이 운명론적으로 자기의 생을 보게도 됩니다. 그러나 결단코 그 비지향적 자기를 진정한 자기라 얘기할 수 없습니다.

만일 딸을 원했던 가정에 태어났다면 위의 여학생은 엄청나게 달라져 있을 것입니다. 그런 경우라면 원래 그녀가 가진 자기의 능력이 충분히 발휘가 되며 부모님으로부터 충분한 사랑을 받음으로 인해 자기상Self-Image과 자기정체성Self-Identity이 아주 긍정적으로 되어 있을 것이고, 온전한 정서적 발달이 이루어져 밝은 얼굴에 감정표현이 다양할 것이며…… 등등 말입니다. 저는 이 점을 그녀에게 설명하였습니다. 그리고 진정 그녀가 원하는 자기의 모습에 대해 함께 이야기를 나누어 갔습니다.

그녀에게 지금의 자기를 진정한 자기로 여겨서는 아니 된다고 강조하여 말하였고, 그래서는 안 되는 이유를 설명하였습니다. 참으로 불행한 환경 속에서 자라 어쩔 수 없이 이러저러한 모습들이 생기게 되었는데, 그 불행을 그냥 안고 살아서는 안 된다는 것입니다. 그렇다면 그녀의 인생은 더욱 불행하게 되면서 불행의 악순환을 결코 벗어날 수가 없는 것입니다.

예를 들어, 자기도 모르게 그리고 자기의 과거의 환경에 의해 원하지 않게 얻게 된 히스테리성 발작을 어쩔 수 없는 자기의 것으로 알아, 살아가면서 왜 계속 아픈 상처를 자기에게 주어야 하느냐는 말입니다. 그녀는 웃을 때 참으로 아름다웠습니다. 아마도 그 아름다운 모습이 그녀의 진정한 모습에 가까울 것이라 생각합니다. 그런 사람이 불행의 악순환을 돌다가 그냥 그렇게 인생을 끝마쳐서는 안 됩니다. 정말로 안 되는 것입니다.

생각해 보세요. 아무도 관심과 사랑을 주지 않는 환경에서 자라나는 어린 아이에게 무엇이 들어갔겠습니까? 거절감과 무가치감이 들어가지 아니했겠습니까? 거기서 자기 비하감이 일어났고, …… 자기 거절감이 뒤따랐을 것이고 결국 절대적 절망감 속에서 자기를 부정하는 마음까지 갔을 것입니다. 그러면 어떻게 되나요? 자기를 부정하게 되면 어떻게 될까요? 자기가 부정되는데 무서울 것이 어디 있겠습니까. 모든 것이 함께 부정이 되는데요. 그래서 너 죽고 나 죽자는 심정으로 넘어가게 되었을 것입니다. 물론 닫힌의식에서 일어나는 작용입니다. 거기서 쌓아온 모든 것을 일순간에 무너뜨리기라도 할 듯이 누구 앞에서든 한바탕 일을 벌이게 되는, 히스테리성 발작이 일어나게 되는 것으로 분석되어집니다.

그런 모습의 자기는 자기라고 도저히 동의할 수 없고 목숨을 바꿔서라도 빼버리고 싶었습니다. 그러나 자기로서는 어찌할 수 없는 자기의 모습들에 대한 그녀의, 가슴을 쥐어짜는 애절함이 너무나 너무나도 안타까웠습니다. 왜 우리에게 이러한 아픔들이 있어야 하는 것인지요? 그것도 가장 중요한, 사랑을 가장 많이 받아야 하는 자기의 부모로 인해 자기의 인생이 완전히 뒤틀려지다니요. 사실 대부분의 인간의 불행은 자기에게 가장 중요한 사람들에 의해 일어납니다. 아버지, 어머니, 아내, 남편, 아들, 딸, 형, 오빠, 동생, …… 이러한 사람들에 의해 인간이 가장 악한 영향을 받는 경우를 너무 많이 보아 옵니다.

도대체 이런 세상은 어떤 세상인가요? 시간이 지나면 지날수록 정 줄 수 없는 세상임을 더욱더 뼈저리게 깨달아가게 됩니다. 이 세상은 거하기를 원하게 되는 세상이 전혀 아닌 것입니다. '이런 세상이 나의 존재의 전부인가?' 라고 생각만 해보아도 가슴이 저려 오는 것을 느낍니다. 이 세상은 우리가 진정 살기를 원할 세상이 전혀 아닌 것입니다. 그래서도 아니 됩니다. 그런데 우리는 이 땅에 태어났습니다. 우리가 원하지 않게 되어 버린 세상 속으로 들어오게 되었습니다. 무엇인가가 우리의 존재 이전에 우리의 존재에 영향을 주게 되어 있었던 것입니다. 성경이 이에 대해 얼마나 정확하게 설명하는지 알 수가 없습니다. 또 옆으로 샜습니다. 다시 본론으로 들어가겠습니다.

그렇습니다. 그런 현재적 자기를 자기로 규정해 버리면 안 됩니다. 왜 그렇게 자기가 원하지 않게 갖게 된 자기를, 어쩔 수 없는 자기 그리고 자기 전체인 줄 알고 살아가야 하느냐 말입니다. 안 됩니다. 그렇게 자기를 닫아 버려서는 안 됩니다. 우리에게는 변화의 여지가 얼마든지 있기 때문입니다. 물론 만만하지는 않지만요. 다른 사람들에 의해 원하지 않게 입혀진 것 중 자기가 원하지 않는 자기의 모습을 벗어 버리고, '지향적 자기'를 세워 가야 합니다. 있는, 만들어진 그대로의 자기에 머물러서는 아니 됩니다.

우리 그리스도인들에게는 하나님의 은혜로 거듭났기 때문에 지향적 자기를 세워 나갈 수 있는 힘을 가지게 되었습니다. 이제 자기를 열고자 하는 마음이 있어야 합니다. 본래적 자기를 찾으려는 노력 말입니다. 우리는 그렇게 자기가 원하지 않게 되어 버린 자기로서 일생을 끝마치는 그런 하찮은 존재가 아닌 것입니다. 하나님께서 의도하시는 그 본래적 자기를 찾아야 하는 것입니다. 변화합니다. 우리는 변화할 수 있습니다. 하나님이 가르쳐 주시는 지향적 목표를 향해 포기하지 않고 나아가고자 할 때 분명히 변화가 옵니다. 우리의 노력만이 아닙니다. 구체적으로 어떻게 활동하시는지는 모르지만 우리가 의지하는 성령 하나님께서 우리를 세워 주시는 간섭을 하실 것이기 때문입니다.

위와 같은 내용을 그녀와 함께 나누었습니다. 격려하였습니다. 물론 그녀에게 자신의 노력을 포기하지 말라고 하였지만, 정 지쳐 있다면 잠깐 동안 자기 노력은 쉬되, 포기하지는 말고, 성령님의 간섭하심을 간구하라고 권면하였습니다.

(구원론적 측면에서, 타락한 자연적 인간을 인간의 전부로 알고 살아가는 (아직은) 비그리스도인들에게 새로운 피조물로서의 실체가 있다는 것을 전도와 연결 지을 수 있습니다. 이러한 접근이 때때로 어떤 사람들에게는 유익한 전도가 될 수 있을 것입니다.)

더불어 생각...

지향적 자기를 세워 나가는 것은 정말 중요한 그리스도인의 삶의 원리이기 때문에 몇 가지를 덧붙여 생각해 보기로 하겠습니다.

그 첫째,

어떤 자매의 언어습관에서 '싫다 그리고 좋다'가 빈번하게 쓰이는 것을 보게 되었습니다. 그래, 싫은 것에 대해서는 그저 싫은 것으로 하여 관계를 더 이상 가지려고 하지 않았습니다. 그냥 거기서 끝내는 것입니다. 싫은 것을 좋은 것으로 만들려고 하는 노력을 기울이지 않는 것입니다. 좋은 것에 대해서만 생각하고 관계를 맺어 가는 것입니다. (여기서 말하는 좋고 싫은 것은 선악의 관점에서 그리고 옳고 해서 싫어하고 좋아하는 것이 아니라, 그러한 관점과는 관계없이 자기의 개인적인 취향을 근거로 해서 그렇게 되는 것을 말하는 것입니다.) 그렇게 되면 거기서 대화나 만남은 끝나게 되는 것이 문제입니다. 그렇게 판단되는 사람들과 영역들에 대해서 자기는 계속하여 갇히게 되는 것입니다. 위에서 언급하다시피 이미 만들어진 자기-비지향적 자기-를 영속화시키는 것입니다.

그러나 지금까지는 싫어하였지만 사실은 좋아할 수도 있는 능력이 또한 우리에게 있는 것입니다. 또 그렇기 때문에 꼭 변화를 시도하여야 합니다. 우리가 그러지 못하는 것은, 하나님께서 우리에게 주신 좋은 모든 것들을 정확히 알지 못하기 때문입니다. 모르고 비지향적 자기를 자기로 알고 살아갑니다. 만약 평생 그렇게 살아간다면 하나님을 무시하는 처사가 될 것입니다. 하나님께서 좋은 것을 주셨기 때문에 그런 것들을 누릴 수 있는-지금까지는 덮어져 왔지만-가능성이 우리에게 있는 것입니다. 무엇보다 모든 좋은 것의 근원인 사랑을 우리가 하나님께 받지 않았습니까? 요일 4:10-11 자, 이제 우리는 우리에게 있는-분명히 있는-가능성들을 하나씩 열어 가는 즐거운 발견들이 있기를 바랍니다.

미국의 칼빈신학교에서 공부할 때 수영을 같이 하는 그룹이 있었습니다. 한국에 있을 때 목사, 강도사, 전도사의 직책으로 교회를 섬겼던 형제들이었습니다. 수영을 같이 하면서 저희들은 미국 아이들-초등학생으로부터 대학생에 이르는 그룹-이 재미있어 하는 다이빙을 한번 시도해 보기로 하였습니다. 해보면서 그 재미를 맛볼 수 있었습니다. 새로운 재미를 맛볼 수 있었다는 것이 저에게는 의미가 있었습니다. 한 형제와 나눈 얘기이지만, 우리는 다이빙을 꼭 다이빙으로 알고 해보려고 했던 것은 아니었습니다. 체면 문화의 색채가 강한 한국의 실정에서는 하기가 어려울 수 있는 것을 해보기를 원하였습니다.

그것은 진리의 영역에 대해서 주로 암기식으로 그리고 지시적으로만 교육을 받아 옴으로 인해 우리에게 알게 모르게 생겨난 억압의식에서 자유하는 정신을 우리 자신들에게 깨우치고자 하는 마음이 있었기 때문이었습니다. 스스로 생각하여 자기 것으로 만들어 살아 있는 신앙을 갖게 하는 신앙교육이 그리운 것입니다. 우리 삶의 영역에서 그렇게 하나님께서 주신 좋은 것들에 대한 자유도를 높여 가는 노력의 모습들이 우리들에게 많이 있게 되기를 기대합니다.

둘째,
위의 자매는 어느 정도 동성애의 경향이 있다고 하겠습니다. 여기서 생각해 보고자 하는 것은 동성애의 경향이 있는 그녀를 어떻게 생각하여야 하느냐는 것입니다. 그녀는 자기가 원하지 않은 환경-아들만 전부로 아는 가정-속에서 자라 오면서 또 원하지 않은 사건-초등학교 일학년 때의 동네 아이에 의한 성적희롱-을 당하게 되었습니다. 그럼으로써 자신이 결코 원하지 않았던 동성애의 경향을 키워 오게 되었습니다. 그녀에게는 어쩔 수 없는 성격의 일이라 하겠습니다. (그런 환경에서 자란 것이 하나님의 뜻이니 어쩔 수 없지 않느냐 하는 것으로 이 문제를 넘어 가는 사람은 진정 하나님의 뜻을 모르는 사람이라고 할 수 있습니다.)
이렇게 생긴 동성애의 경향은 죄는 아니라 하겠습니다. 물론 기본적으로는 인간이 죄로 인해 타락함으로 생기게 된 부패한 모습의 일부분에 들어간다고는 할 수 있겠지만은요. 이런 사람들에게 동성애의 경향이 있다고 하여 백안시한다든지 정죄하여 사람을 죽이는 일은 없어야 할 것입니다. 오히려 우리는 그들이 불행하게 그러한 경향을 갖게 된 것에 대해 참으로 마음을 같이 하면서 아파할 수 있어야 하겠습니다. 그리고 그러한 부정적인 경향에서 벗어날 수 있도록 격려하며 도와야 할 것입니다. 이것이 진정 어떠한 인간도 찾아 가셔서 사랑을 베푸시는 예수님의 사랑-하나님의, 인간을 사랑하는 마음이 아니겠습니까?

　자, 어려운 문제는 동성애의 경향이 있는 것으로 끝나지 않고 행동적으로 동성애를 하는 동성연애자들을 어떻게 대할 것인가에 있습니다. 동성애의 경향이 있는 사람이 계속적으로 동성연애에 대한 유혹을 견디어 낸다는 것은 보통 어려운 일이 아닙니다. 그것이 인간에게 엄청난 힘을 행사하는 성적 영역에 있기 때문에 참으로 어렵습니다. 그렇기 때문에 동성연애자들을 무조건적으로 마냥 정죄만 하는 태도들에 대해 어느 정도 저항감이 생기는 것입니다. 물론 동성연애는 분명히 죄입니다. 하나님의 말씀인 성경이 그렇게 가르치고 있습니다. 동성연애라는 '죄'에 대해서는 아주 단호하여야 할 것입니다.

　그러나 그 죄를 지은 '사람'에 대해서는 단호하게 '거기서' 정죄, 판단하여 끝내 버리는 일이 있어서는 아니 될 것입니다. 사람을 살리는 시도가 있어야 할 것입니다. 우리가 다 죄인이었지 않습니까? 또 지금도 살아가면서 죄를 짓지 않습니까? 죄인이 하나님께 나아갈 수 없다면 우리 중 누가 하나님 앞에 나설 수 있겠습니까? 동성연애자들은 분명 죄를 짓는 자들입니다. 그러나 그들이, 동성연애라는 죄를 짓지는 않는 우리들과 질적으로 다른 것은 아닙니다. 그 죄가 하나님께서 용서하지 않으시는 죄에 해당되는 것은 아닙니다. 간음한 여인을 받으시는 예수님! 우리도 회개하는 동성연애자를 받을 수 있어야 합니다.

　그런데 여기서 생각할 것이 있습니다. 동성연애라는 것이 단번에 끊어지기가 어려운 성질의 것이라는 것입니다. 물론 단번에 끊을 수 있으면 더할 나위 없이 좋지요. 그렇게 되는 사람이 많지 않다는 것입니다. 왜냐하면 중독의 성질이 있기 때문입니다. 마약 중독자인 그리스도인이 회개하여 마약을 끊으려 한다고 하여 단숨에 끊을 수 있는 것이 아닙니다. 분명히 다른 것이지만, 중독이라는 점에서는 같은 선상에 있기 때문에 생각하고 싶은 것은 역시 일상적으로 보게 되는 음주와 흡연에 대한 것입니다. 주위에서 많이 보시게 되겠지만 신년 초에 금주와 금연을 새해의 목표로 삼는 분들이 꽤 많이 있습니다. 그러나 성공하시는 분들은 아주 소수에 해당합니다. 그것이 어려운 것은 거기에는 중독성이 있기 때문입니다.

동성연애라는 죄에는 이러한 중독성이 있음을 고려하는 사랑의 마음이 있어야 할 것입니다. 만약 그리스도인이라 하면서 동성연애에 대해 회개하지 않는다거나 회개한다고 하면서도 상당기간을 두고도 전혀 변화가 없는 사람들에 대해서는 교회법에 따른 징계가 마땅히 있어야 하겠지요. 그러나 점진적으로 탈피하여 가는 사람에게는 그들과는 다른 배려가 있기를 바라는 마음 간절합니다. 이렇게 사람들에 대해 획일적인 사고를 하지 않고 고려해야 하는 것들을 사랑하는 마음으로 고려하는 마음들이, 사람들이 있어졌으면 하는 바람 간절합니다. 왜 그래야 하느냐 하면 사람을 살려야 하기 때문입니다. 물론 죄에 대한 타협으로 변질되는 것을 주의하면서지요.

저는 그런 분들을 적나라하게 대하는 현장에서 일하는 사람으로, 사람에 대한 평가나 접근이 그렇게 간단하지가 않다는 것을 많이 느끼게 됩니다. 그러면서 그리스도인으로서 그들을 어떻게 접근하는 것이 하나님께서 원하시는 것일까에 대해 심각한 고민을 하게 됩니다. 죄에 대해서는 분명하지요. 지식도 분명합니다. …… 분명한 것이 세상에 많습니다.

그런데 그런데 말입니다. 사람은 그렇게 분명하게 이렇다 저렇다 할 수 없는 경우가 압도적인 것 같습니다. 죄는 분명합니다. 그러나 죄를 안고 있는 사람은 분명하지 않은 경우가 많습니다. 우리는 죄를 다루기도 하지만, 사람을 다룬다는 사실을 기억하여야 할 것입니다. 죄는 징벌하여야 할 것이지만, 사람은 살려야 할 것입니다. 저는 불행한 과거를 통해 불행하게 된 사람들을 많이 보아 왔습니다. 그러면서 현재적 불행에 대해 그들 자신에게 얼마만큼이나 책임을 물을 수 있을까 하는 문제를 놓고 씨름하여 오고 있습니다.

동성연애는 동성연애의 경향이 있어야 합니다. 또 그 동성애의 경향은 그것이 생겨날 수 있는 환경과 관계가 있습니다. 그런데 그 환경은 자기가 어쩔 수 없이 수동적으로 들어가게 된 것이라는 데 문제가 있습니다. 이렇게 생각하게 되니 그 동성연애의 죄에는, 죄임을 알면서도 행하는 자기 책임의 부분이 있지만, 자기의 통제는 전혀 미칠 수 없어서 책임을 물을 수 없는 부분도 있기 때문에 접근하기가 어려워지는 것입니다. 우선 이러한 긴장이 있음을 인정하여야 할 것입니다. 그들의 아픈 불행의 환경을 같이 아파하는 마음이 있어야 할 것입니다. 드러나는 것으로만 판단하여 아주 몹쓸 사람으로만 여겨서는 아니 될 것입니다.

나아가 죄 때문에 사람을 놓치는 일이 있어서는 아니 되겠습니다. 그러한 소용돌이 속에서 살아가는 것이 인생임을 알아야 하겠습니다. 죄만을 생각하면 간단하지만 사람을 생각하여 들어가면 복잡하기가 그지없습니다. 복잡하다고 하여 편한 쪽을 쉽게 선택하여 가지 아니하도록 자기를 제어하여야 할 것입니다. 인간을 설명하는 데에는 얼마나 많은 요인들을 생각하여야 하는지요. 그 수고를 마다하지 않는 우리가 되어야 하겠습니다. 사람은 각각 다 다르기 때문에 어느 한 기준으로 정하여 접근할 수 없습니다. 바라기는 인간의 이 복잡성을 의식하면서 앞서 말한 긴장을 느끼는 가운데 섣부른 판단을 중지하고, 사람을 살리는 방향으로 한 번 더 생각할 수 있는 마음들이 생기기를 바랍니다.

어머니를 구타하는 알코올중독자의 아버지 밑에서 자란 사람들은 대다수가 아버지와 비슷한 남편이 됩니다. 아버지에게서 보고 배운 것이 그러했기 때문입니다. 그렇기 때문에 그런 사람들의 잘못의 모든 원인을 그 사람 자체로만 돌려서는 안 되는 것입니다. 위에서 동성연애자를 접근하는 태도로 대하여야 할 것입니다. 그뿐이 아닙니다. 사회의 문제아로 낙인찍힌 사람들 전부가 그러합니다. 어쩔 수 없이 불행한 환경을 살아야 했던 그들을 참으로 같이 아파하는 마음으로 대하여야 할 것입니다. 중요한 것은 '현재적으로' 책임을 묻는 것이 아니라 그들이 거기서 회복될 수 있도록 돕는 것일 것입니다. 판단하는 것이 아니라 치유에 우리의 초점이 맞추어져야 할 것입니다.

인간의 현재적 한 단면만 가지고 사람을 판단하려는 경향이 우리들 모두에게 있음을 의식하여야 합니다. 그리고 나서 인간은 역사를 가지는 존재라는 의식을 더하여야 하겠습니다. 인간의 이해에는 횡적이고 종적인 이해가 같이 가야 할 것입니다. 이것이 사실적인 인간이해이리라 믿습니다. 이러한 인간이해가 있을 때 우리에게 치유에 대한 마음이 더욱 커질 수 있고 또 효과적으로 접근할 수 있게 될 것입니다.

한걸음 더 나아가 정신병을 앓는 사람들을 생각해 볼 때 이들에 대한 사회적, 심지어 신앙적 낙인stigma을 찍는 것을 피하여야 합니다. 그것은 병입니다. 그 질병은 그 사람이 원하지 않게 앓게 된 것으로 자기의 의지로는 절대로 통제할 수 없는, 그렇기 때문에 자기의 의지와는 전혀 관계 없는 아픔인 것입니다. 병(의 증상)인데, 귀신들림으로 몰아 사람을 난도질하여 죽이는 오류를 범해서는 아니 될 것입니다.

6) 사랑에 사람을 아는 지식을 그리고 사람을 아는 지식에 사랑을 더하자

(1) 사랑에 사람을 아는 지식을 더하자

사례 32

20대 중반의 한 자매가 있었습니다. 그녀는 불우한 가정에서 자라났습니다. 누구든 자매의 과거의 얘기를 들으면 눈물을 글썽거리지 않을 수가 없습니다. 자매 역시 자기를 아주 불쌍한 사람으로 알아 왔습니다. 가진 재물도 없습니다. 누군가의 도움을 받아야만 살아가게 되어 있는 사람이었습니다. 다행한 것은 같은 교회를 다니는 사람들이 그를 불쌍히 여기면서 사랑을 베풀어 주었습니다. 자매는 자기에게 사랑을 베풀어 주는 사람에 의존하여 근근이 살아 올 수 있었습니다.

그런데 문제가 있었습니다. 맨 처음에는 주위의 형제자매들이 사랑으로 순수하게 자매를 돌보아 주었는데, 돌보아 주는 것이 계속되어야 했기 때문에 시간이 지나면서 한 사람 한 사람씩 자매를 도와주는 데에서 이탈하게 되었습니다. 모두가 자기를 도와주는 데서 지쳐 그만 두게 되면, 이 자매는 다른 교회를 찾아가 출석하게 됩니다. 그리고 전의 교회에서 일어났던 일련의 과정이 똑같이 반복이 되게 됩니다. 그러면 또 교회를 옮기는 것이지요. 새로운 교회에 나가게 되면 교인이 새로 왔다는 관심과 함께 그녀의 불우함이 더해져 항상 처음에는 많은 사랑을 주위에서 받게 되는 것입니다. 물론 그 전 교회의 일에 대해서는 아무도 모르지요.

그 자매는 계속적으로 교회를 옮기면서 주위의 도움에 의존하여 생활을 해오고 있었습니다. 세상적으로 보면 어디서도 환영을 받을 사람이 아니지만 그래도 교회에서는 받아 주어 사랑을 베풀어 주었다는 것을 보면 그래도 교회에 사랑의 불씨가 있음을 보게 되어 마음이 기쁩니다. 그런데 그렇게만 베풀어지는 사랑에 대해 진지하게 생각해 보면 그것만으로는 역시 부족함이 있다는 것을 발견하게 됩니다. 그녀를 진정으로 위한다는 측면에서 보면 그 사랑만으로는 충분하지가 않다는 얘기입니다.

간단하게 말씀을 드린다면 그녀가 가지고 있는 기본적인 문제는 '의존성'의 문제였습니다. 물론 이는 그녀의 불우한 과거의 환경에서 온 것입니다. 그녀의 닫힌의식에는 자기는 아주 불우한 환경에서 자란 아주 불행한 사람이기 때문에 누군가로부터 도움을 받아야 한다는 마음이 굳게 자리 잡고 있었습니다. 그녀의 이러한 의존적인 마음과, 교회 형제자매들의 원수까지도 사랑하려는 사랑의 마음이 딱 맞아 떨어져서 지금까지 연명해 오고 있었던 것입니다. 그런데 한편으로는 그녀를 그 자리에 계속 머물러 있게 하기도 한 것입니다. 다른 사람의 도움을 받아야 살 수 있는 의존적인 사람으로 계속 남아 있게 했다는 의미입니다. 그러니 그녀는 지금 사랑을 베풀어 주는 사람들이 지치면 또 다른 사람들을 찾아 나서게 되는 것이지요.

이러한 악순환을 끊으려면 그녀에게 독립심을 키워 주어야 합니다. 의존적인 사람으로 계속 있게 되면 평생 그 상황을 벗어날 수가 없는 것입니다. 그렇기 때문에 방향성이 없는 사랑만으로는 그녀의 기본적 문제가 해결되지 않습니다. 위의 경우에서는 오히려 그녀의 의존성의 문제를 더욱 심화시켜 주었다고 볼 수 있습니다. 주위에서 모든 것을 다 알아서 해 주니 자기는 해야 할 일이 없었던 것이지요. 그런 상황에서 어떻게 독립심이 자라날 수 있겠습니까? 좋은 의도에서 베푼 비지향적 사랑은 때에 따라서는 상대방의 부정적인 문제를 더 악화시킬 수도 있는 것입니다.

사랑을 바르게 하는 것이 필요한 것이지요. 바로 치유적인 관점을 갖는 것이 아주 중요합니다. 그녀의 경우에 적용하여 생각한다면, 우선 그녀의 기본적인 문제가 무엇인가에 대한 살핌과 진단이 있었어야 했습니다. 그래서 너무 의존적이라는 것이 그녀의 기본적인 문제라고 드러나면, 그 문제를 해결하는 방향으로 사랑이 행해져야 하는 것이지요. 이러한 사랑을, 문제해결이라는 목표가 분명히 있는 지향적 사랑이라고 말할 수 있겠습니다.

　이러한 지향적 사랑을 갖게 되면 그녀에게 사랑을 마구잡이로 하지 않을 것입니다. 필요한 경우에는 그녀에게 갈등을 일으켜 긴장하게 하고, 사랑의 기본적인 틀 하에서 아픈 지적도 하게 되고…… 의존적이기만 한 그녀가 독립적인 성인으로 스스로 설 수 있게 하는 방향에서 모든 것이 조율되어 행해질 수 있다면 그녀를 위하여 더할 나위 없이 좋은 사랑이 될 것입니다. 그렇게 되어 이제는 다른 사람들로부터 도움을 받는 것이 아니라 도움을 줄 수 있는 데까지 나아가야 하겠지요.

　사랑에 사람을 아는 지식이 더해지면 사랑은 바른 방향성(지향성)을 갖게 됩니다. 큰 사랑은 사람을 아는 지식을 포함한다고 달리 표현될 수도 있을 것입니다. 사람을 알아 가는 노력이 얼마나 귀한 것인지 모르겠습니다. 자기가 사람을 아는 만큼만 그 사람을 '진정으로' 도와줄 수 있는 것이지요. 사랑에 사람을 아는 지식을 더하려 하는 귀한 발걸음들이 우리 그리스도인들에게서 많이 볼 수 있기를 심히 소원합니다.

　저는 이 주제를 생각할 때마다 생각하게 되는 성경의 예가 있는데, 바로 다윗의 예입니다. 우선 저와 함께 이러한 생각을 해보지요. 예를 들어 어느 나라의 대통령이 한 여자를 탐하게 되었습니다. 알아보니 정부의 어느 부처에서 근무하는 사람의 아내였습니다. 그래 대통령은 마침 다른 나라에 전쟁이 있어 원조군대를 파견하여야 했는데, 그녀의 남편을 그 파견군대와 같이 가도록 일을 꾸며 같이 가게 하여 전쟁터에서 그를 죽게 하고 그 아내를 취하게 되었습니다. 그런데 그 기밀이 새어나가 온 국민들이 대통령의 계략의 전모를 알게 되었습니다. 일이 이쯤 진행이 되었을 때 대통령은 자기의 잘못을 뉘우치고 회개하였습니다. 국민에게 용서를 빌었습니다. 그랬을 때 국민들은 대통령을 용서해 줄 수 있을까요? 나아가 용서해 준 뒤 대통령직에 계속 머무르게 할 수 있을까요? 여러분이 그

나라의 국민이었다면 여러분의 반응은 어떠하였겠습니까?

 비슷하게 생각할 수 있는 예가 바로 다윗의 예가 아닙니까? 그는 다른 사람을 시켜 사람을 죽이는 교사죄에, 남의 부인을 가로채는 도적죄와 간음죄를 지었습니다. 다윗이 자기의 죄를 회개하였을 때 하나님께서는 다윗을 물론 용서하여 주셨습니다. 그 다음에는 그 죄의 책임을 물어 벌을 주었습니다. 그런데 참으로 신기하게도 하나님께서는 다윗이 계속하여 왕위를 잇게 하시는 것입니다. 아마도 똑같은 일을 당하면 우리는 혹시 용서를 해줄 수는 있습니다. 허나 왕위를 계속적으로 지키게 하지는 못할 것입니다.

 그런데 인간이 하지 못하는 것을 하나님께서는 하시는 것입니다. 물론 생각할 것이 많지만, 여기서 한 가지 생각하고자 하는 것은 하나님께서 그러실 수 있는 데에는 인간이 어떠한 존재라는 것을 정확히 알고 계셨기 때문이라는 것입니다. 물론 그 인간이 다윗이라는 특수한 인물이라는 것을 전제로 하면서 생각하게 되는 것은, 하나님께서는 극한 죄를 지은 사람이라 하더라도 진정한 회개를 하여 용서를 받으면 그 사람이 어떠할 수 있다는 것을 알고 계신 것입니다. 우리는 그러한 우리의 대통령을 아마 믿을 수 없겠지만 하나님은 믿으실 수 있는 것입니다.

 하나님은 인간을 아시기 때문에 인간을 아주 잘 대하십니다. 그렇게 정확하게 인간을 대하시는 하나님의 인간에 대한 이해는 인간을 지으신 창조주가 아니면 불가능한 일일 것입니다. 그렇기 때문에라도 성경의 하나님은 창조주가 아닐 수 없는 것입니다. 그렇습니다. 사람들을 정확하게 잘 대할 수 있으려면 자신의 사람에 대한 지식에 날마다 깊이를 더해야 하는 것입니다. 이것 역시 사랑하는 수고에 들어가는 것으로 생각합니다.

(2) 사람을 아는 지식에 사랑을 더하자

(구체적인 내용을 밝힐 수 없어 죄송합니다.)

성격적으로 문제를 안고 있는 한 여자 대학생과 정신치료를 하게 되었습니다. 그녀와는 한번 만나면 50-60분씩, 1년 반 동안에 72회의 치료횟수를 가졌습니다. 그녀는 자기는 원래 성적인 변태자로 태어났다고 생각하고 있었습니다. 그러나 상당한 면담 후에 저는 그녀가 가지고 있는 문제의 근본적인 원인이 사랑의 결핍임을 알게 되었습니다. 그녀는 그 뒤로 한참 후에 동의를 하게 되었습니다. 그렇지만 그녀가 지식적으로 자기 문제의 원인을 알았다고 하여 문제가 즉시로 해결되었던 것은 아니었습니다. 그 뒤로도 1년 이상의 시간이 필요하였습니다. 그 뒤로, 그 앎이 진정 자기 것이 되도록 저와 함께 계속 씨름하여 갔습니다. 점차 자기를 보는 것이 달라지게 되었고, 가지고 있었던 문제를 점진적으로 극복해 가기 시작하였습니다.

눈에 띄는 변화는 32회를 지나서였습니다. 외래 환자를 안내하는 간호사들이 저에게, "선생님, OOO씨 많이 좋아진 것 같아요. 옷차림이 달라지고 머리도 얼굴 표정도……"라고 말하는 것을 들을 정도로 그녀는 원래의 자기를 점진적으로 찾아 가게 되었습니다. 나중에는 거의 회복이 되어 그의 자율성을 위해 한 달에 한 번씩 만나다가 치료를 종결하게 되었습니다.

그녀는 그전에는 자기의 미래에 대해 아주 비관적이어서 학교도 휴학한 상태였고 결혼은 생각도 못했었는데, 치료의 후반부에 들어서면서 복학을 할 수 있었고, 학교를 잘 다닌 후 졸업을 하고 직장생활을 어느 정도 하다가 결혼하였다는 소식까지 들었습니다. 아주 성공적인 정신치료의 경우였습니다. 여기서 제가 함께 생각하고자 하는 것은, 그녀가 자기의 문제의 원인을 지식적으로 안 후부터 온전한 자기의 모습을 되찾기까지는 상당한 시간이 걸렸다는 것입니다. 이는 많은 정신과의사들이 또는 상담에 관계하는 대부분의 사람들이 느끼는 공통적인 경험입니다.

　정신치료에서는 이에 대해 정리하기를, 어떤 문제에 대해 지식적으로 원인을 알게 되었을 때 '지적 통찰력' Intellectual Insight을 얻었다고 합니다. 또 그 지적 통찰력을 가지고 씨름하는 가운데서 그 지식이 점차 자기 것이 되어 가면서 문제를 온전히 극복하게 되었을 때를 '충분한 통찰력' Full Insight 또는 '감정적 통찰력' Emotional Insight을 얻었다고 합니다. 그리고 지적 통찰력에서 충분한 통찰력으로 가기까지 씨름하는 과정을 두고 'Working Through'라고 부르고 있습니다. 이 Working Through는 사람마다 다 다른 시간의 경과를 가지게 됩니다.

　이는 무엇을 말하는 것이겠습니까? 사람에게 지, 정, 의-이것은 가설이지만- 가 있다고 가정한다면, 사람의 진정한 변화는 지(지식)만으로는 부족하다는 것입니다. 지식만으로는 사람을 변화시키기가 어렵습니다. 여러분이 이 책에서 새로 알게 된 지식들이 있을 것입니다. 조심하시기를 부탁드립니다. 그 지식을 지식 혼자 가게 하지 않길 바라는 마음 간절합니다. 마음이, 무엇보다도 사랑하는 마음이 함께 가야 합니다.

　앞의 여학생이 자기 문제의 원인을 알았는데도 한참 동안 아무런 변화도 없었을 때 저는 아주 힘이 들었습니다. 사랑을 받지 못해 사랑받지 못할 사람으로 자기를 알아 온 사람이 자기도 사랑받을 만한 존재라는 것을 지식적으로 가르치고자 하는 것에는 한계가 있습니다. 그 사람이 실제적으로 사랑을 받아 보아야 하는 것입니다. 사랑의 체험이 있어야 자기가 사랑을 받을 수 있는 존재라는 것을 깨달을 수 있습니다. 누군가가 지식적으로 따져서 사랑받을 수 있다고 말한다고 하여 자기가 사랑받을 수 있는 사람이라는 것을 깨닫는다는 것은 참으로 어려운 일인 것입니다.

　저는 그녀가 저와의 만남을 통해 저에게 받아들여지고 저로부터 사랑(물론 이성적인 또는 개인적인 사랑이 아닌)을 받음으로써 자기가 다른 사람으로부터 사랑을 받을 수 있는 존재라는 것을 깨달아 갔다고 말씀드릴 수 있겠습니다. 제가 말로는 당신은 사랑받을 수 있는 존재라 하면서 실제적으로는 사랑하지 않았다면 그녀는 결코 자기에 대해 온전하고 바른 깨달음을 가질 수 없었을 것입니다.

지식은 그 자체적으로 의미 있는 것은 아닙니다. 사람이 그 지식을 어떤 마음으로 사용하느냐에 따라 지식의 색깔(방향)이 변하게 되어 있습니다. 지식은 사람을 이용하는 데에 사용될 수 있습니다. 사랑의 마음이 있어야만 지식이 사람을 위한 것으로 사용될 수 있습니다. 사랑은 지식에 이타적 관점을 더해 줍니다. 그런데 이 사랑하는 마음이 문제입니다. 사랑하는 마음은 역시 '사랑하는 마음을 가지라' 해서 가져지는 것이 아니기 때문입니다. 앞에서 살펴보았지만 인간은 태어날 때부터 이기적이고 자기중심적인 존재로 되어 있습니다. 그 자연적 존재에게는 사랑을 기대하기 어렵기 때문에 문제가 어려운 것입니다.

여러분도 살펴보시면 충분히 아시겠지만, 저 개인의 경우처럼 정신과 의사로서 많은 다양한 사람들과의 만남을 통해 알게 되는 것은, 인간은 자기 안에서 스스로 사랑의 마음을 키울 수가 없다는 것입니다. 결국 사랑이 자기 아닌 타자에게서 와야 하는 것입니다. 보통의 사람들은 부모님으로부터 받는 사랑의 크기대로 사랑의 마음을 갖게 됩니다. (물론 그 이외에도 사랑을 주는 분들이 있지만, 그 중요성의 관점에서 볼 때 말입니다.) 사랑은 사랑의 '만남'을 통해서만 전달되게 되어 있습니다. '사랑의 만남'을 통해 자라게 되어 있습니다. 다른 방법은 없습니다. 결단코 없습니다.

내가 즐거워하는 것을 보고 그것을 남에게 행하고, 내가 싫어하는 것을 보고 그것을 남에게 행하지 아니하는 일이 일어나지 않고서는 이 땅의 인류역사는 절대로 변하지 않을 것입니다. 여러분, 여러분에게 사랑받은 기억이 있습니까? 누가 여러분을 사랑하여 주었습니까? 그리고 여러분에게 좋은 변화가 있었다면 무엇을 통해 그 변화가 일어났는지요? 사랑이지 않습니까? 사랑하여 준 사람들에 의해서가 아닙니까? 지금 여러분들의 사랑을 받고 있는 사람들은 몇 명이나 되는지요? 아마도 여러분들의 사랑으로 인해 그 사람들에게서 조금이라 하더라도 좋은 변화가 틀림없이 일어날 것입니다. 여러분들이 사랑을 주는 사람이 없다면 이 세상에서는 결단코 여러분들에 의해 좋은 일은 일어나지 않을 것입니다.

인간은 스스로 사랑을 창조해낼 수 없습니다. 그런 면에서, 아무런 조건 없이 전적인 은혜로, 먼저 하나님의 사랑을 받은 우리들의 책임은 막중하다 하겠습니다. 우리는 사랑의 전파자가 되어야 합니다. 우리와 만나는 모든 사람들과 사랑의 만남을 가져야 하겠습니다. 우리와 만나는 사람들은 모두 사랑의 만남을 경험하게 하여야 하겠습니다. 사랑을 경험하여야 하겠습니다. 하나님께 받은 우리의 사랑이 주위로 주위로 날마다 퍼져 나가야 하겠습니다. 우리가 만드는 '사랑의 만남'은 참으로 귀중함을 마음 깊이 새겨야 할 것입니다. 타락한 자연적 인간의 자기중심적이고 이기적인 본성을 넘어 서게 하는 이 사랑이 없으면 이 세상에 좋은 일이라고는 하나도 일어날 수 없습니다. 더도 말고 하나님께 받은 사랑만큼만 나누어 가는 일들이 있어지기를 심히 소원합니다.

자, 여기 하나님께서 우리들에게 주시는 말씀에 귀를 기울이도록 하시지요.

"사랑하는 자들아 우리가 서로 사랑하자. 사랑은 하나님께 속한 것이니, 사랑하는 자마다 하나님께로 나서 하나님을 알고 사랑하지 아니하는 자는 하나님을 알지 못하나니, 이는 하나님은 사랑이심이라. 하나님의 사랑이 우리에게 이렇게 나타난 바 되었으니, 하나님이 자기의 독생자를 세상에 보내심은 저로 말미암아 우리를 살리려 하심이니라. 사랑은 여기 있으니 우리가 하나님을 사랑한 것이 아니요, 오직 하나님이 우리를 사랑하사 우리 죄를 위하여 화목제로 그 아들을 보내셨음이니라. 사랑하는 자들아 하나님이 이같이 우리를 사랑하셨은즉 우리도 서로 사랑하는 것이 마땅하도다. 어느 때나 하나님을 본 자가 없으되, 만일 우리가 서로 사랑하면 하나님이 우리 안에 거하시고 그의 사랑이 우리 안에 온전히 이루느니라." 요일 4:7-12

후기

⋮

우선 작업을 다 마치게 됨을 하나님께 감사드립니다. 이 글은 그리스도인으로서 정신과의사로 훈련받고 또 정신과의사로서 살아오면서 배우고 고민하여 온, 부족한 저의 사색의 산물입니다. 이 설익은 작은 글을 하나님께서 사용하여 주셔서, 모든 것이 명쾌하지만은 않은 이 세상을 살아가는 '생각하는' 그리스도인들에게 조금이라도 도움이 되기를 바라는 마음 간절합니다.

아무리 노력하여도 글은 그 복잡다단한 인간을 만족하게 그려낼 수 없음을 또 다시 체험하게 됩니다. 제가 여러 얘기를 말씀드렸지만, 실제적으로 이 땅을 딛고 살아가는 사람들은 무한대의 요소들로부터 영향을 주고받기 때문에 그 몇 가지의 원론적 이해로서는 한계가 있다는 것은 너무 자명한 것입니다. 그렇기 때문에 구체적인 경험이 얼마나 중요한지 모르겠습니다. 경험이 없이는 전체적인 이해가 불가능합니다. 저의 글의 대부분은 저의 경험을 통해 나온 것인데, 함께 나누는 경험 없이 글로만 전하려 하니 너무 제한적입니다. 저의 글의 내용들은 경험적이라는 것을 명심하시기 바랍니다. 그리고 또 머리로서만 이해되는 것이 아니라 여러분의 경험과 만나져야 온전한 이해가 가능하다는 것도 마음에 새겨 두십시오. 저의 글에 대한 경험적 이해가 여러분들에게 있기를 바랍니다. 그러한 마음으로 반복하여 읽어 갈 때 개념들이 점차적으로 여러분의 열린의식 안에 굳게 자리 잡게 될 것입니다. 그러면서 그것들에 대한 의식성이 높아져 자기화가 일어나면서 여러분의 삶에 좋은 영향을 주게 될 것입니다.

주의하기를 바라는 것은, 저의 글에 나와 있는 몇 가지 원론들의 틀에 사람을 끼워 맞추지 말라는 것입니다. 그것들은 인간을 이해하는 데 필요한 무한대의 접근방식 중의 부분에 속하는 것입니다. 저의 얘기에 매이지 말고 필요한 상황에서 자유롭게 사용하실 수 있으시기를 바랍니다. 무엇보다도 사람을 대할 때는 미리 마련한 이론적 틀에 의해서가 아니라 열리고 따뜻한 마음으로 만나시기를 바랍니다. 이론은 자기가 길을 잘 가고 있는지를 살피는 자기 검증 때 유익하게 참조하시기 바랍니다.

원고를 정리하면서 결론적으로 꼭 강조하고 싶은 것이 마음에 남아 있음을 느끼게 됩니다. 사실 이는 아주 거대한 대주제가 될 수 있기 때문에 다른 곳에서 본격적으로 다루고 싶은 내용입니다. 그렇지만 여기서도 간결하게나마 책을 결론짓는 마음으로 언급하고 싶습니다. 그것은 바로 '비지향과 지향' 의 문제입니다.

우리는 자연적 타락한 본성을 가지고 이 땅에 태어나게 되었습니다. 그것은 우리가 원하여 갖고 태어난 것이 결코 아닙니다. 태어나 보니 그것을 갖고 있었던 것입니다. 인간이라면 아무도 이를 피할 수 없습니다. 이렇게 우리의 본성은 우리의 원함과 관계없이 비지향적으로 갖게 된 것입니다. 불행한 것은 그 본성이 타락해 있는 것이지요.

책의 여러 부분에서 드러나 있는 것이지만, 이 땅에 태어난 인간은 자기 자신을 자기가 원하는 대로 자기를 형성해 가게 되어 있지 않습니다. 인간은 자기가 무엇인가를 원하는 자기의식을 가지고 태어난 존재가 아니기 때문입니다. 이미 살펴본 바와 같이 인간은 자기 주위의 환경-인적 그리고 비인적-에 의해 비지향적으로 자기를 형성하게 되어 있습니다. 물론 하나님께서 갖고 태어나게 하신 소질을 무시하는 것은 아닙니다. 그러나 그 역시 지향의 측면에서 본다면 지향과 관계가 없다고 말할 수 있습니다.

그렇게 인간은 (자기 입장에서 볼 때) 비지향적으로 태어나고 비지향적으로 자기를 형성하게 되어 있는 것입니다. 우리의 삶을 그러한 비지향성에 그대로 내버려 둔다면 인간의 불행은 깊어져만 갈 것입니다. 바로 우리에게 필요한 것은 인간에게 있는 '비지향'을 걷어내고 '지향'을 세워가는 것이라 할 수 있겠습니다. 자연적 인간이 죄로 인해 타락하지만 않았다면 '인간의 비지향'은 하나님의 선한 지향이기 때문에 문제가 되지 않지만, 인간이 타락한 고로 하나님의 뜻을 거역하는 것이 되었기 때문에 문제가 되는 것입니다.

감사하게도 하나님은 인간이 완전할 수는 없지만 하나님께서 주신 목표를 향한 '지향'을 점진적으로 세워갈 수 있는 조치를 취해 놓으셨습니다. 예수님의 대속의 죽음을 통해서이지요. 물론 이 땅을 사는 동안에는 비지향을 완전하게 넘어선다는 것은 불가능할 것입니다. 그렇지만 하나님께서 가능케 하신 지향적 의지를 부지런히 사용하면 사용할수록, 그 동안 비지향으로 인해 자기도 모르게 갖게 되었던 여러 왜곡의 부분들을 회복하여 갈 것입니다. 비지향적 삶이 인간의 피할 수 없는 숙명인 줄을 알고 '그냥' 살아가는 사람들이 얼마나 많은지요. 하나님을 섬기는 사람들은 하나님께서 가능케 하신 그 지향적 삶의 꿀보다 달콤한 맛을 깊이 맛보게 되시기를 바라는 마음 간절합니다.

이 땅에서는 비지향을 완전히 극복할 수 없다는 것으로부터, 인간의 삶에 있어서 공동의 삶의 중요성을 아무리 강조해도 지나칠 수가 없음을 깨닫게 됩니다. 서로 영향을 주고받게 되어 있는 것입니다. 이에서 벗어날 수 있는 사람은 아무도 없는 것입니다. 공동의 삶의 궁극적 목표는 나눔의 삶이어야 할 것입니다. 서로의 것을 나누어 갖는 삶 속에서 비지향의 한계가 훌륭하게 극복이 될 것입니다. 이는 성경의 대주제 중의 하나이기도 합니다.

끝으로 앞으로의 과제를 짚고 넘어 가고 싶습니다. 그것은 우리가 영적으로 거듭날 때 지향성이 생기는 것은 분명한데, 성품적으로 얼마나 변하는가 하는 것입니다. 이는 제가 저의 글에서 특별히 강조하는 '과정성', '지향성'과 밀접하게 관련되어 있습니다. 지향성이 생김과 함께 성품의 전격적인 변화가 일어난다고 주장하는 그룹과, 지향성은 분명히 생기지만 성품의 변화는 그리 전격적이지 않고 그 이후로 점진적으로 일어난다는 그룹이 있습니다. 이는 구원론과 성화론 모두에 걸쳐 있는 참 중요한 문제입니다. 또 어렵기도 하고요. 저는 중생 당시의 변화는 상대적으로 다른 사람보다 많이 전격적일 수 있는 사람도 있지만, 전격적 '이어야' 한다고는 생각하지 않기 때문에 후자의 입장을 취한다고 얘기할 수 있습니다.

성경에는 표면적으로 볼 때는 양쪽의 주장을 뒷받침한다고 볼 수 있는 구절들이 다 있다고 생각합니다. 이는 간단한 주제가 아닙니다. 기독교의 인간론에 결정적인 영향을 주는 것입니다. 조심스럽습니다. 여러 분야의 전문가들이 함께 연구를 해야 하는 과제라고 생각합니다.

하나님의 종으로 이 땅을 사는 동안 맡게 된 것 중 나누어야 할 좋은 것들을 함께 나누기를 소원하는 가운데 펜을 들었습니다. 정신과학을 공부하면서, 한 그리스도인이 받았던 도전을 갈등하며 씨름하는 가운데 기독교의 세계관 특히 인간관 안에서 통합해 가는 과정의 중간보고를 내놓는 셈입니다. 검증도 제대로 받지 않고 책으로 내게 되어 조금이라도 진리를 가리면 어찌하나 하는 걱정스러운 마음이 있습니다. 관심 있는 형제자매들의 따끔한 비평과 충고를 바랍니다. 그러한 협력들이 모아져 앞으로 각 전문분야의 그리스도인들이 맡고 있는 좋은 것들이 나누어지는 일들이 많이 있어지기를 소원합니다. 복음의 풍성함은 결국 구체적인 삶의 영역에서 나타나져야 하리라 믿습니다. 그러기 위해서는 막중한 책임을 진 각 영역의 전문가들의 분발이 강력히 요청된다고 할 수 있겠습니다.

그러한 우리들은 성경적 관점을 바로 세워가도록 힘써야 할 것입니다. 필요한 경우 여러 영역의 전문인들이 자기 학문을 성경적으로 재정립하기 위해서 신학을 체계적으로 배우는 일도 자연스럽게 여겨지는 분위기가 되었으면 합니다. 또 이제는 – 한국교회의 시대적 사명을 고려할 때 – 그러한 사람들을 거교회적으로 돕는 일들도 일어났으면 하는 마음 간절합니다. 그러한 가운데 '생각하는 그리스도인', '살아 있는 그리스도인'들이 많이 세워져 하나님께 합당한 영광이 돌려지기를 간절한 마음으로 기도드립니다.

하나님 아버지, 이 보잘것없는 책을 필요한 분들 위해 사용하시옵소서.

사명선언문

너희가 흠이 없고 순전하여……세상에서 그들 가운데 빛들로
나타내며 생명의 말씀을 밝혀 _ 빌 2:15-16

1. 생명을 담겠습니다
만드는 책에 주님 주신 생명을 담겠습니다.
그 책으로 복음을 선포하겠습니다.

2. 말씀을 밝히겠습니다
생명의 근본은 말씀입니다.
말씀을 밝혀 성도와 교회의 성장을 돕겠습니다.

3. 빛이 되겠습니다
시대와 영혼의 어두움을 밝혀 주님 앞으로 이끄는
빛이 되는 책을 만들겠습니다.

4. 순전히 행하겠습니다
책을 만들고 전하는 일과 경영하는 일에 부끄러움이 없는
정직함으로 행하겠습니다.

5. 끝까지 전파하겠습니다
모든 사람에게, 땅 끝까지, 주님 오시는 그날까지
복음을 전하는 사명을 다하겠습니다.

서점 안내

광화문점 서울시 종로구 새문안로 69 구세군회관 1층
02)737-2288 / 02)737-4623(F)

강남점 서울시 서초구 신반포로 177 반포쇼핑타운 3동 2층
02)595-1211 / 02)595-3549(F)

구로점 서울시 동작구 시흥대로 602, 3층 302호
02)858-8744 / 02)838-0653(F)

노원점 서울시 노원구 동일로 1366 삼봉빌딩 지하 1층
02)938-7979 / 02)3391-6169(F)

일산점 경기도 고양시 일산서구 중앙로 1391 레이크타운 지하 1층
031)916-8787 / 031)916-8788(F)

의정부점 경기도 의정부시 청사로47번길 12 성산타워 3층
031)845-0600 / 031)852-6930(F)

인터넷서점 www.lifebook.co.kr